내 마음의 구급약

Emotional First Aid
Copyright © 2013 Guy Winch
All Rights Reserved
Korean translation copyright © 2025 by UKNOW CONTENTS GROUP Co., Ltd.
Korean translation rights arranged with TESSLER LITERARY AGENCY LLC
through EYA Co., Ltd

이 책의 한국어판 저작권은 EYA Co., Ltd를 통해
TESSLER LITERARY AGENCY LLC와 독점 계약한 유노콘텐츠그룹 주식회사에 있습니다.
저작권법에 의하여 한국 내에서 보호를 받는 저작물이므로
무단전재와 복제를 금합니다.

Guy Winch

가이 윈치 지음 ◊ 임지원 옮김

감정이 상처가 되기 전에
Emotional First Aid

내 마음의 주치의

일러두기
옮긴이의 보충 설명에는 모두 '옮긴이'를 달아, 저자의 주석과 구분하였다.

프롤로그

자주 다치는 마음에 필요한
감정의 구급상자

    우리는 보통 감기에 걸리면 어떻게 하는가? 우선 따끈한 국물을 많이 마시고 충분한 휴식을 취한다. 넘어져 무릎이 깨졌을 때는 어떻게 하는가? 상처 부위를 깨끗이 씻고, 상처에 연고를 바르고, 거즈나 반창고 등을 붙일 것이다. 그렇다면 다리뼈가 부러졌을 때는 어떻게 하는가? 뼈가 제대로 붙도록 골절 부위에 석고로 깁스를 한다. 이 정도는 열 살짜리 꼬마에게 물어봐도 척척 대답할 것이다. 왜 이런 처치를 하냐고 물어보면 상태가 더 나빠지는 것을 막고 빨리 낫게 하기 위해서라고 답할 것이다.

    제대로 처치를 하지 않은 감기는 심해지면 폐렴으로 진행될 수 있고, 깨진 무릎의 상처에는 균이 감염될 수 있고, 부러진 뼈가 올바르게 붙지 않으면 나중에 제대로 걸을 수 없게 된다. 우리는 아이들에게 아주 어릴 때부터 자신의 몸을 어떻게 돌보는지 가르치고, 아이들은 대개 그러한 가르침을 잘 받아들인다.

    그렇다면 누군가에게 거부당해서 느끼는 예리한 고통, 자아를 파괴하는 고독, 쓰디쓴 실패의 실망 따위를 완화하기 위해서는 어떻게 해야 할까? 우리가 흔히 마주하는 이런 심리적 상해를 치유하는 방법은 성인조차도 잘 알지 못한다. 낮은 자존감을 높이기 위해서, 또는 상실감이나 정신적 외상을 극복하기 위해 무엇을 해야 할지 물어도 역시 쉽게 답하지 못할 것이다. 계속 곱씹게 되는 부정적인 생각이나 떨쳐 버릴 수 없는 죄책감은 어떻게 다루어야 할까? 이런 질문 역시 아마도 대부분 겸연쩍은 표정을 짓거나, 괜히 발을 이리저리 툭툭 차고, 정색을 하며 화제를 바꾸려 들 것이다.

어떤 사람들은 힘든 감정을 가족이나 친구들에게 털어놓고 이야기하는 것이 가장 좋은 방법이라고 제안한다. 제대로 된 정신건강 전문가라면 누구도 이런 방법에 반대하지 않을 것이라고 확신하면서 말이다. 그러나 누군가에게 감정을 털어놓는 일은 어떤 상황에서는 도움이 되지만 어떤 상황에서는 상태를 악화시킬 수도 있다. 내가 이런 위험성을 지적하면 역시 사람들은 겸연쩍은 표정을 짓거나, 괜히 발을 이리저리 툭툭 차거나, 기분 나쁜 듯 화제를 바꾸려 드는 경우가 보통이다.

우리가 일상생활에서 입는 심리적 상해를 치료하기 위해 특별히 의도적인 행동을 취하지 않는 이유는 그와 같은 경험을 다루는 데 필요한 도구가 없기 때문이다. 물론 힘든 상황이라면 마음의 건강을 다루는 전문가를 찾을 수도 있지만, 그리 현실적인 대안은 못 된다. 왜냐하면 우리가 일상에서 겪는 심리적 상해의 대부분은 전문가의 개입이 필요할 만큼 심각한 것이 아니기 때문이다. 보통은 기침이나 콧물이 조금 난다고 해서 당장 병원에 찾아가 대기실에 죽치고 앉아 기다리는 일을 감수하지 않을 것이다. 마찬가지로 마음에 드는 상대에게 데이트를 거절당했다거나 직장 상사에게 싫은 소리를 들었다고 해서 바로 심리상담사를 찾아갈 수는 없다.

모든 가정은 신체적 상해나 질병에 대비해 반창고, 연고, 진통제 따위를 약장 가득 갖추어 놓고 있다. 하지만 일상에서 겪는 사소한 심리적 상해에 대한 약장은 없다. 그러나 우리는 신체적 상해만큼이나 빈번하게 심리적 상해를 겪는다. 이 책에서 다루는 심리적 상해들은 우리 삶에 매우 자주 나타나고, 고통스러운 감정을 불러일으키며, 어쩌면 마음에 큰 손상을 입힐 수도 있다. 그러나 지금까지 이런 상해를 입었을 때 통증을 완화하고 아픔을 누그러뜨리고 괴로움을 달래 줄 전통적 수단은 존재하지 않았다.

그런데 만일 그런 상해를 입었을 때 즉시 정서적 응급 처치를 하면, 마음의 상처가 계속해서 정신 건강과 정서적 안정에 영향을 주는 것을 상당 부분 막을 수 있다. 실제로 전문가의 치료가 필요하다고 진단되는 마음의 질병 가운데 상당수는 처음 발단이 되는 상해에 적절한 정서적 응급 처치를 한다면 예방할 수 있다. 예를 들어 어떤 생각에 깊이 빠져들어 곱씹고 되새김질하는 성향은 불안증이나 우울증으로 발전할 수 있다. 실패나 거부의 경험은 자존감을 좀먹어 들어간다. 그러나 상처를 입자마자 바로 응급 처치를 해 주면 빨리 치유될 뿐 아니라, 합병증이 생기는 것을 막거나 설사 생기더라도 정도가 덜하다. 물론 매우 심각한 심리적 상해를 입은 경우 정서적 응급 처치가 정신 건강 전문가의 치료를 대신할 수는 없다. 아무리 약장에 온갖 약을 잘 갖추어 놓았더라도 의사나 병원을 대신할 수 없는 것과 마찬가지이다.

우리는 베인 상처를 보면 꿰매야 할 만큼 깊은지 어떤지 대강 알아볼 수 있다. 넘어지거나 부딪힌 경우에도 단순히 붓고 멍이 들었는지 뼈가 부러졌는지 구별할 수 있다. 탈수가 심해서 체액을 공급해 줄 필요가 있는지 여부도 짐작할 수 있다. 그러나 심리적 상해는 처치할 수단이 부족할 뿐만 아니라 전문가의 개입이 필요한지 여부를 판별할 능력도 부족하다. 그 결과 심리적 상처가 깊어져 결국 기능이 손상되는 지경에 이르기까지 그냥 방치해 두는 경우가 다반사이다. 무릎이 까진 상처를 그냥 방치해 걷지 못하게 되는 일은 거의 없다. 그러나 그야말로 삶에서 한 발자국도 앞으로 나가지 못할 정도로 심리적 상해를 방치하는 경우는 흔히 있다.

몸에 입은 상해는 잘 처리하면서 마음의 건강에 대해 그토록 무력한 태도를 취하는 것은 불행한 일이다. 심리적 상해에 대한 정서적 응급 처치 방법이 아예 존재하지 않는다면, 그래서 그런 심리적 상처들을 치료하는 것이 아에 불가능한 일이라면 차라리 덜 안타까울 것이다. 그러나 실은 그렇지 않다. 최근 수많은 심리학 연구 분야에서 큰 발전이 이루어져서 흔히 발생하는 심리적 상해를 치료하는 방법들이 속속 모습을 드러내고 있다.

　이 책의 각 장들은 우리가 일상에서 흔히 입는 심리적 상해들을 설명하고, 그로 인해 일어나는 고통스러운 감정을 완화하고 문제가 악화되는 것을 예방하는 다양한 정서적 응급 처치 방법을 제시한다. 과학에 기초한 이 방법들은 몸에 대한 응급 처치와 마찬가지로 여러분이 스스로 자신과 주변인에게 적용할 수 있다. 이 책의 방법들은 미래에 대비하는 마음의 약장, 또는 평생 가지고 다닐 심리적 응급 처치 키트 역할을 하게 될 것이다.

　나는 대학원에서 임상 심리학을 공부할 때 상담자들에게 정서적 고통을 누그러뜨릴 구체적인 처방을 제시해 주다가 욕을 먹기도 했다. 지도교수 가운데 한 분은 "자네가 대학원을 다니는 것은 심오한 심리학 연구를 하기 위해서지, 있지도 않은 심리적 아스피린의 처방이나 남발하기 위해서가 아니"라고 나무라셨다.

　그러나 상담자들의 고통을 즉각적으로 완화시키는 일과 심오한 심리학 연구는 얼마든지 함께 갈 수 있다. 나는 모든 사람이 다양한 정서적 상처에 적절한 치료를 받아야 하는 것처럼 작은 심리적 상해를 입었을 때 재빨리 대응할 수 있는 정서적 응급 처치 방법 역시 알아야 한다고 생각한다. 지난 수년 동안 나는 혁신적 연구 결과에서 상담자들이 매일 겪는 정서적 상해에 적용할 수 있는 실용적 처방을 뽑아내는 것을 내 임무로 삼아왔다.

　그렇게 한 주된 이유는 간단하다. 효과가 있기 때문이다! 지난 수년 동안 상담자들과 친구들, 가족들이 나에게 정서적 응급 처치 방법들을 모아서 책을 하나 써 보라고 권유해 왔다. 나는 결국 실행에 옮기기로 결정했다. 왜냐하면 지금이야말로 우리가 마음의 건강을 심각하게 다루어야 할 시점이기 때문이다. 지금이 바로 정신 건강의 위생을 구강 위생이나 신체적 위생과 같은 수준으로 다루어야 할 때이기 때문이다. 이제 우리는 반창고, 항생 연고, 얼음팩, 해열제 등에 해당되는 심리적 응급 처치 방법으로 가득 찬 마음의 약장을 갖추어 놓아야 한다.

마음의 아스피린이 존재한다는 것을 아는데도 사용하지 않는 것은 바보 같은 일이 아닌가?

이 책의 사용법

나는 이 책의 각 장에서 우리가 일상에서 흔히 겪는 일곱 가지 심리적 상해들을 하나씩 다룰 것이다. 거부당한 느낌, 고독, 상실감, 죄책감, 반추, 실패, 낮은 자존감이 그 일곱 가지이다. 각 장들은 제각기 독립적으로 완결되어 있지만 나는 여러분에게 이 책 전체를 다 읽어 보기를 권한다. 몇몇 장들은 지금 자신의 상황과 직접 관련이 없을 수도 있다. 그러나 다양한 상황에서 마주할 수 있는 여러 종류의 심리적 상해에 대해 알아놓는다면 친구나 가족들이 언젠가 겪을지 모를 상황에 대비하는 데 큰 도움이 된다.

각 장들은 각 상해가 가져올 수 있는 심리적 상처에 대해 설명한다. 여기에는 우리가 흔히 알아차리지 못하는 상처들도 포함된다. 예를 들어서 여러분은 고독감이 정서적 고통을 주는 것은 당연하다고 생각할 것이다. 하지만 고독감을 치료하지 않고 방치하면 육체에도 심각한 영향을 주어 수명마저 단축시킬 수 있다는 사실은 잘 알지 못했을 것이다. 뿐만 아니라 고독한 사람들은 흔히 무의식적으로 다른 사람들을 밀어낼 만한 행동 습관에 젖기 마련이고, 그 결과 더욱 고독해지는 악순환에 빠진다는 사실도 잘 알지 못한다.

이어서 이러한 상처에 적용할 수 있는 응급 처치 방법을 제시한다. 나는 권장되는 각 방법들을 언제 어떻게 적용하는지 일반적 지침을 제공하고 그와 더불어 각 처치법의 요약과 적정 '용량' 역시 제시한다. 이 책의 목표는 단지 심리적 문제에 대한 가정의 약장과 같은 역할을 하는 것이지, 숙련된 전문가의 의료 행위나 심리적 치료를 대신할 수는 없다. 그러므로 각 장의 끝에서 어떤 상황에서 정신 건강 전문가를 찾아야 할지도 제시해 두었다.

이 책에 수록된 방법들은 전문가의 검토를 거치고 일류 수준의 학술 저널에 발표된 최고의 과학 연구 결과에 기초한 것이다. 책의 맨 뒷부분 〈참고문헌〉에 각 연구의 출처를 밝혀 두었다.

· 차례

프롤로그　자주 다치는 마음에 필요한 감정의 구급상자　　　005

1장 "문짝을 부수는 대신 배구공을 입양하세요"
반창고가 필요한 마음의 찰과상, **거부**

우리는 왜 상대의 거부에 상처를 받을까	021
무리에 끼지 못해 상처받았을 때는 타이레놀	023
폭탄을 받지 못한 것에도 서운한 이유	027
문에 화풀이를 해 봤자 내 손만 아프다	030
거절당하더라도 자존심에 상처 입을 필요가 없다	033
반복되는 거절이 공포가 되는 이유	037
거부로 인한 심리적 상처를 치료하는 방법	043
캠핑광과 집순이가 만난 건 아닐까: 치료법 A	045
나만의 뉴욕 양키즈를 찾자: 치료법 B	053
외롭다면 '배구공 윌슨'을 마련하자: 치료법 C	060
예상된 거절의 반복으로 둔감해지자: 치료법 D	066

2장 "기념일에 꽃을 받아도 외로울 수 있습니다"

소독약이 필요한 심리적 상해, **고독**

고독이 왜 문제가 되는 걸까	073
고독과 흡연에는 공통점이 있다	075
고독은 진짜로 타인에게 전염된다	077
왜 외롭다고 '나'를 탓할까	079
부정적이어서 외로운 걸까, 외로워서 부정적인 걸까	081
왜 노력할수록 실패하게 될까	087
인간관계에도 근육이 필요한 이유	091
고독이 일으키는 심리적 상처를 치료하는 방법	097
소외된 것 같다면 스팸함을 뒤져라: 치료법 A	100
애프터 신청을 원한다면 질문을 던지자: 치료법 B	108
할아버지는 양말 대신 태블릿을 원한다: 치료법 C	112
꽃을 싱크대에 올려두지 마라: 치료법 D	118
목적을 수영 대신 철인 3종 경기에 두어라: 치료법 E	124
친구를 입양하라!: 치료법 F	127

3장 "만일이라는 상상으로 시나리오를 쓰지 마세요"

항생제가 필요한 골절된 마음, **상실**

상실의 아픔은 부러진 뼈로 걷는 것과 같다	133
상실 뒤에 찾아오는 '처음'을 주의하라	137
'잃어버리기 전의 나'에게 정체성을 두면 생기는 문제들	139
때때로 이해할 수 없는 일이 일어난다는 걸 인정하라	142
잃어버린 관계가 생기면 남은 관계에도 문제가 생기는 이유	145
상실이 가져온 심리적 상처를 치료하는 방법	149
내게 딱 맞는 회복법을 찾자: 치료법 A	151
사파리 여행 대신 등산을 가자: 치료법 B	156
'어떻게' 대신 '왜'라고 자문하자: 치료법 C	162

4장 "얼음물에 오랫동안 손을 담가도 변하는 건 없어요"

아스피린이 필요한 심리적 두통, **죄책감**

우리가 매일 2시간씩 죄책감을 느끼는 이유	177
그 사고가 일어난 건 당신 탓이 아니다	180
건강한 죄책감과 건강하지 못한 죄책감은 무엇이 다를까	186
잘못한 일이 있더라도 행복하면 안 될 이유가 될 수 없다	188

우리는 왜 고통을 남에게 보여 주고 싶어 할까	192
죄책감과의 피구 게임에서 항상 지는 이유	194
잘못한 것이 없는데도 잘못한 것처럼 느끼게 된다면	198
가족을 편가르기의 늪으로 빠뜨리는 독	200
죄책감이 일으키는 심리적 상처를 치료하는 방법	204
미안하다는 한마디로는 부족하다: 치료법 A	206
나부터 나를 용서하라는 말의 진짜 의미: 치료법 B	217
내 산소마스크부터 챙기자: 치료법 C	226

5장 "곱씹기와 슬픔을 절교시키세요"

계속 덧나서 연고가 필요한 상처, **반추**

우리는 왜 자꾸 상처를 긁어서 덧나게 하는 걸까	235
왜 곱씹기와 슬픔은 영원한 단짝 친구일까	238
우리가 반복해서 분노에 기름을 붓는 이유	243
반복된 생각이 오히려 주의력을 떨어뜨리는 이유	248
했던 말을 하고 또 하는 친구	250
반추로 인한 심리적 상처를 치료하는 방법	253
기억을 3인칭으로 바꾸어 회상하자: 치료법 A	255
"흰곰을 생각하지 마세요": 치료법 B	259
분노를 공격으로 풀지 말자: 치료법 C	263
친구를 감정 쓰레기통으로 쓰지 마라: 치료법 D	272

6장 "불안할 때는 휘파람을 부세요"

해열제가 필요한 마음의 감기, **실패**

폐렴으로 진행될 수 있는 마음의 감기	279
실패의 경험이 남기는 수많은 심리적 상처	282
왜 목표물은 더 크게 보이고 나는 더 작게 느껴질까	284
왜 한 번 실패했다고 영원히 포기하는 걸까	291
우리는 내심 자신이 실패하길 기대한다	296
실패의 이유를 합리화하는 이유	299
아이는 실패의 수치를 부모로부터 배운다	304
꼭 마지막 순간에 실패하는 과학적인 이유	305
실패가 남기는 심리적 상처를 치료하는 방법	308
실패에서는 반드시 얻는 것이 있다: 치료법 A	310
목표를 복권 당첨으로 잡으면 안 되는 이유: 치료법 B	317
실패의 두려움을 농담으로 승화해 보자: 치료법 C	329
일곱 난쟁이가 휘파람을 분 이유: 치료법 D	334

7장 "전화가 오지 않아도 패배자라 생각하지 마세요"
진통제가 필요한 마음의 근육통, 낮은 자존감

평균보다 나은 나에게 자부심을 느낄 필요는 없다	343
모든 것에 부정적인 사람은 자존감이 낮을까	348
왜 종종 약한 충격에도 큰 상처를 받을까	351
전기 충격을 기다리면서도 불안해하지 않는 사람들	352
'나는 가치 있다'라고 쓰는 것만으로는 부족한 이유	358
당신의 연애가 실패하는 결정적 이유	364
관계의 '계약 조건'을 변경하는 방법을 찾자	367
낮은 자존감이 일으키는 심리적 상처를 치료하는 방법	373
위로를 받아도 걱정할 필요 없다: 치료법 A	375
자기 암시가 효과 있으려면 필요한 것: 치료법 B	380
칭찬의 이유를 의심하지 말자: 치료법 C	384
작은 성공을 여러 개 모으자: 치료법 D	387
상사의 가발을 던지고 싶더라도 참자: 치료법 E	396

에필로그 시행착오를 거쳐 내게 잘 맞는 진통제를 찾자	407
참고문헌	414

1장

"문짝을 부수는 대신 배구공을 입양하세요"

반창고가 필요한 마음의 찰과상, **거부**

**Emotional
First Aid**

우리는 왜 상대의 거부에
상처를 받을까

거부당하는 느낌은 우리가 살면서 겪는 정서적 상처 가운데 가장 흔한 상처이다. 중학생 정도만 되어도 친구가 놀이에 끼워 주지 않았다든지, 운동 팀을 만드는 데 가장 마지막에 뽑혔다든지, 생일 파티에 초대받지 못했다든지, 오래 사귄 친구가 새로운 무리와 친해지며 나에게서 멀어졌다든지, 같은 반 아이로부터 놀림을 당하거나 괴롭힘을 당한 경험 따위를 수도 없이 겪는다.

이런 어린 시절의 쓴맛을 어떻게 잘 극복하고 어른이 되어 보니 이번에는 또 완전히 새로운 종류의 거부 경험들이 떼 지어 우리를 기다리고 있다. 마음에 드는 이성에게 거절당하고, 회사에 지원했다가 떨어지고, 친구로 사귀고 싶어 다가간 상대에게 냉대를 받는다. 잠자리에서 배우자에게 은근히 접근했다가 퇴짜를 맞기도 하고, 이웃이 쌀쌀맞게 나를 무시하기도 하며, 가족 가운데 누군가가 그의 삶에서 나를 차단하고 들여놓지 않기도 한다.

거부당하는 느낌은 마음에 자상이나 찰과상을 입는 것과 같다. 이 느낌은 감정의 피부를 찢고 살 속으로 파고든다. 어떤 때는 베인 상처가 꽤 깊어 위험할 정도로 '피'가 흘러나와 긴급한 주의가 필요하다. 일상에서 수도 없이 거부당하는 경험을 겪는다는 사실을 감안하면, 이 느낌이 우리의 정서, 생각, 행동에 미치는 영향을 명확하게 알고 있어야 마땅하다. 그러나 사실은 그렇지 못하다. 우리는 거부당하는 경험이 주는 고통과 그것이 남기는 심리적 상처를 엄청나게 과소평가하고 있다.

거부당하는 경험의 상처는 당시의 상황과 정서적 건강 상태에 따라 깊이가 달라질 수 있다. 하지만 대략 다음과 같은 네 가지 심리적 상처를 남긴다. 거부당하는 경험은 매우 날카로운 감정의 통증을 이끌어 내기 때문에 첫째, 우리의 생각에 영향을 주고, 둘째, 마음을 분노로 가득 채우며, 셋째, 자신감과 자존감을 갉아먹고, 넷째, 근본적인 소속감을 뒤흔들어 놓는다.

거부 경험 대부분은 사소한 수준이고, 시간이 흐르면 상처도 치유된다. 그러나 제대로 치료하지 않고 방치할 경우 사소한 거부로 인해 생긴 상처에도 '감염'이 일어나 마음의 건강에 심각한 영향을 주는 심리적 합병증을 일으킬 수 있다. 거부 경험이 꽤 심각한 것이라면 정서적 응급 처치 방법으로 상처를 치료해야 할 필요성은 더욱 더 커진다. 신속하게 처치할 경우 감염이나 합병증의 위험이 줄어들 뿐만 아니라 감정의 치유도 더 빨리 진행된다. 정서적 응급 처치를 적용해서 거부 경험이 남기는 네 가지 종류의 상처를 성공적으로 치료하기 위해서는 각 상처를 명확히 이해하고, 거부가 우리의 정서, 사고 절차, 행동에 어떤 해를 입히는지 알아볼 필요가 있다.

무리에 끼지 못해
상처받았을 때는 타이레놀

당신이 지금 낯선 두 사람과 대기실에 앉아 있다고 상상해 보라. 둘 중 한 사람이 테이블 위에서 공을 발견하고 집어 들어 다른 한 사람에게 던진다. 그 사람이 웃으며 공을 받아 주위를 둘러보고는 당신에게 던진다. 물론 당신이나 그들이나 공을 던지고 받는 능력에는 문제가 없다고 가정하자. 당신이 공을 맨 처음 집어올린 사람에게 던진다. 그는 공을 잡아 재빨리 두 번째 사람에게 던진다. 그런데 그 사람이 당신에게 공을 던지지 않고 다시 첫 번째 사람에게 공을 던진다. 당신을 게임에서 제외시키는 것이다! 그 상황에서 당신은 어떤 느낌이 들까? 감정이 상할까? 그 상황이 당신의 기분에 영향을 줄까? 당신의 자존감에는?

여러분 대부분은 이런 질문을 우스꽝스럽게 여길 것이다. '대기실에서 알지도 못하는 사람 두 명이 별것도 아닌 공 하나를 나한테 던지지 않았다고? 그까짓 일이 무슨 대수라고! 누가 그딴 것에 신경을 쓰냐고?' 그러나 심리학자들이 정확히 이와 똑같은 상황을 연구해 봤을 때[1] 상당히 놀라운 결과가 나타났다. 우리는 '신경을 쓴다'. 심지어 우리가 깨닫는 것보다 훨씬 더 많이 말이다.

공 던지기 대본은 정교하게 준비된 심리학 실험이다. 두 명의 낯선 사람은 사실 연구 진행자들이다. 공을 한두 번 정도 셋이서 돌아가며 던지고 받은 다음 '피험자'들은(그들은 자신이 다른 실험을 위해 대기실에서 기다리고 있는 줄 알고 있다) 제외되도록 각본을 짰다. 십여 차례 진행된 실험에서 사람들은 하나같이 공 던지기 게임에서 제외된 것에 '상당한 정서적 고통'을 느꼈다고 말했다.

공 주고받는 놀이에서 낯선 두 사람으로부터 따돌림 당하는 것은 우리가 일상에서 겪는 거부 경험과 비교할 때 정말 별것 아닐 정도로 작고 사소한 거부라는 점에서 이 발견은 실로 놀랍다. 그렇게 사소한 경험조차도 찌르는 듯한 정서적 통증을 일으킨다면(또한 기분 나쁘게 만들고 심지어 자존감마저 낮춘다면), 진짜 의미 있는 거부 경험은 얼마나 고통스러운 것일지 짐작할 수 있을 것이다. 데이트 상대에게 퇴짜를 맞거나, 직장에서 해고를 당하거나, 친구들에게 따돌림 당하는 일이 정서적 건강에 큰 영향을 미치는 이유가 바로 여기에 있다.

실제로 거부 경험은 바로 그로 인한 고통의 크기에서 우리가 일상에서 마주하는 다른 부정적 정서들과 뚜렷이 구별된다. 꽤 심각하게 거부당한 뒤에 느끼는 고통을 우리는 배를 주먹으로 세게 맞거나 칼로 가슴을 찌른 통증에 비유한다. 물론 여러분 가운데 실제로 가슴에 칼을 찔려 본 사람은 거의 없을 것이다. 그러나 심리학자들이 사람들에게 거부당한 뒤에 느끼는 아픔을 그때까지 경험해 본 육체적 통증과 비교해 보라고 했더니[2] 자연 분만 시의 진통이나 항암치료의 통증에 맞먹는다고 답변했다! 반면 정서적으로 고통스러운 다른 경험들, 그러니까 강한 실망감이나 좌절감 또는 공포심과 같은 감정들은 매우 불쾌하기는 하지만 거부당하는 느낌에 비해 진짜로 살을 에는 듯한 통증은 훨씬 덜했다.

그렇다면 왜 거부는 다른 정서적 상처보다 그토록 더 뼈아픈 것일까? 답은 과거 우리의 진화 과정에서 찾아볼 수 있다.[3] 사람은 사회적 동물이다. 문명이 발달하기 전 사람들은 부족이나 사회 공동체로부터 거부당하면 자연히 음식, 보호, 짝이 될 수 있는 이성에 대한 접근 기회를 차단당했다. 그리고 이런 상태로는 생존이 극도로 어려워졌다. 집단에서 배척당하는 것은 사형 선고를 받는 것과 마찬가지다. 배척당하는 결과가 그토록 극단적이기 때문에 우리의 뇌는 '추방자로 뽑힐' 위험의 기미만 보아도,[4] 그러니까 사회적 거부 비슷한 것만 경험해도 날카로운 통증으로 우리에게 경고한다.

실제로 뇌 영상 촬영에서 거부당하는 경험을 할 때 활성화되는 뇌의 부위가[5] 육체적 통증을 느낄 때의 부위와 같은 것으로 드러났다. 두 시스템이 어찌나 긴밀하게 연결되어 있는지, 과학자들이 피험자에게 아세트아미노펜(타이레놀)을 먹인 다음에[6] 바로 그 악랄한 공 던지기 왕따 실험을 실시하자 약을 먹지 않은 피험자에 비해 정서적 고통을 덜 느낀다고 응답했을 정도이다. 그러나 안타깝게도 다른 종류의 부정적 정서에는 이런 특성이 없다. 만일 여러분이 직장의 할로윈 파티 날짜를 착각하고 마지 십슨(만화 〈심슨 가족〉에 나오는 엄마 캐릭터—옮긴이) 분장을 하고 출근했다면 타이레놀로 그 창피함을 달랠 수는 없다는 말이다.

폭탄을 받지 못한 것에도
서운한 이유

마사와 앤젤로 부부는 남편인 앤젤로가 6개월 전 회사의 구조조정으로 퇴직한 후 새로운 직장을 찾지 못하자 자주 말다툼을 벌이다가 부부 치료 프로그램을 찾았다. "저는 그 운송 회사에서 20년을 근무했습니다." 앤젤로가 말했다. 그의 얼굴에는 아직도 아픔이 생생하게 드러났다. "그 사람들은 제 친구였습니다. 어떻게 그 친구들이 나한테 그럴 수 있죠?"

마사는 처음에는 남편의 아픔에 공감했다. 하지만 앤젤로가 계속해서 정서적 타격을 극복하지 못하고 새로운 직장도 구하지 못하자 점점 참을성이 바닥이 났다. 앤젤로 역시 마사 못지않게 자신에게 좌절감을 느끼는 것이 분명했다. 그는 스스로를 격려하며 노력해 보려고 했다. 그러나 그는 정서적 아픔에 너무 깊이 젖어 기진맥진한 상태였다. 앤젤로는 이성적으로 자신을 설득해 고통을 내려놓고 극복해 보려고 했지만 그 노력은 듣지 않았다.

많은 사람이 거부당하는 경험을 겪고서 스스로 그 아픔을 떨쳐내고자 하지만, 쉽지 않다. 거부 경험이 그토록 우리를 심하게 망가뜨리는 이유는 고통을 누그러뜨리려고 해도 이성, 논리, 상식 등이 통하지 않는다는 데 있다. 과학자들이 컴퓨터 버전의 공 던지기 게임(사이버볼) 실험에 참여했던 피험자들에게 "게임에서 따돌림을 당한 것이 실은 조작된 것이었다"라고 말해 주어도, 피험자들이 그 사소한 거부가 그나마 '진짜'조차 아닌 것을 알게 되어도,[7] 그들의 고통은 줄어들지 않았다.

과학자들은 집요한 인간들이다. 그래서 이번에는 거부당한 피험자 중 일부에게 공 던지기 게임에서 그들을 따돌렸던 자들이 큐클랙스클랜(Ku Klux Klan, 미국 남부의 인종차별주의자들의 단체로, 교육받지 못한 최하층 백인이 대다수이다―옮긴이) 회원이었다고 말해 주었다.[8] 나를 거부한 상대가 경멸할 만한 인간이라면 거부의 아픔이 줄어들어야 마땅하다. 그러나 결과는 그렇지 않았다. 여전히 똑같이 고통스러웠다.

과학자들은 이번에는 사이버볼 대신 사이버폭탄(cyberbomb) 게임을 실시했다.[9] 언제 터질지 모르는 폭탄을 서로 주고받다가 폭탄이 터지면 그 순간 폭탄을 들고 있는 사람이 죽는 게임이다. 그런데 사람들은 이 폭탄 돌리기 게임에서 폭탄을 받지 못하자 마치 사이버볼에서 공을 받지 못할 때처럼 거부의 고통을 느꼈다.

거부의 경험은 건전한 논리나 다른 사고력에도 영향을 준다.[10] 예를 들어 사람들에게 단순히 과거의 고통스러운 거부의 경험을 떠올리라고 한 다음 지능 검사, 단기 기억 검사, 추론 능력과 의사 결정 능력의 측정 등을 실시하자 평소보다 현격히 더 낮은 결과를 보였다.

애정 관계에서의 거부는 우리의 뇌를 뒤죽박죽으로 만들고 멍확한 판단 능력을 손상시키는 데 더욱 강력한 효과를 발휘한다. 관계의 매우 이른 시기, 심지어 관계가 시작되기 전에 거부당하는 경우도 마찬가지이다(길고 오래된 애정 관계의 상실에 대한 내용은 뒤에서 다룰 것이다).

내가 상담했던 한 젊은 남자는 마음에 둔 여성을 위해 깜짝 쇼를 벌이기 위해 유럽까지 날아갔다. 남자는 일주일 여름휴가에서 그 여자를 만났다. 휴가가 끝날 무렵 여자는 관계를 진전시킬 의사가 없다고 그에게 분명하게 말했다. 그러나 쓰라린 거부의 상처에서 헤어나지 못한 남자는 깜짝 놀랄 만한 '로맨틱한 행동'이 여자의 마음을 녹여 상황을 반전시킬 수 있으리라고 자신을 설득했다. 여자는 아닌 밤중에 홍두깨처럼 이른 아침에 현관문 앞에 나타난 그를 보고 소스라치게 놀랐다. 그러나 그의 깜짝 방문이 바꾸어 놓은 것은 여자의 집 현관문 자물쇠뿐이었다. 애정 관계에서 마주하는 거부의 경험과 그에 따른 절망감은 로맨틱한 행동과 소름끼치는 행동을 헷갈리게 만들 수 있다.

문에 화풀이를 해 봤자
내 손만 아프다

거부 경험은 종종 강한 분노와 공격 충동을 촉발하므로[11] 누군가를 후려쳐 마구 분풀이를 하고 싶어질 수 있다. 분풀이 대상은 주로 나를 거부한 상대지만, 때로는 마침 옆에 있는 아무 상관없는 사람이나 물건이 될 수도 있다. 그 사실을 너무 잘 아는 죄 없는 희생양 가운데 대표적인 것들이 바로 여기저기 부서지고 움푹 파인 문짝과 벽이다. 이들은 사랑의 상대로부터 거절당한 사람의 주먹세례를 받아내는 역할에 익숙하다. 물론 최후에 웃는 쪽은 벽돌로 된 벽이나 단단한 나무 문짝일 가능성이 높다.

가장 사소한 거부조차도 선량한 사람들에게서 매우 높은 수준의 공격성을 이끌어 낼 수 있다. 예를 들어 사이버볼 게임을 마친 피험자들로 하여금 다른 상관없는 사람들(사이버볼에서 그들과 함께 게임을 했던 사람들이 아님을 분명히 알려 주고서)에게 불쾌한 백색소음(white noise, 텔레비전이나 라디오의 주파수가 맞지 않을 때 나는 것과 같은 소음—옮긴이)을 틀어주도록 했다. 그러자 게임에서 따돌림을 당했던 피험자들은 그렇지 않은 피험자들보다 훨씬 더 큰 소리로 훨씬 더 오랫동안 불쾌한 잡음을 틀었다.

또 다른 비슷한 실험들에서 거부당했던 피험자들은 그렇지 않은 피험자들에 비해 죄 없는 다른 참가자들에게 엄청나게 매운 핫소스를 네 배 더 많이 먹이거나, 끔찍한 맛이 나는 음료를 먹이거나, 극도로 혐오스러운 소리를 듣게 하는 벌을 주었다. 참가자들에게 혐오스러운 도전 과제를 부과하는 리얼리티쇼의 제작자들이 바로 이런 과학자들을 스카우트하는 것이 아닐까?

불행히도 거부당한 사람의 분노는 그보다 훨씬 어둡고 심각한 방식으로 표출될 수 있다. 반복해서 일어나는 심각한 거부 경험은 백색잡음이나 핫소스와 비교도 할 수 없는 공격을 이끌어 낼 수 있다. 이런 종류의 심리적 상처는 치료하지 않고 내버려 둘 경우 감염되고 곪아서 마음의 건강을 크게 해칠 수 있다. 거부당한 사람들이 자신과 주변에 심각한 위해를 가하는 이야기는 뉴스에 끊이지 않고 등장한다. 실연당한 연인이 상대방을 죽이려 하거나, 해고된 사람이 직장에 테러를 가하거나, 학교에서 왕따를 당한 아이가 자살을 시도하는 이야기는 만성적이고 심각한 거부 경험을 치료하지 않고 방치할 경우 일어날 수 있는 사례들이다.

2001년 미국 공중보건국 의무국장실의 보고서에 따르면[12] 청소년의 폭력성을 유발하는 요인 가운데 인간관계에서 거부당하는 경험이 폭력집단의 가입 여부, 가난, 마약 사용보다 더 앞에 놓이는 것으로 드러났다. 거부당하는 느낌은 연인이나 부부 사이에 일어나는 폭력에서도 큰 역할을 차지한다.[13] 이런 폭력 사건의 상당 부분은 질투심 또는 상대의 부정에 대한 의심에서 비롯된다.

그리고 질투심이나 연인에 대한 의심은 자신이 거부당했다는 느낌과 밀접하게 관련되어 있다. 남편이 부인을 살해한 551건의 사례를 과학자들이 연구한 결과, 그 중 절반 정도는 부인이 헤어지자고 해서 일어난 것이었다. 실제로 부인을 살해한 남편들은 자신이 거부당하는 느낌을 견딜 수 없었다고 나중에 고백했다.

1999년 컬럼바인 고교의 비극적 사건(1999년 4월 20일 미국 콜로라도 주에 위치한 컬럼바인 고등학교에서 일어난 총기 난사 사건으로 두 학생이 학교에서 총을 난사해 12명의 학생과 1명의 교사가 사망했다—옮긴이)을 비롯해 학교에서 일어난 총기 사건에 대한 연구 결과,[14] 15건 가운데 13건에서 범행을 저지른 학생이 인간관계에서의 심각한 거부를 겪거나 동료 학생들로부터 따돌림을 경험했던 것으로 드러났다. 많은 경우에 범인은 과거에 자신을 괴롭혔거나 놀리거나 거부했던 대상을 범행의 목표물로 삼았고 제일 먼저 목표물을 찾아내 총을 쏘았다.

우리는 살면서 모두 어느 정도 거부를 경험한다. 그러나 다행히도 신문의 머리기사에 등장하는 사람들은 극소수이다. 그러나 거부와 공격성은 매우 긴밀한 상관관계를 맺고 있으며 거부가 일으키는 고통이 다른 상황에서라면 절대 일어나지 않을 행동들을 촉발할 수 있다는 사실을 반드시 염두에 두어야 한다.

거절당하더라도 자존심에 상처 입을 필요가 없다

심하거나 반복되는 거부의 경험은 자존감에 치명적인 해를 끼친다. 사실 과거 거부당한 경험을 떠올리기만 해도[15] 우리는 일시적으로 움츠러들고 주눅이 든다. 불행히도 자존감의 손상은 거기에서 멈추지 않는다. 우리는 흔히 거부당한 뒤 자신에 대해 극도로 비판적으로 변한다. 상처에 소금을 뿌리고 맞은 부위를 또 한 번 때리는 셈이다. 이런 반응은 매우 흔하다. 그런데 이런 반응은 애초의 거부에 의해 입은 심리적 자상이나 찰과상을 곪게 해 깊은 마음의 병을 초래할 수 있다.

앤젤로가 운송 회사에서 해고된 것은 비용 절감을 위한 구조조정으로, 그가 속한 부서 전체가 사라졌기 때문이었다. 그러나 그는 그 일을 매우 개인적으로 받아들였다("그 사람들은 제 친구였습니다. 어떻게 그 친구들이 나한테 그럴 수 있죠?"). 해고를 개인적인 일로 받아들인 앤젤로는 친구들이 더 이상 자신을 원하지 않고, 평생을 함께해 온 동료들이 자신을 저버린 것으로 느꼈다. 그는 전 직장 사람들 누구와도 접촉을 피했다. 그들과 연락을 주고받는 것은 자신에게 실망하고, 자신을 낮게 평가하고, 심지어 경시하는 사람들에게 또 다시 자신을 드러내 보이는 일이라 생각했기 때문이다.

 그러나 그와 같은 생각은 전혀 근거 없는 것이다. 친구들과 동료들이 연락을 시도해도(물론 그들은 시도했다) 앤젤로는 이메일이나 음성 녹음 메시지에 답변하지 않았다. 그런 메일이나 메시지 중에는 다른 직장을 구하는 데 도움이 될 정보를 담은 것도 있었다. 몇 달이 지나자 앤젤로의 친구들도 더 이상 연락하지 않았다. 앤젤로의 마음에서는 그것이야말로 애당초 그들이 자신을 좋아하지도 걱정하지도 않았다는 자신의 두려움을 확인시켜 주는 증거였다.

 앤젤로만 이런 반응을 보이지는 않는다. 우리는 모두 거부 경험을 너무나 개인적으로 받아들이고 자신의 단점 탓으로 돌리는 결론에 도달하는 경향이 있다. 그런 추측이 사실이라는 아무 근거도 없는데 말이다. 과거에(아주 먼 과거라고 하더라도) 당신이 연애 상대로부터 거절당했던 경험으로 되돌아가 보자.

 혹시 내가 뭔가 잘못했거나 모자란 것이 아닐까 하고 자신의 부정적 측면들을 줄줄이 나열해 보지 않았던가? 내가 매력이 부족해서? 세련되지 못해서? 똑똑하지 못해서? 부자가 아니어서? 나이가 너무 많아서? 아니면 이 모든 조건을 다 가지고 있어서? 당신은 혹시 "그래, 나야 뭐 항상 이런 식이지."라거나 "나 같은 놈을(여자를) 누가 좋아하겠어."라거나 "나는 다시는 애인을 찾지 못할 거야."라는 결론에 이르지 않았나? 개인적 거부는 사실 우리가 생각하는 것만큼 그렇게 개인적이지 않다. 설사 개인적이라고 하더라도 우리의 결점에 대한 전면적인 비판에 근거한 경우는 극히 드물다.

우리는 거부의 경험을 불필요한 정도로 개인적으로 받아들이는 것에 더하여, 그럴 근거가 없는데도 거부의 경험을 일반화하는 버릇이 있다("나는 항상 이런 식이지"라거나 "나는 다시는 연애 상대를 찾지 못할 거야"와 같이 생각하는 일). 또는 내가 다르게 행동했더라면 거부당하지 않았을 것이라고 생각하며 쓸데없이 스스로를 탓하고 비판하기도 한다.

애정 관계에서 거부를 당했을 때는 지나치게 스스로를 비판하는 것이 특히 문제가 될 수 있다. 많은 사람이 결정적 실패를 가져온 '바보의 한 수'가 무엇이었는지 찾아내기 위해 몇 시간이고 자신이 한 행동을 곱씹고 곱씹는다("아, 내가 왜 그때 좀 더 빨리 전화를 걸지 않았을까?", "그 마지막 술자리에서 그렇게 지나치게 마시는 것이 아니었어", "그 엠머 퍼드(위니브라디스사의 루니툰즈 만화 시리즈의 캐릭터—옮긴이)가 그려진 속옷을 너무 일찍 보여 준 것이 문제였어").

사실 결정적으로 잘못된 한 수 때문에 상대에게 거절당하는 경우는 극히 드물다. 우리가 연애 상대로부터(또는 지원하는 직장에서) 거절당하는 가장 흔한 이유는 우리가 상대방이 그 시점에 필요로 하는 요소들을 충족시켜 줄 수 없거나, 그들이 찾는 사람의 명확한 조건에 딱 들어맞지 않아 전반적인 관계의 궁합이 맞아떨어지지 못했기 때문이다. 우리가 뭔가 결정적인 실수를 했다거나 치명적 흠이 있어서가 아니다.

이런 잘못된 생각은 아무런 도움이 되지 않는다. 더구나 이미 타격 받은 자존감에 불필요하고 전혀 맞지도 않은 자책감을 얹어 놓음으로써 고통만 더 심하게 한다. 거부당하는 경험만으로도 충분히 아프다. 나의 상처에 내 손으로 소금을 뿌리고, 울고 싶다고 스스로의 뺨을 때릴 필요는 전혀 없다.

반복되는 거절이
공포가 되는 이유

우리의 자존감이 거부 경험에 그토록 취약한 이유 중 하나는 '타인에게 받아들여지는 느낌'이라는 근본적인 욕구가 우리의 뇌에 배선되어 있기 때문이다.[16] 만일 거부당한 경험 때문에, 아니면 정서적 지지 관계를 형성할 기회가 부족해서 등의 이유로 이런 소속감 욕구가 오랜 기간 동안 충족되지 못하면 우리의 육체적, 심리적 건강에 강력하고 파괴적인 영향을 미친다.

소속감 욕구를 충족하는 것 자체가 엄청난 도전인, 남달리 힘든 삶의 조건을 가진 사람들도 있다. 내가 몇 년 전 상담했던 젊은이 데이비드는 소속감을 맛보기 위해 다른 사람들보다 훨씬 큰 장애물을 뛰어넘어야 했다. 그의 이야기를 들으면서 나는 살면서 심각하고 반복되는 거부로 고통을 겪으면 이 세상 한 구석에 설 곳을 찾고 어딘가에 속한다는 느낌을 얻는 것이 무엇보다 큰 투쟁이 될 수도 있다는 사실을 배웠다.

데이비드는 태어날 때부터 희귀한 유전적 질병을 앓았다. 그 병은 몸의 여러 장기에 동시다발적으로 영향을 주어 수명을 크게 단축시킨다(당시 그 질병을 앓는 대부분 아이들은 스무 살을 넘기기 어려웠다). 데이비드는 그 질병을 앓는 환자 가운데 비교적 상태가 좋은 편이었다. 그럼에도 어린 시절 동안 수시로 병원에 입원하고 여러 가지 수술을 받아야 했다. 데이비드의 질병은 건강뿐만 아니라 용모에도 영향을 미쳤다. 근골격계의 문제 때문에 걸음걸이가 불안정했고 얼굴 모습도 눈에 띨 정도로 남과 달랐다. 윗입술이 쑥 들어가고 아래턱이 앞으로 튀어나왔으며 치아의 문제도 심각했다. 뿐만 아니라 침의 분비를 조절하는 능력에도 문제가 있어 이따금씩 침이 밖으로 흘러내리곤 했다.

질병의 상태가 좀 더 심한 경우에는 대개 심각한 육체적 장애나 생명을 위협하는 의학적 문제들을 동반하기 때문에 그 병을 앓는 아이는 보통 학교에 다닐 수가 없다. 그러나 데이비드의 경우 다행히도 병이 상대적으로 가벼운 편이고 지능에도 영향을 주지 않았기 때문에 일반 초등, 중등, 고등학교를 다닐 수 있었다. 그러나 데이비드는 이 '행운'에 끔찍한 대가를 치러야 했다. 남다른 외모, 신체 조절 능력의 결함, 뭔가에 집중하면 침을 흘리는 버릇 때문에 학창시절 내내 다른 급우들로부터 따돌림을 당해야 했다.

데이비드는 파티에 초대 받지 못했고, 사실상 친구가 전혀 없었으며, 점심시간과 쉬는 시간 마다 혼자 앉아 있었다. 신체 조절 능력이 부족하고 근육이 약한 데이비드는 방과 후에 동네 아이들과 어울려 운동을 하며 노는 것을 상상할 수도 없었다. 장애아들을 위한 방과 후 프로그램에 참가하고자 시도해 보았지만 그 역시 성공을 거두지 못했다. '상대적으로 건강한' 데이비드는 장애아들

사이에서 튀는 존재였고 그런 프로그램 역시 그에게 잘 맞지 않는 것으로 드러났다. 그 결과 어딘가에 속하고 싶은 데이비드의 기본적인 욕구는 어린 시절과 10대 청소년 시절 내내 한 번도 충족되지 못했고, 사람들의 한결같은(때로는 가진) 거부는 그에게 엄청난 정서적 고통을 안겼다.

우리가 처음 만났을 때 데이비드는 고등학교를 졸업하고 커뮤니티 칼리지 입학을 몇 달 앞두고 있었다. 데이비드는 대학에 들어간다는 생각에 설레고 흥분했지만 한편으로 새로운 동급생들로부터 또 다시 연이은 거부를 맛보아야 할 생각에 공포를 느끼고 있었다. 선량한 데이비드의 부모는 아들에게 대학생들은 훨씬 성숙한 사람들이므로 고등학생들보다 그를 잘 받아 줄 것이고, 대학 생활에 적응하기가 훨씬 수월할 것이라고 말해 주었다.

그러나 평생 지속되었던 거부의 경험은 데이비드의 자존감을 산산이 허물어뜨렸고, 그는 여전히 두려움을 떨칠 수 없었다. "걔들이 나를 한 번만 보면 모두 돌아설 거에요." 나를 처음 만났을 때 데이비드가 한 말이다. "그런 애들은 그나마 착한 애들이죠. 못된 애들은 돌아서서 내 등 뒤에서 낄낄거릴 거구요."

자신의 첫인상이 문제가 될 거라는 데이비드의 말에 나도 동의했다(평생 동안 입증된 그의 경험을 부정해 봐야 소용없을 것임을 깨달았기 때문이다). 그래서 나는 데이비드에게 만일 기회가 주어진다면 첫인상을 바로잡을 계획이 있는지 물었다. 우리는 앞으로 있을 법한 사람들과의 교류 상황에 대해서 이야기해 보았다. 이 과정에서 나는 데이비드의 사고 기술의 발달이 심한 정도로 지체되어 있다는 사실을 분명히 깨달았다. 수년 동안 따돌림을 당하고 사회적 경험이 부족했던 데이비드는 흔한 상황에서 할 수 있는 적절한 말과 행동을 떠올리는 데 어려움을 겪었다. 데이비드 역시 자신의 부족함을 금방 인정했다.

우리는 여름 동안 그의 사고 기술을 발달시키는 데 온 힘을 쏟기로 했다. 사람들과 주고받을만한 사회적 상황을 그려보고 그 상황을 어떻게 다룰지 역할극 형태로 연습했다. 또한 대학 친구들이 처음에 그에게 보일지 모르는 거부나 거친 반응이 전혀 개인적인 것이 아니며, 그들이 데이비드가 앓고 있는 것과 같은 질병에 친숙하지 않고 장애를 가진 사람들에 대해 느끼는 불편한 감정 때문이라는 사실을 기꺼이 받아들이고자 했다. 그 다음에 우리는 그의 불안정한 걸음걸이와 침 흘리는 버릇이 친구들에게 불러일으킬 수 있는 어색함이나 긴장을 감소시킬 수 있는 방법에 대해 머리를 맞대고 토론했다(예를 들어, 적절한 상황이라면 그의 문제점에 대해 먼저 농담을 한다든지).

9월이 다가올 무렵 데이비드는 대학 생활을 힘차게 출발할 마음의 준비가 되었다. 거부당하지 않을까 하는 걱정은 여전히 있었지만 적어도 다른 사람들과의 관계에 접근하는 데 쓸 수 있는 훨씬 나은 도구들을 갖추고 있다는 기분이 들었다. 우리는 그가 대학 수업을 시작하고 일주일 뒤에 다시 만나기로 했다. 하지만 다음에 상담실에 들어서는 그의 얼굴에는 고통의 표정이 생생했다.

데이비드는 소파에 털썩 앉아서 깊은 한숨을 내쉬었다.

"저는 첫 날 수업에 일찍 가서 맨 앞줄에 앉았어요. 그러자 맨 앞줄에 아무도 앉지 않더군요. 그래서 두 번째 수업에는 일찍 가서 가운데 줄에 앉았어요. 제 앞줄에 사람들이 앉고 제 뒷줄도 자리가 모두 채워졌어요. 하지만 제가 앉은 줄에는 아무도 앉지 않았어요. 세 번째 수업에도 저는 일찌감치 갔어요. 이번에는 아예 수업이 시작되기 직전까지 자리에 앉지 않고 기다렸어요. 그런 다음 두 명 사이의 빈자리를 찾아가서 앉았죠. 저는 그 애들에게 인사를 걸었어요. 그들이 고개를 끄덕이더군요. 그러더니 수업이 시작되고 몇 분 뒤 그중 한 명은 제 자리 옆의 옆으로 옮겨 앉았어요. 다른 한 명은 수업시간 내내 내 쪽을 한 번도 돌아보지 않더니 수업이 끝나자마자 총알같이 튀어 나갔어요. 다른 학생들도 마찬가지었어요. 걔들은 내가 걔들을 볼 수 없다고 생각할 때만 흘끔흘끔 나를 쳐다보거나 아니면 고개를 돌려 나를 외면했어요. 아무도 저에게 말을 걸지 않았어요. 아무도 저와 눈을 마주치려 하지 않았어요. 심지어 교수님조차 말이죠."

나는 데이비드의 소식을 듣고 극도로 실망했다. 데이비드가 그토록 심한 몸과 마음의 고통을 겪고 나서, 그토록 극단적인 사회적 거부의 경험을 맛보고 나서 조금이나마 긍정적인 경험을 하게 되기를 나는 진심으로 바랐다. 내 희망이 터무니없는 것만은 아니었다. 사람들에게 받아들여지는 아주 작은 경험만으로도 그의 자존감과 삶의 질이 엄청나게 향상되었을 것이 분명하다. 우리는 몇 달에 걸쳐 첫인상을 상쇄할 방법을 찾고 연습했다. 그러나 만일 동료 학생들이 계속해서 데이비드를 피한다면, 아무도 그의 옆에 앉지 않고 그와 눈을 마주치려 들지 않는다면, 아무도 그와 말을 섞지 않는다면 그는 그 방법들을 사용조차 해 보기 어려울 터였다.

데이비드는 사기가 꺾인 상태였고, 나는 그가 절망에 빠지지 않을까 걱정이 되었다. 어린 시절부터 계속된 거부의 경험이 그에게 남긴 심리적 상처는 크고도 깊었다. 데이비드는 이미 대부분 사람들이 평생 겪을 정서적 고통보다 더 많은 고통에 노출되었다. 나는 데이비드의 상황이 반전되도록 돕겠다고 굳게 결심했다. 비록 첫 주에 얻은 결과는 실망스럽지만 희망을 놓기엔 이르다고 믿었다. 그러나 그가 성공할 기회를 가지려면 일단 그가 최근 겪은 거부로 인해 새롭게 얻은 상처를 치유할 필요가 있었다.

거부로 인한
심리적 상처를 치료하는 방법

우리가 마주하는 거부의 경험 중 상당수는 그 정도에 있어 심각하거나(앤젤로의 경우와 같이), 반복해서 일어나거나(학교와 직장의 왕따와 같이), 심각하면서 동시에 반복적이다(동료와 친구들로부터 계속해서 거부당한 데이비드의 경우와 같이). 그 상황에서 정서적 상처를 그대로 방치하는 것은 매우 위험하다. 그러나 모든 거부의 경험에 정서적 응급 처치를 할 필요는 없다. 예를 들어 공 던지기 실험의 생존자들은 그냥 두어도 충분히 그 경험을 완전히 극복해 낼 것이다. 설사 연구의 진짜 목적에 대한 설명을 나중에 듣지 않더라도 말이다(실제로는 피험자들에게 모두 설명해 주었다). 자, 이제 마음을 위한 약장을 열고 어떤 치료제를 쓸지 찾아보자.

일반적 치료 지침

거부는 서로 구별되는 네 가지 종류의 정서적 상처를 남길 수 있으며 각각의 상처마다 필요한 정서적 응급 처치법이 따로 있다. 몸 깊숙이 느껴지는 본능적 아픔, 분노와 공격 충동, 자존감의 손상, 소속감의 손상이 그 네 가지이다. 다른 종류의 상처와 마찬가지로 거부에 의한 상처 역시 감염과 심리적 합병증을 예방하기 위해 되도록 빨리 처치를 하는 것이 좋다. 단 여기에 제시하는 것은 응급 처치일 뿐이며 보통 이상으로 심하거나 우리의 정신 건강에 영향을 줄 수 있는 거부의 경험을 치료하기에는 적절하거나 충분하지 못할 수 있다. 이 장의 끝에 언제 정신 건강 전문가를 찾아야 할지 기준을 제시했다.

다음의 치료법 중 어떤 것은 여러 종류의 상처에 효과를 보이지만 어떤 것은 특정 상처에만 적용한다. 각 방법은 적용해야 할 시간적 순서에 따라 나열했다. 〈캠핑광과 집순이가 만난 건 아닐까: 치료법 A〉와 〈나만의 뉴욕 양키즈를 찾자: 치료법 B〉는 주로 정서적 고통과 손상된 자존감에 초점을 맞추고 있다. 반면 〈외롭다면 '배구공 윌슨'을 마련하자: 치료법 C〉는 위험에 처한 소속감을 집중적으로 치료한다. 이 세 가지 치료 방법은 분노와 공격 충동을 줄이는 데에도 도움이 된다. 〈예상된 거절의 반복으로 둔감해지자: 치료법 D〉는 정서적 부작용을 일으킬 수 있으므로 경우에 따라 취사선택할 필요가 있다.

캠핑광과 집순이가 만난 건 아닐까
: 치료법 A

치료법 요약	자신을 비판하는 내면의 목소리에 반론을 제기하라.
용법 및 용량	누군가에게 거부당할 때마다 사용한다. 또한 거부 경험 때문에 스스로를 비판하는 마음이 떠오를 때, 필요하다면 다시 반복하라.
효과	상처받은 감정과 성서적 고통을 달래고 자존감의 손상을 최소화한다.
간접 효과	분노와 공격 충동을 줄인다.

거부당한 원인을 내 쪽에서 찾아보고 명백한 실수를 고쳐서 앞으로 그런 일이 일어나지 않도록 예방하는 것도 중요하다. 그러나 그와 같은 작업에는 매우 세심한 주의가 필요하다. 우리가 '뭘 잘못했는지'를 찾다 보면 종종 거부의 원인을 지나치게 개인적으로 돌리거나 일반화시킴으로써 자신을 비판하는 마음을 불러일으킬 수 있기 때문이다. 쓸데없이 자신의 성격이나 외모 또는 행동의 온갖 단점들을 찾아내는 것은 안 그래도 이미 아픈 상처를 더욱 깊게 후벼 파서 또 다시 감정의 출혈을 일으켜 치유를 지연시킨다. 따라서 거부 경험에서 내가 제공한 원인을 찾을 때, 실수나 결함을 스스로 비판하는 것보다는 차라리 스스로에게 지나치게 관대한 쪽으로 기우는 편이 낫다.

그러나 그와 같은 상황에서 자신을 탓하고자 하는 충동은 매우 강력하다. 내 상처에 내 손으로 소금을 뿌리는 일을 막기 위해 우리는 자신에게 비판적인 내면의 목소리와 '논쟁'을 벌여 좀 더 자신에게 관대한 관점을 채택할 필요가 있다. 이 내면의 논쟁에서 이기기 위해 우리에게는 왜 상대방이 나를 거부했는지를 좀 더 균형 잡힌 시각으로 이해하는 데 도움이 될 주장과 논리의 근거가 필요하다.

자아비판에 대항하는 연습

1. 거부의 원인으로 떠오르는 자신에 대한 부정적이거나 비판적인 생각들을 열거한다(종이에 써 보라).
2. 다음의 다양한 거부 상황에서 일어나는 자아비판에 대한 반론들을 이용해서 위에 열거한 비판적 주장에 대항하여 자신의 상황에 맞는 논리적 반박 주장을 만든다. 필요하다면 한 가지 비판에 대해 둘 이상의 반박 주장을 만들어도 좋다.
3. 자신을 비판하는 생각이 떠오를 때마다 즉시 그것을 전면적으로 명확하게 논박하는 주장을 떠올리도록 한다.

애정관계에서 거부당한 상황에 대항하기

약 20년 동안 임상 심리학자로 일하면서 나는 애정 관계에서의 거부 상황을 수도 없이 들어 왔다. 퇴짜를 놓은 쪽, 퇴짜를 맞은 쪽, 양쪽 모두 수없이 만났다. 사람들은 여러 가지 이유로 배우자나 애인, 또는 그런 관계로 발전해 나갈 가능성이 있는 상대를 거부한다. 그런데 대부분 거부는 상대의 단점과 상관이 없다. 가장 흔한 원인은 단순히 감정적 궁합이 맞지 않아서이다. 그 상대와 감정의 불꽃이 일어나지 않는다거나, 식었다거나, 다른 상대와 불꽃이 일어났기 때문이다. 자신의 결함 때문이라는 옳지도 않고 불필요한 결론을 내리기 보다는 다음과 같은 대안적 설명을 고려해 보면 어떨까?

어쩌면 상대는 특정 유형의 이성을 선호하는데 그것이 당신과 맞지 않을 수도 있다(예를 들어 그 사람은 금발머리를 좋아하는데 당신은 갈색머리라든가). 어쩌면 상대방이 전에 사귀던 사람이 갑자기 다시 나타났을지도 모른다. 아니면 상대방이 부모나 가정, 그밖에 다른 사적인 삶에서 어떤 위기를 겪고 있는지도 모른다. 아니면 단순히 서로 생활 방식이 맞지 않을 수도 있다(한 사람은 돌아다니는 것에 질색하는데 다른 사람은 캠핑을 광적으로 좋아하는 모험가라든가).

어쩌면 당신이 어떤 면에서 상대에게 과분하기 때문일지도 모른다. 당신은 모든 종류의 악덕을 혐오하는데 그는 파티에서 필름이 끊기도록 마셔대는 것을 즐길 수도 있다. 어쩌면 당신의 직업적 성공이 상대방의 초라하거나 불안정한 경력에 그늘을 드리웠는지도 모른다. 당신이 경찰관인데 그의 가장 친한 친구가 마약을 팔고 다니는 상황일 수도 있고, 당신이 재능 있는 제과사라면 그는 체중 조절에 문제가 있고 단것만 보면 환장하는 입맛의 소유자라 멀리하는 것일 수도 있다. 어쩌면 상대방은 어느 한 상대에게 얽매이기 싫어하는 성격이라 누군가와 너무 가까워진다 싶은 순간 뒷걸음질 치는 사람일 수도 있다. 또는 자존감에 문제가 있어서 자신과 같은 사람을 좋아하다니 당신에게도 무슨 문제가 있는 것이 아닐까 하고 의심할 수도 있다. 아니면 상대방은 애당초 그다지 착하거나 친절하거나 상대를 배려하는 사람이 아니었을지도 모른다.

  타이밍도 중요하다. 당신은 결혼을 염두에 두고 이성을 만나는데 상대방은 결혼 생각이 없을 수 있고 그 반대의 상황일 수도 있다. 한 쪽은 천천히 신중하게 다가가기를 원하는데 다른 한 쪽은 좀 더 진도를 빨리 빼거나 즉흥적인 관계를 원할 수도 있다. 또는 당신이 누군가와 헤어진 후 새로운 상대와 시작하려는 상태인데 상대는 누군가의 빈자리를 대신하는 기분을 언짢게 생각하는지도 모른다.

  위에서 열거한 모든 상황에서 거절당한 사람은 아무 잘못이 없다. 또한 부족하거나 결함이 있어서 거절당한 것도 아니다. 그러니까 헤어지자고 하는 상대방이 "당신 때문이 아니라 나 때문"이라고 말한다면, 그 말을 진짜로 믿어라! 만일 상대가 그렇게 말하지 않는다면, 그래도 상대방 때문이라고 생각하라. 애정 관계에서 거절당하는 것은 매우 쓰라린 일이다. 그러나 상처에 소금을 뿌리고 문지르면 그보다도 더 쓰라려질 것이다!

직장에서의 거부에 대항하기

데이트 상대로부터 거절당하는 이유와 마찬가지로 지원한 직장에서 거절당하는 이유도 대부분 실수나 부족함보다는 당신이 회사나 그 일자리에서 요구하는 조건과 잘 맞지 않기 때문이다. 어떤 회사에서는 공개적으로 구인 광고를 내지만 실제로는 내부 직원에게만 기회를 주기도 한다. 또는 특정 기술이나 조건을 갖춘 지원자만을 찾고 있어서 누구를 뽑을지 이미 정해 놓고 다른 지원자들은 들러리로 세우기도 한다. 심지어 어떤 고용주는 단순히 과거에 특정 학교나 특정 회사, 또는 특정 지역 출신의 직원에 대한 나쁜 경험이 있어서 같은 학교, 회사, 지역 출신의 후보자를 아예 제외해 버리기도 했다고 고백했다.

심리학자들은 직장에서 동료들이나 상사, 또는 모두에게 거부당하는 경험(직장 동료들과의 점심 식사나 퇴근 후 회식 자리에서 제외되거나 어떤 회의나 모임에 대한 이메일을 혼자서 받지 못하거나 동료나 상사로부터 반복해서 질타와 비판을 받는 경우)이 개인에게 미치는 영향에[17] 특별히 관심을 갖고 있다. 만일 당신이 이런 거부나 따돌림을 받는다면, 그것은 여러분의 성격이나 작업 수행 능력 때문이기보다는 조직과 조직 문화의 역학 관계 때문인 경우가 많다. 예를 들어 내부 고발자들은 종종 동료들로부터 냉대와 따돌림을 받는다(집단적 따돌림은 극도로 고통스러운 사회적 거부의 형태이다). 사실은 내부 고발자의 행동이 동료들에게 도움이 되는데도 말이다.

내가 상담했던 한 청년은 직장의 근무 조건과 봉급이 얼마나 열악한지(실제로 열악했다) 주변에 터놓고 말하곤 했다. 그러자 곧 상사가 부당하게 대하기 시작했다. 처음에는 동료들도 용기 있는 발언에 환호를 보냈지만, 누군가를 대놓고 따돌리는 직장 문화에 따라 상사에게 잘 보이기 위해 그를 따돌리는 데 동참했다. 다행히도 그 청년은 직장 동료들에게 받는 냉대가 자신의 업무 수행 능력이나(그의 성과는 뛰어났다) 성격 때문이 아니라고 인식했다. 나는 진심으로 그의 독자적 결단력과 용기를 칭찬하고 싶다.

우리가 직장에서 사람들에게 거부당할 때 그것이 누군가를 따돌리는 부정적인 직장 문화 때문은 아닌지, 동료들의 야심이나 경쟁심, 상사에게 잘 보이기 위한 동기 때문은 아닌지 살펴볼 필요가 있다. 이러한 과정은 근거 없이 자신의 능력과 성격을 과소평가하고, 이미 겪고 있는 고통을 한층 더 심하게 만드는 것을 예방한다.

친구관계에서의 거부에 대항하기

친구들과의 우정이나 사교적 모임 등은 어딘가에 속하고자 하는 우리의 요구를 충족시켜 주지만, 한편으로는 극도로 고통스러운 거부 경험의 원천이 되기도 한다. 내가 상담을 하면서 가장 흔히 듣는 이야기 가운데 하나가 "친구들이 나만 쏙 빼놓고 따로 만나고 있다"라는 상황이다. 물론 이런 상황에서 그 이유를 자신에게서 찾지 않기란 불가능하다. 그러나 경우에 따라 완전히 다른 이유로 이런 상황이 벌어지기도 한다.

　예를 들어서 당신과 친한 친구들의 무리가 있다고 하자. 드러내고 말은 하지 않아도 모두들 다른 이들은 쏙 빼고 자기네끼리만 함께 다니고 친하게 지내길 원한다. 그런데 당신은 그들과도 친하지만 또 다른 무리들과도 어울리고 싶어 한다. 그런데 친구들은 그것이 싫을 수도 있다(이런 상황은 중·고등학교에서 매우 흔히 벌어지지만 성인들의 경우에도 일어날 수 있다).

　무리뿐만 아니라 일대일의 친구 관계에서도 이런 상황이 발생할 수 있다. 어떤 사람은 단짝 친구에 대해 상대에게 투자하는 시간이나 감정적 헌신에 있어서 매우 높은 기준을 세워 두고 있는데, 당신이 (가정, 직장, 그밖에 다른 이유 때문에, 또는 당신이 단짝 친구 외에도 다른 친구들과 폭넓게 교제하고 싶기 때문에) 그것을 충족하지 못하거나 맞추고 싶지 않을 수도 있다. 그럴 경우 단짝이었던 친구는 당신이 줄 수 없는 시간과 감정적 헌신을 주는 다른 친구와 더 친해질 수 있다. 그러면서 당신은 두 사람 모두로부터 멀어진다.

　당신의 친구였던 두 사람이 이제는 당신을 제외하고 둘이서 더 친해져 많은 시간을 보낸다면 그것은 매우 고통스러운 일이다. 그러나 그것은 당신의 잘못이나 문제 때문이 아니다. 엄밀히 말하자면 그들의 잘못도 아니다. 이것은 친구로서의 매력이나 좋은 친구가 될 능력 따위와는 아무 상관이 없는 문제일 뿐이다.

　사람들의 무리가 당신을 따돌리는 또 다른 이유는 그들의 공동 관심사에 당신이 그들만큼 큰 관심을 보이지 않기 때문일 수도 있다. 어떤 무리는 모여서 스포츠든, 정치든, 육아든, 연예인이든 공통 관심사인 주제를 놓고 계속해서 같은 얘기만 되풀이하기를 즐긴다. 어린 아기를 키우는 한 엄마가 다른 엄마들과의 무리에서 왕따를 당했다고 하소연했다. 그 이유는 그가 기저귀 갈기, 모유 수유, 아기가 언제 뒤집고, 앉고, 걷고, 말하는지 따위의 화제 이외에 다른 관심사로 대화를 이끌어 보려고 시도했기 때문이었다. 사람들은 그 시도를 모임의 정체성에 대한 위협으로 여겼고, 그 결과 조금씩 바깥으로 밀어냈던 것이다. 자신이 왜 따돌림을 당했는지 깨달은 아이 엄마는 오히려 안도했다. "차라리 잘 됐어요. 애가 카시트에 토한 것을 어떻게 닦아야 하는지 한 번만 더 듣는다면 소리를 지를 지경이었어요."

어떤 경우에 사람들의 집단은 당신이 그 집단이 감당하기에 너무 큰 존재임을 당신 자신보다 먼저 알아차린다.

나만의 뉴욕 양키즈를 찾자
: 치료법 B

치료법 요약	나의 가치를 되살리기.
용법 및 용량	거부당하는 경험을 할 때마다 실시하고 필요하면 반복해서 실시한다.
효과	상처받은 감정과 정서적 고통을 달래고 손상된 자존감을 복구한다.

거부당한 아픔을 달래고 자신감과 스스로 느끼는 자신의 가치를 복구하는 가장 좋은 방법은[18] 우리 자신의 특성 가운데 다른 사람이 가치 있고 훌륭하다고 여기는(설사 우리를 거부한 사람들은 그렇게 여기지 않더라도) 측면을 재확인하는 것이다. 예를 들어 내 상담자였던 한 젊고 매력적인 여성은 남자에게 차이고 나면 긴 거울 앞에 서서 자신의 모습을 훑어보면서 거울 속의 자신에게 큰 소리로 말한다고 한다. "너 때문일 리가 없어. 네 모습을 봐. 아주 예쁘기만 하구만!"

유전병을 앓는 젊은이 데이비드는 그와 비슷하지만 그보다 훨씬 더 복잡한 자신의 가치 확인 과정을 통해 대학 생활 첫 주 동안 입은 거부의 상처에서 회복될 수 있었다. 데이비드의 대학생 동료들은 고등학교 때의 급우들과 마찬가지로 처음부터 곧바로 그를 거부해 버렸고 그에 따라 데이비드의 자존감은 큰 타격을 받았다. 데이비드가 스스로 느끼는 자신에 대한 가치를 조금이라도 회복하지 못한다면 그의 취약한 첫인상을 상쇄하고 학교 친구들에게 다가가 친해지려고 노력할 힘이 모두 사라질 것이 분명해 보였다. 다행히도 데이비드에게는 다른 사람들보다 뛰어난 영역이 하나 있었다. 비록 학과 공부와는 아무 관련이 없는 분야지만, 나는 데이비드의 그 장기가 다른 학생들과의 사이에 놓인 심연을 가로지르는 다리가 되어 주리라 믿었다.

데이비드는 나와의 약속이든 학교 수업이든 언제나 일찍 도착했다. 그는 지역 신문 몇 종류를 들고 와서는 각 신문의 스포츠란을 뒤져서 한 자도 빼놓지 않고 꼼꼼히 읽고 모든 경기의 통계치를 분석했다. 또한 라디오의 스포츠 중계를 몇 시간이든 듣곤 했다. 그 결과 데이비드는 스포츠 경기에 매우 박식했고, 특히 야구 지식에 있어서는 전문가 수준이었다.

데이비드는 뉴욕 양키즈의 충성스러운 팬이었다. 양키즈 얘기를 할 때면 그의 표정과 태도에 커다란 변화가 일어났다. 몸을 똑바로 세우고 앉아 자신감 넘치는 태도로 유창하게 자신의 의견을 피력하곤 했다. 그때의 데이비드는 양키즈 팀이나 야구 리그, 스포츠 전반에 대해서 열정적이고 똑똑하고 통찰력 넘치는 사람처럼 보였다.

대학 생활을 시작하고 2주가 지나자 데이비드는 수업에 일찍 도착하는 학생들이 자신 말고도 몇 명 더 있다는 사실을 깨달았다. 남학생 가운데 몇몇은 수업이 시작하기 몇 십 분 전에 도착해서 자리에 앉아서 데이비드와 마찬가지로 신문의 스포츠 란을 읽으며 시간을 보냈다. 그들의 옷이나 모자, 소지품으로 미루어 상당수는 역시 양키즈 팬인 것으로 보였다.

나는 데이비드에게 그들 가운데 한 명을 골라 양키즈를 화제로 대화를 시도해 보라고 조언했다. 데이비드는 처음에는 싫다고 했다. 그는 대화를 시도해도 거절당하거나 무시당할 것이 분명하다고 믿었다. 그로부터 며칠 후 양키즈가 결승전에 올랐다. 데이비드는 나에게 향후 전망에 대해 열변을 토했다. 그의 분석은 매우 훌륭했다.

"와, 수첩에 받아 적어야겠는데. 네가 한 말을 어디 가서 내 의견인 것처럼 말하고 다니고 싶구나."

"얼마든지요."

"두고 보세요. 결승전은 분명히 제 말대로 흘러갈 거예요."

"정말 장담할 수 있어?"

"양키즈를 저보다 더 잘 아는 사람은 없어요."

"수업에 일찍 오는 양키즈 팬들보다 더 잘 아는 게 확실해?"

"당연하죠."

"어디 한 번 진짜로 그런지 확인해 보면 어떨까?"

내가 슬쩍 미끼를 던졌다. 데이비드는 대답하지 않았다. 거부에 대한 공포가 너무 생생해서 그는 대화를 시도해 보겠다는 약속조차 하지 못했다. 그러나 양키즈가 결승전 첫 게임에서 승리를 거두자 그 흥분이 데이비드를 고무시켰다. 그는 자신도 모르게 수업을 같이 듣는 한 학생에게 양키즈가 월드 시리즈에서 우승할 전망에 대해 한마디 던졌다. 그러자 매우 놀랍게도 그 학생은 친근하게 동의하며 데이비드에게 하이파이브를 하자고 손을 올렸다. 데이비드는 기절할 듯 놀랐다. 그는 또 한 번 의견을 개진했다. 그러자 어느새 한 명이 더 늘어 셋이서 양키즈에 대해 열띤 토론을 하는 상황이 벌어졌다.

수업 전 잠시 이루어진 짧은 교류로 데이비드는 자존감이 엄청나게 상승했다. 덕분에 그는 다음에도 또 다시 양키즈를 화제로 대화를 시도할 용기를 얻었다. 데이비드는 다른 학생들 역시 자신만큼이나 좋아하는 팀의 승리에 대해 이야기를 나누고 싶어 한다는 사실을 발견하고 흥분했다. 데이비드가 이야기를 풀어놓을수록 친구들은 그의 의견에 관심을 보였다. 수업 시간 전의 야구 이야기는 이제 일종의 관행이 되었다. 데이비드와 다른 학생 몇 명은 수업 시작하기 전마다 한 자리에 모여 양키즈의 지난 경기를 분석하고 월드시리즈에서 우승할 가능성을 점쳤다.

이 비공식적 회합이 데이비드의 태도와 기분에 미친 영향은 심대했다. 데이비드는 난생 처음으로 친구들로부터 존중받았다. 양키즈의 승리 횟수가 늘어날수록 데이비드는 학교에 가서 친구들과 경기 이야기를 나누고 싶어 안달이 났다. 데이비드가 경기에 대한 지식과 통찰을 늘어놓을수록 친구들은 그를 받아들이고 가치 있게 평가했다.

어느 날 결정적 순간이 왔다. 경기에 대한 열띤 논의 중 데이비드는 자신의 말에 너무 집중한 나머지 침을 삼키는 것을 잊어버렸고, 침이 그의 턱을 타고 주룩 흘러내렸다. 공포와 경악의 순간이었다. 하지만 데이비드는 침착하게 우리가 지난여름 동안 정확히 그와 같은 상황에서 써먹기 위해 연습했던 대사 가운데 하나를 끄집어냈다. 그는 손수건으로 턱을 닦으며 말했다. "이런 기가 막힌 승리에 침을 줄줄 흘리지 않는다면 진정한 양키 팬이 아니지!" 친구들은 웃음을 터뜨렸고 곧 아무 일도 없었다는 듯 야구 대화가 재개되었다. 어색해질 수 있었던 상황을 피해 나간 데이비드의 능력은 그의 자신감을 한층 더 끌어 올렸다.

감사하게도 양키즈는 그해 포스트시즌(정규 리그가 끝난 다음 최종적인 우승 팀을 가리기 위해 벌이는 경기. 미국 메이저리그에는 아메리칸 리그와 내셔널 리그가 있는데 각 리그의 지구별 우승팀 포함 5팀씩 10팀이 출전해 토너먼트로 최종 우승팀을 가린다—옮긴이)에서 놀라운 성과를 거두면서 데이비드와 친구들이 서로를 알아 나갈 풍부한 기회를 제공해 주었다. 곧이어 데이비드가 가장 자랑스럽게 여긴 순간이 다가왔다. 어느 날 데이비드가 다른 때보다 약간 늦게 강의실에 도착했다. 그러자 학생 중 한 명이 다른 친구에게 물었다. "데이비드 어디 있어? 그 양키즈 전문가 말이야." 바로 그 순간 데이비드가 들어섰고 친구들은 그에게 따뜻한 인사를 건넸다.

"저는 평생 동안 사람들이 저에 대해 말하는 것을 엿들었어요." 다음 상담 시간에 데이비드가 나에게 말했다. "사람들이 저를 칭할 때 '이상한 놈', '지체장애자', '병신'이라고 불렀죠." 데이비드는 잠시 말을 멈추었다. 그러더니 그의 얼굴에 미소가 번졌다. "그런데 이제 저는 '양키즈 전문가' 데이비드예요!" 데이비드의 얼굴에 자랑스러움이 빛났다. "이제 드디어 제가 사람들 틈으로 들어갈 길을 찾은 것 같아요. 이제 저도 어딘가에 속한다는 느낌이 들어요. 그 아이들은 이제 저를 진짜 사람처럼 봐요. 그게 얼마나 기분 좋은 일인지 선생님은 모르실 거예요."

자신의 가치를 확인하는 느낌은 데이비드가 거부당하면서 입은 상처들을 이기고 회복하는 데 결정적인 역할을 했다. 비록 데이비드가 정서적으로 완전히 치유되기 위해서는 아직 가야 할 길이 멀지만 대학 첫 학기에 처음으로 사람들 사이에 받아들여지는 경험을 통해 그는 비로소 소속감을 맛보게 되었다.

나의 가치를 되살리는 연습

다음 활동은 여러분이 자신의 성격의 중요한 측면들을 돌아보고 자신의 가치를 재확인하는 데 도움을 줄 것이다.

1. 당신의 성격, 특징, 개성 가운데 스스로 가장 높이 평가하는 다섯 가지를 종이에 써 보자. 되도록 당신이 거부를 경험한 영역과 관련된 특성을 고르도록 한다. 당신이 중요하게 생각하는 측면에 대해 충분히 시간을 들여 생각해 보도록 한다

(만일 연애 상대에게 거부당한 상황이라면 다음과 같은 속성들이 후보가 될 수 있다. '남을 잘 보살펴 준다', '상대에게 충실하다', '상대의 말을 잘 들어준다', '남을 배려한다', '정서적으로 안정적이다').

2. 위에서 적은 특성들을 당신이 생각하는 중요도에 따라 나열한다.

3. 맨 위의 세 가지 특성 중 두 개를 골라 각 특성에 대해 한두 문단 정도의 짧은 글을 써 본다. 글에는 다음 사항들을 담도록 한다.
   - 그 특성이 왜 당신에게 중요한지?
   - 그 특성이 당신의 인생에 어떤 영향을 주었는지?
   - 그 특성이 왜 당신의 자아상의 중요한 측면인지?

외롭다면 '배구공 윌슨'을 마련하자
: 치료법 C

치료법 요약	사회적 유대감을 재충전하라.
용법 및 용량	거부당하는 경험을 할 때마다 반드시 실시한다. 사회적 유대감을 재충전하는 데에는 다양한 방법이 있으므로 필요하다면 몇 가지 방법을 함께 사용하도록 한다(예를 들어 당신을 이해하고 사랑해 주는 가족과 시간을 보내고 나중에는 필요할 때마다 가족의 사진을 꺼내 본다).
효과	소속에 대한 요구를 충족시켜 주고 분노와 공격 충동을 누그러뜨린다.
간접 효과	상처받은 감정과 정서적 고통을 달래고 손상된 자존감을 복구한다.

쓰라린 거부 경험을 겪은 뒤에는 다른 사람들과 관계를 맺는데 주저하게 마련이다. 하지만 우리는 공포감을 극복하고 사람들의 관계 속에서 지지를 얻고 사회적 소속감을 재충전할 다른 방법을 찾아야 한다. 사회적 지지는 모든 종류의 스트레스를 완화시키지만 거부의 경험을 한 뒤에는 특히 효과적이다.

사회적 지지는 즉시 우리에게 중요한 관계들을 일깨우고, 그럼으로써 고갈된 우리의 소속감을 재충전해 준다. 한 실험에서 피험자가 거부당하는 경험을 한 뒤에 친절한 연구자와 몇 마디 대화를 나눈 것만으로도[19] 분노가 크게 줄어든 것으로 나타났다. 또 다른 연구에서 역시 거부당하는 경험을 한 청소년 및 젊은 성인 피험자들이[20] 낯선 동료들과 온라인 메시지를 몇 마디 주고받는 것만으로도 자존감을 크게 회복한 것으로 나타났다.

그러나 우리가 거부 경험을 한 후 가까운 친구나 속마음을 털어놓는 사람들로부터 사회적 지지를 얻는 것이 쉽지만은 않다. 왜냐하면 그들은 대개 거부가 우리에게 얼마나 큰 고통을 일으켰는지 이해하지 못하기 때문이다. 우리는 자신 또는 남의 육체적 고통을 헤아리는 데 매우 서투르다(바로 그 순간 같은 고통을 경험하지 않는 한).[21] 예를 들어, 아이를 출산할 때 많은 산모가 진통제를 투여 받지 않겠다고 하다가 막상 진통이 시작되고 나서 그 결정을 번복하는 것과 닮았다.

학교에서 왕따를 당한 학생의 가족, 친구, 선생님은 학생이 절망에 빠져 극단적 조치(예컨대 자살)에 의존하는 것에 기절할 듯 놀란다. 왜냐하면 학생이 느껴 온 고통의 크기를 헤아리지 못했기 때문이다. 최근 발표된 주목할 만한 한 연구에 따르면[22] 실험을 통해 공 던지기 게임에서 따돌림 당하는 경험을 해 본 교사들은 그렇지 않은 교사들에 비해 왕따를 당하는 학생에게 훨씬 더 큰 이해와 공감을 느꼈다. 그들은 또한 왕따의 가해 학생에게 더 큰 벌을 줄 것을 제안했다.

우리가 경험한 거부가 차별에 의한 것일 때 사회적 지지의 역할은 더욱 더 중요하다. 여러분은 우리가 사는 세상이 계몽되었다고 믿고 싶겠지만 지금까지의 역사를 살펴보면 우리는 여전히 나와 다른 사람들을 받아들이는 데 문제가 있다. 인종, 국적, 성적 취향, 종교적 신념, 장애 여부, 성별, 나이 등 온갖 요소들로 수많은 사람이 그들의 친구, 가족, 고용주, 이웃, 낯선 이들로부터 차별받고 있다. 그와 같은 이유로 차별당한 뒤에 자신이 속한 집단에서 지지를 얻을 경우[23] 분노와 우울의 감정이 누그러지고, 집단의 정체성이 강해지며, 주류 문화로부터 평가절하 당하는 것의 해로운 효과가 상쇄된다.

나와 좀 더 잘 맞는 사람들을 찾기

소속감에 대한 우리의 요구는 융통성이 있다. 다시 말해 새로운 관계, 새로운 소속 집단이 과거의 관계와 집단을 대신할 수 있다. 특히 새로운 관계가 자신의 성격이나 관심사에 더욱 잘 맞는다면 더욱 바람직하다. 물론 거부 경험은 고통스럽다. 하지만 한편으로 이 경험을 통해 애인이든, 사교 모임이든, 친구든, 직장이든, 나를 거부한 상대가 나의 성격, 관심사, 생활 방식, 경력 등에 잘 맞는지 평가해 볼 기회로 삼을 수도 있다.

우리는 대개 상황에 맞추어 어떤 무리나 집단에 속하게 된다. 예컨대 학교에서 임의로 배정한 기숙사 룸메이트, 직장에서 우연히 만난 동료들, 아이가 사귄 친구의 부모들과 친해진다. 그와 같은 사귐이 성공적인 우정으로 발전할 수도 있다. 그러나 우리나 그들이 모임과 맞지 않으면 관계가 자연스럽게 깨지는 경우도 많다. 특히 친하게 만들어 준 상황이 변화하면서 관계가 흐지부지해지는 경우가 많다. 대학을 졸업한다든지, 직장을 옮긴다든지, 아이가 더 이상 그 친구들과 놀지 않는다든지 하면서 말이다. 관계가 단절될 때 처음에는 마음이 상하지만 나중에 돌아보면 그런 관계들을 잃어버리는 것이 처음에 생각한 것만큼 슬픈 일은 아니다.

어떤 경우에는 단순히 강한 유대감을 느끼는 사람들의 무리와 어울려 시간을 보내는 것만으로도(가까운 친구들과 영화를 보거나 술을 한잔 하거나) 사회적 소속감을 재충전하는 데 큰 도움이 된다. 일대일의 사회적 지지를 얻고자 한다면 그 상대를 고를 때 신중해야 한다. 거부당한 상처로 쓰라린 상태일 때는 특히 조심할 필요가 있다. 내 소중한 친구는 나를 많이 생각하지만, 공감이나 지지를 표현하는 능력이 부족할 수도 있다. 그럴 경우 내가 기대고 위로받을 상대로 최적의 선택이 아닐 수도 있다.

심각한 질병을 앓거나, 상해를 입거나, 장애와 싸워 본(데이비드와 같은) 사람들은 주변 사람들이 자신의 존재를 불편해하면서 외면하거나, 접촉을 피하거나, 전화나 방문하기를 '잊거나', 아예 연락을 끊어버리는 경험을 해 보았을 것이다. 그래서 암 환자나 그 밖에 특정 질병을 앓는 환자들은[24] 종종 같은 병을 앓는 사람들이 모인 모임에 가입해 투병과 치료 과정에서 받는 스트레스를 관리하고 비슷한 곤경에 처하고 비슷한 거부 경험을 가진 사람들로부터 지지를 얻는다.

사회적 관계에 대한 배고픔을 달래줄 간식

우리에게 사회적 지지와 소속감을 제공해 줄 사람들과 유대를 맺는 것이 가장 좋지만 항상 가능하지는 않다. 영화 〈캐스트 어웨이〉에서 척 놀랜드(톰 행크스)는 무인도에서 4년 동안 혼자 살아간다. 그는 여자 친구 켈리의 사진을 바라보거나 '윌슨'이라고 이름 붙인 배구공에게 말을 걸면서 인간관계에 대한 갈증을 달랜다. 시간이 흐르면서 배구공 윌슨은 척의 소중한 동반자가 된다.

우리가 배가 몹시 고픈데 제대로 된 식사를 하기 어려울 때는 약간의 간식을 먹는 것으로 배고픔을 조금은 달랠 수 있다. 마찬가지로 우리의 소중한 정서적 유대 관계를 상기시켜 주는 작은 '간식거리'만으로도 우리가 거부당하거나 제외당하거나 홀로 있을 때 '사회적 관계에 대한 굶주림'을 누그러뜨릴 수 있다. 이 간식거리는 여러 가지 형태를 띨 수 있다.[25] 하지만 과학자들이 발견한, 거부당한 마음을 달래 줄 가장 영양가 있는 간식은 다름 아닌 사랑하는 사람들의 사진이다.

한 연구에서 피험자의 책상 위에 사랑하는 사람의 사진이나 유명 인기인의 사진 중 하나를 놓고서 피험자에게 과거에 심각하게 거부당한 경험을 자세히 떠올려 보라고 했다. 그러자 인기인의 사진을 마주한 피험자는 거부 경험을 회상하고 나서 기분이 크게 나빠졌는데, 사랑하는 사람의 사진이 주어졌던 피험자는 별다른 기분의 변화가 없었다. 이런 연구 결과를 실생활에 응용하여 한창 예민하고 친구 관계로 스트레스를 받는 10대 청소년들의 방에 아이돌스타나 배우의 사진을 떼어 내고 할아버지나 할머니 사진을 걸어 두도록 하면 어떨까?

영양가 있는 간식거리에 사진만 있는 것이 아니다. 또 다른 연구에서 단순히 우리가 과거에 가까운 사람들, 소중한 사람들과 나누었던 긍정적인 관계와 따뜻한 상호작용을 회상하는 것만으로도 거부당한 경험이 불러일으키는 분노를 누그러뜨리기에 충분한 것으로 나타났다. 우리가 친숙하게 연결되어 있다고 느끼는 사람들이 보낸 의미 있는 편지나 이메일을 읽거나, 그들의 모습이 담긴 비디오를 보거나, 그들과 관련된 물건을 사용하거나 소지하는 것은 간접적으로 사회적 지지를 얻을 수 있는 좋은 간식에 해당된다.

거부 경험에 고독이라는 합병증마저 더해졌을 때 생명 없는 물건마저도 때로는 인간관계에 대한 굶주림을 달래는 간식 역할을 해 준다. 척 놀랜드에게 배구공 윌슨이 한 역할처럼 말이다. 여러분 중 데이트 신청을 하거나 새 직장에 지원할 때 만에 하나의 결과에 대비해 친구나 가족의 사진을 주머니에 넣고 가는 것이 어떨까? 필요하다면 배구공도 좋다.

예상된 거절의 반복으로 둔감해지자
: 치료법 D

치료법 요약	자신을 탈감각화하라.
용법 및 용량	제한된 영역의 활동에만 적용한다. 예를 들어 새롭게 이성이나 친구를 사귀고자 청할 때, 직장이나 인턴십이나 어떤 프로그램에 지원할 때, 낯선 사람들에게 권유 전화를 할 때 등.
주의	이 방법은 상당한 고통을 수반하므로 꼭 필요한 경우에만 신중하게 사용한다. 자신의 자존감이 무수히 많은 '사소한' 거부를 견뎌 낼 만큼 충분히 강하다고 느낄 때만 시도한다.
효과	거부가 일으키는 상처와 정서적 고통, 자존감의 손상을 줄여 미래의 거부 경험에 대한 회복력의 보호막을 형성한다.

어떤 목적을 위해(직장을 구하기 위해, 또는 자선 기부금을 내달라고 부탁하기 위해 등) 낯선 사람에게 전화를 걸어 본 사람이라면 처음 몇 번의 전화 걸기가 얼마나 힘든지 알 것이다. "죄송하지만 안 되겠는데요."라는 말이 끝나자마자 수화기를 쾅 내려놓아 전화를 끊는 소리를 들으면 몹시 불쾌하다. 그런데 다섯 번째나 여섯 번째쯤 전화를 걸 무렵에 신기한 일이 벌어진다. 우리는 "싫어요."라는 대답을 더 이상 개인적으로 받아들이지 않게 된다. 그저 어깨를 으쓱하며 명단의 이름 위에 또 한 줄을 그어 버리고 다음 사람

으로 넘어간다. 배우, 음악인 등도 비슷한 경험을 한다. 오디션에 참가해 본 일이 거의 없는 배우는 오디션에서 떨어지는 것을 매우 고통스럽게 받아들인다. 그러나 일주일에도 몇 번씩 오디션에 도전하는 배우는 그런 거부 경험을 대단치 않게 흘려보낸다.

그렇게 되는 이유는 바로 '탈감각화(desensitization)'라고 부르는 심리학적 과정 때문이다. 우리가 불편하거나 불쾌한 상황에 자주 노출되면 점점 덜 괴롭게 느껴진다. 물론 모든 상황에서 이 과정이 나타나지는 않는다. 특히 가장 심각하고 중대한 거부 경험에는 잘 적용되지 않는다. 인생에서 어떤 경험들은 아무리 반복해서 일어나도 그때마다 여전히 매우 고통스럽고 정서에 큰 타격을 준다. 그러나 이성에게 데이트를 신청하거나, 원하는 직장의 고용주나 인사 담당자에게 전화를 걸거나, 인턴 프로그램이나 교육 프로그램 등에 지원하거나, 또는 새로 친구를 사귀거나 할 때는 잠재적 거부 상황에 무감각해지는 것이 도움이 된다.

예전에 내가 상담한 한 20대 남성은 거절당할까 봐 두려워서 여성에게 다가가지 못했다. 나는 그에게 다가오는 주말에 여자 아홉 명에게 데이트를 신청하라는 과제를 주었다. 마침 그는 그 주말에 모임 세 군데에 참석할 예정이었다. 나는 그에게 호언장담했다. 만일 그가 한 모임당 세 명씩 접근해 본다면 세 번째 모임(직장 동료의 생일파티)에 갈 때 즈음엔 거절에 대한 두려움에 상당한 변화가 일어날 것이라고 말이다. 흥미롭게도 단순히 과제를 수행하기로 약속한 것만으로도 그에게 변화가 일어났다. "그렇게 많은 여자에게 접근해야 한다는 생각이 시작도 하기 전에 저에게 약간 자신감을 주었습니다. 내가 아예 여러 차례 퇴짜 맞을 각오를 하니까 이상하게도 한 여자에게 거절당할 일이 별것 아닌 것처럼 느껴지더라구요."

바로 그 이상하게도 별것 아닌 것처럼 느껴지는 과정이 바로 탈감각화이다. 그 청년은 세 번째 모임에 갈 필요가 없었다. 그는 첫 번째 모임에서 세 차례 여성들에게 접근했는데 놀랍게도 그 중 두 명이 즉각 그에게 전화번호를 주었다. "그런데 그 중 하나는 진짜 번호였어요!" 그는 행복한 표정으로 말했다. 청년은 그에게 진짜 전화번호를 준 여성과 데이트하기 위해 세 번째 모임에는 아예 가지도 않았다.

탈감각화는 거절의 정서적 충격을 감소시키는 데 효과적인 기술이다. 그러나 이 방법은 꼭 필요할 때만 신중하게 사용해야 한다. 라벨에 명확한 경고문을 부착할 필요가 있다. 이 치료법은 자신이 이 치료 방법의 도전을 이겨 내기에 충분히 강한 자존감을 갖고 있다고 생각되는 사람들이, 어떻게 실행에 옮겨야 이로울지 충분히 생각해 본 뒤에 적용하는 것이 좋다.

가장 중요한 점은 제한된 시간 동안 실시해야 한다는 것이다. 긴 시간에 걸쳐서 찔끔찔끔 실행할 경우 효과가 희석되어 사라져 버린다. 앞서 이야기한 내 상담자 역시 마침 다가오는 주말에 몇 건의 모임 약속이 있지 않았다면 사흘 안에 아홉 명의 여성에게 데이트를 신청할 만한 상황을 준비하기 쉽지 않았을 것이다.

# 이럴 때는 정신 건강 전문가를 찾으세요

거부 경험 후 즉시 정서적 응급 처치를 함으로써 거부의 결과로 나타나는 네 가지 종류의 상처를 완화하고 장기적으로 심리적 합병증이 나타날 위험을 줄일 수 있다. 오래 전에 있었던 거부 경험을 치료하는 데 그 방법을 적용하는 것도 치유와 회복의 길로 나가는데 도움이 될 수 있다. 그러나 거부 경험 가운데 일부는 너무나 고통스럽고 상처가 너무 깊어서 정서적 응급 처치 방법만으로는 우리가 입은 심리적 손상을 교정하기 어려울 수도 있다.

만일 거부 경험이 너무 심각하거나(예를 들어, 당신의 성적 취향이나 종교적 신념 때문에 가족이나 사회 전체로부터 거부당했다는 등) 아니면 오랜 기간 동안 만성적으로 거부당하는 경험을 겪었다면 정신 건강 전문가의 조언을 구하는 편이 이로울 수 있다. 만일 당신이 이 장에서 제시한 치료 방법을 적용했으나 정서적 고통이 누그러지지 않는다면, 자존감이 여전히 손상된 상태이고 다른 사람들과 교류하기 두렵다면 정신 건강 전문가를 만나 보아야 한다.

만일 분노와 공격 충동이 너무 강해 스스로 통제하기 어려울 정도라면, 그리고 자신이나 다른 사람을 해치고 싶은 생각이 든다면, 즉시 정신 건강 전문가의 도움을 구하거나 가까운 응급실로 가도록 한다.

2장

"기념일에 꽃을 받아도 외로울 수 있습니다"

소독약이 필요한 심리적 상해, **고독**

Emotional
First Aid

고독이 왜
문제가 되는 걸까

우리가 사는 세상은 점점 좁아진다. 각종 매체의 발달로 우리는 수십 명, 많게는 수백 명의 친구들과 동시에 연락하며 지낼 수 있다. 데이트 알선 사이트가 풍부한 애인 후보 목록을 제공해 주므로 집에 가만히 앉아서도 내 취향에 맞는 이성을 고를 수 있다. 같은 관심과 열정을 공유하고 있다면 지구 반대편에 살고 있는 사람들과도 컴퓨터 키보드 몇 번 두드려 새로운 관계를 맺을 수도 있다. 그런데 이처럼 지구 전체에 걸쳐서 사람들이 연결되는 전례 없이 풍부한 '관계'의 시대에, 오히려 예전보다 더 많은 사람이 심각한 고독 속에 살아가고 있다.

2010년 미국 인구 조사 결과에 따르면[1] 1인 가구는 전체 가구의 27퍼센트를 차지해 다른 모든 형태의 가구(한 부모와 자녀들 또는 양 부모와 자녀들로 이루어진 가구 등) 수를 넘어섰다. 물론 혼자 산다고 모두 고독하지는 않고, 고독한 사람들이 모두 혼자 사는 것도 아니다. 오히려 많은 사람이 배우자나 서로 헌신하는 관계의 사람과 함께 살아가는데도 고독을 느낀다.

사실 물리적으로 가깝지만 그밖에 다른 면에서 공유할 것이 없는 사람과 함께 살아갈 때, 우리는 커다란 정서적 거리감과 깊은 단절감을 느낀다. 그리고 그 결과 혼자 고립된 것과 같은 느낌에 빠져든다.

우리의 고독 여부는 관계의 양이 아니라[2] 관계의 주관적 질, 그러니까 우리가 사회적으로나 정서적으로 격리되어 있다고 느끼는지 여부에 달려 있다. 실제로 많은 사람이 주소록에 이름이 가득한데도 깊은 우정을 나눌 사람이 없어서 고통스러워한다. 어떤 사람은 정서적으로 의지할 친밀한 친구가 많이 있는데도 로맨틱한 관계의 연인이 없어서 괴로워한다. 어떤 사람은 하루 종일 직장 동료들에게 둘러싸여 있는데도 그들에게 거리감과 단절감을 느낀다.

운 좋게도 몇몇 사람들과 든든하고 친밀한 관계를 맺고 있더라도 자신을 누구보다 걱정하고 사랑해 주는 사람들로부터 지리적으로 멀리 떨어져 있으면 외로움을 느끼는 사람들도 있다. 몸과 마음이 건강한 상태로 나이가 드는 것은 큰 행운이지만, 한편으로 그들은 배우자나 주변 친구들이 하나둘씩 병마와 죽음에 굴복해 가는 것을 보면서 밀려오는 고독의 파도에 홀로 맞서야 한다.

고독과 흡연에는
공통점이 있다

　　　　　　　　　　　의미 있는 인간관계는 행복하고 충만한 인생을 이끄는 데 필수적이다. 그런데 만성적 고독은 이러한 기본적 행복을 제한하는 것 이상으로 우리를 크게 손상시킬 수 있다. 고독은 정서적 고통과 갈망을 불러일으킬 뿐만 아니라 만성적 우울증, 자살 욕구와 시도, 적대감, 수면 장애 등과 관련되어 있다.[3]

　더욱 중요한 사실은 고독이 우리의 전반적 건강에 커다란 영향을 준다는 것이다.[4] 고독은 고혈압을 일으키거나 체질량지수(body mass index, 체중(kg)을 신장(m)의 제곱으로 나눈 비만도 지수—옮긴이)를 높이거나, 콜레스테롤 수치를 올림으로써 심혈관계의 기능을 해친다. 또한 스트레스 호르몬을 증가시켜 내분비계에도 변화를 일으키고, 심지어 면역계의 기능에도 영향을 준다.

　고독이 우리 몸의 건강에 직접 영향을 미치는 것을 보여 주는 실례로, 건강한 대학생들을 대상으로[5] 독감 예방 주사를 놓았을 때 외로움을 느끼던 학생들은 그렇지 않았던 학생들보다 통계적으로 의미 있을 정도로 더 심한 부작용을 보였다는 연구도 있다. 그리고 고독은 정신 능력을 저하시켜 의사 결정 능력, 주의력, 집중력을 떨어뜨리고, 판단력이 손상되거나 알츠하이머병이 더 빨리 진행되도록 한다.

충격적으로 들리겠지만, 고독은 장기적 신체 건강에 흡연만큼이나 심각한 영향을 미치는 위험 요소로[6] 기대 수명을 실제로 수년씩 깎아 낸다. 담뱃갑에는 흡연의 위험에 대한 경고가 표시되어 있지만 사회적으로 고립된 느낌을 하루 두 갑씩 들이 마시는 것의 위험에 대해서는 아는 사람이 거의 없다. 그 결과로, 외로움은 좀처럼 시급한 문제로 여겨지지 않는다. 그러므로 우리는 고독을 끊어 내고 그로 인한 심리적 상처를 치료해야 할 필요성을 우선순위에 두지 않게 되었다.

고독은 진짜로
타인에게 전염된다

고독감이 일으키는 심리적 상처를 치료해야 할 중요한 이유가 또 있다. 최근 연구에서 놀라운 사실이 드러났다. 바로, 고독이 전염된다는 것이다![7] 연구자들이 특정 사회적 인간관계망에서 고독감이 퍼져 나가는 경로를 추적했는데 고독은 뚜렷이 전염되는 특성을 보였다. 연구 초기에 외로운 사람과 접촉했던 사람들이 연구가 끝나는 시점에 자신도 외로움을 느끼는 것으로 나타났기 때문이다. 뿐만 아니라 전염성의 강도는 두 사람 관계의 긴밀성에 비례했다. 그러니까 고독한 사람과 고독하지 않은 사람이 접촉할 때 두 사람의 관계가 친하고 긴밀할수록 고독이 전염되는 경향이 더 컸고, 또한 전염된 사람이 더 심하게 고독감을 느꼈다.

고독한 사람들은 계속해서 인간관계의 그물망에서 가장자리로 밀려 나가 점점 고립되는 경향을 보였다. 그런데 보통 사람이 고독한 사람과 가까이 접촉하면 고독의 영향을 받아 그들 역시 인간관계망의 가장자리로 밀려 나는 것으로 드러났다. 놀랍게도 고독은 애초에 고독했던 사람과 직접 접촉하는 주변 사람들의 영역을 훨씬 넘어서, 사람과 사람을 통해 전달되어 그물망 전체로 번져 나갔다. 이런 연구들은 왜 현대 사회에서 고독이 일종의 전염병과 같은 양상을 보이는지 설명해 준다.

불행히도 이처럼 전염성을 띠고 있고 건강에 심각한 영향을 미치는 위험 요소임에도 고독은 여전히 우리가 일상에서 흔히 입는 심리적 상해 가운데 가장 무시되는 영역 중 하나로 남아 있다. 우리는 대부분 고독이 일으키는 심리적 상해를 치료하는 것이 중요하다는 사실을 잘 모르고 있으며, 어떻게 효과적으로 치료하는지 아는 사람은 더욱 적다.

왜 외롭다고
'나'를 탓할까

고독이 몸과 마음의 건강에 얼마나 심각한 위험을 드리우는지 고려한다면 우리는 고독의 영향을 피하기 위해 최대한 신속하게 가능한 모든 노력을 해야 마땅하다. 그러나 다음 두 가지 이유로 그런 노력을 기울이기가 매우 어려워진다.

첫째, 외로운 사람들은 자신이나 주변 사람들에게 지나치게 비판적인 경향이 있다. 그들은 기존 인간관계를 너무 부정적으로 바라보고, 그 경향이 다른 사람들과의 관계에 영향을 미친다.

둘째, 이것은 좀 더 은밀하게 작용하는 고독의 악영향인데, 우리는 외로우면 점점 더 스스로를 깎아내리고 자기 파괴적인 방식으로 행동한다. 그 결과 우리를 사회로 이어 주는 연결고리의 양과 질이 점점 감소한다. 그에 이어 우리의 '인간관계의 근육'을 구성하는 근섬유들(사교 기술, 의사소통 기술, 입장을 바꾸어 생각하는 능력, 공감 능력 등)이 점점 약해지고 제 기능을 발휘하지 못하게 된다. 무엇보다 그 능력과 기능이 필요한 상황에서 말이다.

분명히 해 두고 싶은 것은, 고독은 잘못이 아니라는 점이다. 내가 남들이 좋아할 만한 사람이 아니어서 고독한 것도 아니다. 그러나 고독을 불러일으킨 상황이 무엇이든 간에, 일단 우리가 고독해지면 무심결에 그 상황을 지속시키고 더욱 악화시킬 만한 심리적 반응이 꼬리를 물고 일어난다. 그 과정은 대개 우리가 알아차리지 못한 채 일어난다. 따라서 우리가 이 상황을 헤쳐 나가는 데 필요한 가장 중요한 도구는 바로 열린 마음이다.

여러분은 어쩌면 상황을 변화시키기 위해 할 수 있는 모든 일을 해 왔으며 상황을 악화시킬 만한 일은 절대 하지 않았다고 믿을지도 모른다. 그러나 내 행동이 곤경을 지속시키고 있을 가능성을 열린 마음으로 되돌아보아야만 변화할 방법을 찾을 수 있다. 자신의 마음을 열고, 이미 굳어진 관점에 이의를 제기하고, 감정적 위험성을 감수하는 것은 물론 쉬운 일이 아니다. 그러므로 고독을 치유하기 위해서는 용감하게 도전해야 한다.

부정적이어서 외로운 걸까, 외로워서 부정적인 걸까

사람들은 심리치료사에게 자신의 여러 가지 부정적인 측면들을 털어놓는다. 그러나 많은 경우에서 사람들이 드러낼 용기를 내지 못하는 것 가운데 하나가 그들이 '얼마나 외로운지 인정하는 것'이다.

우리는 모두 어느 정도 고독이 남긴 수치심과 자기 비난의 흔적을 마음에 갖고 있다. 성인의 40퍼센트 이상이 살아가면서 외로움의 고통을 느끼고,[8] 외로운 사람들은 거의 모두 외로움으로 인해 자신을 부정적으로 생각한다. 실제로 고독이 일으키는 심각한 정서적 상해는 우리로 하여금 자신과 주변 사람들을 사실과 달리 부정적으로 지각하고, 기존의 관계나 사회적 상호 작용을 너무나 냉혹한 관점으로 바라보게 한다.

몇 년 전 나는 제2차 세계대전에 장교로 참전해 수많은 무공 훈장을 받았던 라이오넬을 만났다. 라이오넬의 딸이 나에게 아버지의 심리 치료를 의뢰했던 것이다. 사회복지사로 일하는 딸은 다른 지역에 살고 있었는데, 아버지가 점점 더 사회적으로 고립되는 것을 걱정했다. 라이오넬은 몇 년 전 아내와 사별하고 혼자 살았다. 딸이 매일 전화를 하기는 하지만 대개 통화는 짧게 끝났다.

라이오넬이 "전화는 약속을 하기 위해서 거는 거지, 쓸데없는 수다를 떨기 위해 하는 것이 아니"라고 믿기 때문이었다.

나는 곧 라이오넬이 쓸데없고 있고를 막론하고 모든 종류의 대화를 싫어한다는 사실을 알아차리게 되었다. 그렇기 때문에 처음에 우리의 상담은 매우 어려웠다. 예를 들어 라이오넬이 사회적으로 얼마나 고립되어 있는지를 평가하기 위해 내가 시도한 대화는 이런 식으로 흘러갔다.

"따님 말고 규칙적으로 대화를 나누는 사람은 누가 있습니까?"

"파출부요. 일주일에 두 번 와서 청소하고 음식을 만듭니다."

"도우미와 어떤 대화를 나누는지 말씀해 주시겠어요?"

"아주머니는 어떤 음식을 만들었는지 말하고, 나는 찬장에 돈을 놓아둡니다."

"다른 가족들과는 대화를 안 하시나요?"

"딸 말고는 친척이 없습니다."

"군대에서 사귄 친구나 예전 동료들과 연락을 주고받나요?"

"아니요."

"왜 연락이 끊겼다고 생각하십니까?"

"모두 죽었으니까."

나는 한숨이 나오려는 것을 간신히 참고 공감하듯 고개를 끄덕거렸다. 나는 계속해서 그를 탐문했고, 결국 라이오넬이 규칙적으로 참여하는 사회적 활동이 하나 있다는 사실을 발견했다. 그는 동네 체스클럽 회원이었다. 화요일마다 라이오넬은 양복을 입고, 넥타이를 매고, 노인 복지 센터로 가서 체스 게임을 두 판 정도 즐겼다. 그런데 불행히도 체스는 사회적 상호 작용을 유도하는 효과에 있어서는 혼자서 하는 카드놀이보다 나을 것이 없는 게임이다. 물론 체스는 두 명이 하는 게임이다. 그러나 게임 도중 말을 거는 것을 금기시한다. 상대가 수에 집중하는 것을 방해하기 때문이다.

"보통 게임하는 상대가 정해져 있나요?" 내가 물었다. 왜냐하면 혹시 정기적으로 게임을 하는 상대와 게임 후에 따로 만날 가능성이 있지 않을까 해서였다.

"대개 그렇소."

"그 분들과 친해지려고 해 보신 적이 있으신가요?"

"그자들은 나한테 관심이 없어."

"그걸 어떻게 아십니까?"

"그들이 왜 나와 친해지려 하겠소? 나는 여든 살이오."

나는 나이가 진짜 문제라고 생각지 않았다. 어차피 체스클럽은 노인 복지 센터에 소속된 동아리이다. 다른 노인들이 라이오넬보다 젊어 봤자 얼마나 더 젊겠나?

"어르신은 여든이신데, 체스를 두는 다른 분들은요?"

"관심 없어."

"그 분들끼리는 서로 친교를 나누시나요?"

"이따금씩."

"그분들이 어울리는 데 어르신을 초청한 일은 없나요?"

"나한테 관심이 없다니까!"

라이오넬은 그가 친분을 쌓고자 시도하더라도 체스 동아리의 다른 '젊은' 회원들이 거부해 버릴 것이라고 굳게 믿었다. 그의 나이 때문이든 그밖에 다른 이유로든 다른 이들이 그를 냉대한다는 어떤 증거도 없는데 말이다. 그러나 그는 무슨 일이 있어도 망과 거부를 겪지 않기로 단단히 결심한 상태였다. 라이오넬은 게임을 시작하기 직전에 센터에 도착했고, 마지막 판을 끝내면 즉시 자리를 떴다. 아무에게도 다가가지 않았고, 중간 휴식 시간에는 구석에 앉아서 책을 읽었다. 다시 말해 그는 다른 체스 동아리 회원들에게 그를 알아 갈 아무런 기회도 주지 않았던 것이다.

우리가 처음 만났을 때 라이오넬은 이미 수년 동안 외로움에 시달려 왔다. 더구나 자신을 고독 속에 더욱 깊숙이 밀어 넣는 자기파괴적 전략이 이미 단단히 뿌리를 내린 상태였다. 그런데 고독이 사회적 상황에 대한 우리의 지각 능력을 손상하는 작용은 매우 신속하게 일어날 수 있다. 예를 들어서 과학자들이 대학생들에게 단순히 과거에 고독하고 사회적으로 고립되었던 기억을 떠올려 보라고 하자,[9] 그것만으로도 학생들은 그들의 현재 사회적 지지망을 더 부정적으로 평가하고, 더욱 수줍어졌으며, 인간관계에 불안감을 느끼기 시작했고, 기분이 울적해지고, 자존감이 떨어지고, 낙관주의가 상당히 무너졌다.

고독한 사람은 다른 이들을 더욱 냉혹하게 평가한다. 또한 친구나 사랑하는 이들과 맺고 있는 관계를 더 부정적으로 바라본다. 또 다른 연구에서 학생들에게 한 친구와 시간을 보내도록 하고 영상으로 촬영했다.[10] 그런 다음 학생에게 방금 전 친구와의 상호 작용, 그리고 그 친구와 맺고 있는 우정의 질을 평가해 보라고 했다. 외로운 사람은 그렇지 않은 사람에 비해 친구와의 상호 작용과 우정 모두 훨씬 더 부정적으로 평가했다. 그런 다음 1주일 뒤, 피험자들에게 촬영한 영상을 보여 주고 다시 한번 평가해 보도록 했다. 그러자 외롭지 않은 학생들은 첫 번째 평가 결과와 같은 결과를 보였는데, 외로운 학생들은 첫 번째 평가 때보다 우정에 더 부정적인 점수를 주었다.

라이오넬은 자신이 눈에 띄지 않는 존재이기 때문에 체스 동아리의 회원들이 자신을 무시하고 밀어낸다고 믿었다. 그런데 여기에 고독의 비극적 아이러니가 있다. 고독한 사람들은 종종 자신이 투명인간처럼 다른 이들의 눈에 보이지 않는다고 생각하지만, 사실 고독은 매우 두드러지게 사람들의 눈에 띈다. 많은 연구에서 사람들이 외로운 이들을 쉽게 구별할 수 있으며,[11] 일단 외로운 사람이라고 판단되면 그를 부정적으로 받아들이는 것으로 드러났다. 외로운 사람들은 종종 그렇지 않은 사람들에 비해 덜 매력적이거나,[12] 심지어 덜 똑똑하게 여겨지기도 한다(그런데 신체적 매력이 고독에 대한 방패가 되어 주진 못한다.[13] 매력적인 사람들은 처음에는 사람들을 더 많이 끌어들일 수 있어도 인간관계의 질은 별다르지 않으며 그들 역시 똑같이 고독을 경험할 수 있다).

요점은 고독이 매우 다양한 방식으로 인식에 영향을 준다는 것이다. 고독은 우리가 우리 자신과 다른 사람들, 그리고 우리가 다른 이들과 맺는 상호 작용과 관계의 질을 인식하는 데 영향을 준다. 또한 고독은 다른 사람들이 우리를 인식하는 방식에도 영향을 미친다. 우리가 고독하면 다른 이들은 우리를 재미없고 사귀고 싶지 않은 사람들로 생각할 수 있다. 이러한 요소들이 복합적으로 작용하기 때문에 우리가 투명인간의 망토를 벗어던지고 새로운 사회적 연결고리를 만들어 내거나, 기존의 관계를 강화하려고 노력하고, 그것이 성공을 거두기도 매우 어렵다.

왜 노력할수록 실패하게 될까

고독을 향한 여정은 대개 변화의 시기에 시작된다. 대학 신입생들은 처음 대학에 도착했을 때 극도의 외로움을 느낀다. 집을 멀리 떠나 정든 친구들 대신 낯선 얼굴들에게 둘러싸인 상황이 고독을 불러일으킨다. 배우자와 이혼, 별거, 사별하는 경우에도, 특히 그와 같은 일이 급작스럽게 닥친 경우, 준비되지 않은 상태로 깊은 상실감과 더불어 뼈저리는 고독감을 마주해야 한다. 직장과 동료들이 사회적 상호 작용과 관계의 가장 중요한 원천인 경우, 직장을 잃으면 가장 사회적 지지가 필요한 순간에 그 지지망 전체가 사라져 버린다. 이사를 하거나 이민을 가는 경우에도 상당 기간 외로움에 시달릴 수 있다. 사회적 지지망을 맨 처음부터 다시 쌓아 올려야 하기 때문이다.

이 모든 경우에 우리는 대개 새로운 현실에 적응하고 사회적 하부 구조를 다시 쌓아 올림으로써 외로움에서 빠져나온다. 대부분 대학 신입생들은 결국 새 친구들을 사귀고, 이혼한 사람들은 대개 1년 안에 새로운 상대와 데이트를 시작한다(사별의 경우 시간이 더 걸리는 것이 보통이지만). 새로운 직장을 찾는 과정에서 연락이 끊겼던 사람들과 다시 연락을 취하게 되어 관계망을 복구하기도

하고, 이사나 이민을 간 사람들도 새로운 곳에서 사람들과 친분을 쌓고 긴밀한 관계를 만들어 나간다.

그러나 일반적인 적응 기간이 지나고도 고독의 차가운 손아귀에서 빠져나오지 못하는 경우도 있다. 밀려오는 정서적 고통의 파도에 온몸이 마비되고, 자신이 무가치하고 희망이 없다는 느낌에 휩쓸리며, 사회적, 정서적 고립감에 의한 파괴적인 공허감에 압도되어 꼼짝하지 못하고 고독의 덫에 갇혀버린다. 왜 이런 일이 일어날까? 왜 어떤 사람들은 고독의 손아귀에서 빠져나와 삶의 원래 궤도로 돌아가지 못할까?

이는 고독이 고통스러운 인식의 왜곡을 일으키고, 우리가 부정적인 자기 충족적 예언을 하거나, 부지불식간에 관계를 맺고 싶은 사람들로부터 자신을 멀리 밀어내는 자기보호와 회피의 악순환에 빠뜨리기 때문이다.[14]

최근 나의 치료를 받은 고등학교 교사인 세레나가 바로 그런 악순환의 고리 안에 갇혀 있으면서도 스스로 그 사실을 전혀 깨닫지 못했다. 그가 심리 치료를 받기로 한 이유는 태어나서 한 번도 남자를 사귀어 보지 못한 '모태 솔로'였기 때문이다. 처음에 나는 왜 그가 한 번도 남자를 깊이 사귀지 못했는지 이해할 수가 없었다. 세레나는 30대 중반이었고 외모는 그야말로 환상적이었다. 남자들의 주의를 엄청 끌 것이라는 데 의심의 여지가 없었다. 그런데 그 외모는 4년 전 살을 35킬로그램 정도 빼면서 급격한 변화를 겪은 결과물이라는 사실을 알게 되었다.

"저는 그때까지 줄곧 뚱뚱했어요. 남자들은 마치 내가 투명인간인 것처럼 나를 그냥 지나쳐 갔죠." 세레나는 의미심장한 미소를 지으며 덧붙였다. "내가 안 보일 리가 없었는데도 말이죠. 이제 비로소 남자들이 저를 쳐다보고, 미소를 보내고, 윙크를 하기도 해요. 그렇지만 저는 여전히 예전과 같은 느낌이 들어요. 남자들이 저의 외모에 반응하기는 하지만, 진짜 나에 대해서는 여전히 본체만체 스쳐 지나가는 느낌이에요."

세레나는 절실하게 결혼할 사람을 만나고 싶어 했다. 그러나 한편으로 상처 받고 싶지 않은 마음 역시 절실했다. 세레나가 오랜 기간 동안 겪은 거부와 외로움을 생각해 보면 그런 망설임과 불신을 이해할 수 있다. 그러나 그 두려움 때문에 모든 남자에게 움츠러들고, 방어적이며, 의심으로 가득한 모습을 보였다. 그 결과, 남자와 데이트를 할 때면 긴장하고 서투른 모습을 보였고, 남자들은 세레나와 다시 만나고 싶어 하지 않았다. 그리고 남자들이 다시 만나자고 청하지 않는 행동은 그들이 '진짜 세레나'에게 관심이 없을 것이라는 세레나의 의심을 재확인시켜 주었다. 세레나는 그 '진짜 세레나'가 데이트 할 때마다 심리적 장벽 뒤에 숨어서 실제로는 만남의 자리에 제대로 나타나지도 않는다는 사실을 미처 생각하지 못했다.

우리가 그와 같은 악순환의 고리에 갇히는 이유는 고독이 사회적 동기의 균형을 허물어뜨리기 때문이다. 인간관계에서 두려움과 단절감을 느끼면 우리는 다른 사람들로부터 거부당하거나 부정적인 반응을 마주하는 것을 최소화하기 위해 매우 자기방어적으로 변한다. 불신, 의심, 냉소, 불안을 가지고 사람들을 대하거나, 아예 사람들과의 접촉 자체를 피한다. 사람들과의 상호 작용이 긍정적일 것이라고 기대하지 않기 때문에 상호 작용을 추구하려는 노력도 거의 하지 않고, 기회가 주어지더라도 매우 소극적으로 반응한다.

불행하게도, 고독한 기간이 길어질수록 우리의 인식과 행동을 바꾸어 자신에게 해가 되는 생각과 행동의 악순환에서 탈출하기 어려워진다. 우리는 외로움을 완화시켜 줄 수 있는 사람들을 밀어낼 만한 행동을 한다. 그리고는 그들과 멀어졌다는 결과를 가지고 사람들이 원래 나를 싫어했다는 증거로 삼는다. 그 결과 자신을 거칠고 냉혹한 세상의 수동적인 희생자인 것처럼 바라본다. 실은 나 자신이야말로 스스로를 덫으로 몰아넣은 적극적인 원인 제공자임을 깨닫지 못하고 말이다.

인간관계에도
근육이 필요한 이유

　　　　　　　　　　앨번은 기업의 성공적인 영업 담당 임원이다. 그의 아내 블랑카가 몇 달 동안 앨번을 졸라서 결국 두 사람은 나에게 부부 치료를 받으러 왔다. "이 사람은 내가 일과 결혼했다고 비난합니다. 사실 제가 봐도 그런 것 같아요. 하지만 제가 그러고 싶어서 그러는 것이 아니라 제 일이 그럴 수밖에 없어요. 블랑카는 제가 퇴근 후에 집에 와서도 일을 해야 한다는 사실에 화를 냅니다. 저도 충분히 그 마음을 이해해요." 앨번은 아내의 어깨에 팔을 두르고 아내를 보며 눈을 찡긋했다. "블랑카에게 늘 얘기하지요. 이런 상황에서 '딴 여자(other woman)'가 질투하는 건 당연하다고요."

　　블랑카는 재빨리 남편의 팔을 밀쳐 냈다. "내가 그 농담을 싫어하는 거 당신도 잘 알잖아!" 블랑카가 나를 향해 말했다. "저이는 늘 사람들에게 저 농담을 하는데 저는 너무 싫어요." 블랑카는 다시 앨번을 향해 말했다. 블랑카의 눈에 눈물이 차올랐다. "당신이 늘 집에 없다고 불평하는 게 아냐. 당신이 집에 있을 때도 단절되어 있는 게 문제지. 우리 사이에는 애정도, 로맨스도, 친밀함도, 아무것도 없어. 나는 너무 외롭고 비참한데…… 당신은 조금도 신경 쓰지 않잖아."

앨번의 눈에도 눈물이 차올랐다.

"내가 왜 신경을 안 써? 나 역시 외롭다구. 당신이 늘 화가 나 있는데 어떻게 내가 다가가냐구. 지난 주 밸런타인데이 때 내가 꽃과 카드를 사 들고 왔을 때도 당신은 어땠어? 고래고래 소리를 질렀을 뿐이지."

"내가 왜 소리를 질렀는데? 당신은 꽃이랑 카드를 나한테 주지도 않았어. 집에 들어서자마자 이메일 체크하기에 바빠서 부엌 싱크대 위에 올려놨잖아. 나는 두 시간이 지난 후에야 그걸 발견했고, 그때 이미 당신은 코를 골며 자고 있었어!"

"어쨌든 당신을 위해 꽃을 샀잖아? 당신이 항상 뭐라고 했어? 중요한 건 생각이라고 했지? 하지만 봐. 아무 소용없잖아!"

"당신은 나를 위해 꽃은 샀을지 모르지만, 그걸 나에게 줄 생각은 하지도 못했지. 당신의 '생각'이란 게 고작 그걸 싱크대 위에 올려놓는 거였어. 청소하는 아주머니에게 줄 돈을 올려놓는 바로 그 자리에 말이야!"

부부 싸움이 진행되자 앨번의 좋은 의도가 빗나가는 사례가 꽃다발을 부엌 싱크대 위에 올려놓은 것만이 아닌 것은 분명해 보였다. 앨번은 분명히 블랑카를 사랑했지만, 그 느낌을 행동으로 옮기는 과정에서 뭔가 계속해서 잘못되고 있었다. 블랑카의 분노 정도, 그리고 그들 사이의 단절감을 고려해 볼 때 그런 상황은 이미 상당 기간 동안 지속되어 온 듯했다.

우리가 그동안 다른 사람들과의 깊고 의미 있는 관계를 맺지 않았다거나, 설사 맺었더라도 그 관계에 거의 아무것도 투자하지 않았다면 인간관계를 지속시키는 데 필요한 기술을 연습할 기회가 없었을 것이다. '인간관계 근육'은 보통 근육과 비슷하게 기능한다. 인간관계 근육(다른 사람에게 공감하는 능력, 입장을 바꾸어 생각하는 능력 등) 역시 규칙적으로 사용하지 않거나 옳지 않은 방식으로 사용할 경우 쇠퇴해서 제 기능을 다하지 못하게 된다.

문제는 많은 경우에 우리가 자신의 인간관계 근육이 얼마나 약해졌는지 알아차리지 못한다는 사실이다. 앨번은 그의 인간관계 근육이 제대로 기능한다고 믿었지만 실은 그렇지 않았다. 그는 분명히 블랑카에게 꽃다발과 카드를 선물하기 위해 생각과 행동을 투자했다. 그러나 그 선물을 싱크대 위에 올려놓고 잊어버리는 바람에 그의 노력이 가져올 수 있었던 모든 긍정적인 효과를 무효로 만들었다.

우리가 독감에 걸려 일주일쯤 침대에 누워서 지낸 다음 처음으로 일어나 걸으려고 하면, 종종 다리가 후들거리며 털썩 주저앉아서 깜짝 놀라는 일이 생긴다. 그런 상황을 겪으면 우리는 그동안 사용하지 않은 근육이 얼마나 약해졌는지 금방 깨닫는다. 그러나 인간관계 근육이 제 기능을 하지 못하는 상황에서는 대부분 그와 같은 통찰에 이르지 못한다. 비유적으로 '바닥에 털썩 주저않는' 상황에 몇 번이나 봉착하는데도 말이다. 실제로 앨번은 자신의 인간관계 근육이 위축되었다고 생각하는 대신, 단순히 블랑카가 감사할 줄 모른다고 결론을 내렸다.

우리가 오랜 기간 동안 홀로 지내다가 오랜만에 이성과 데이트를 했을 때도 이런 일이 생길 수 있다. 오랜만의 관계가 잘 되지 않으면, 그 이유를 우리의 데이트 기술이 녹슬고 인간관계 근육이 위축되어서라고 생각하기보다는, 상대의 거부를 개인적인 것으로 받아들여 자신이 근본적으로 이성에게 매력이 없기 때문이라고 생각하곤 한다.

설사 우리의 인간관계 근육을 강화할 필요를 깨닫는다고 하더라도 그 노력이 얼마나 까다로울지를 미처 헤아리지 못한다. 그 예로써, 내가 세레나에게 그의 무기력한 데이트 경험에 스스로의 책임이 크다는 점을 일깨워 주자 세레나는 데이트 상대에게 다른 모습을 보여 주기로 결심했다. 그러나 처음 몇 번의 노력은 역시 실패로 돌아갔다. 이번에는 너무 심하게 노력한 나머지 결혼에 목숨을 거는 사람처럼 보였던 것이다.

사회적 기술을 향상시키는 일은 분명히 가능하다. 그러나 오랫동안 고독했던 사람이 그동안 한 번도 사용한 적 없는 인간관계 근육을 발달시키는 일은 결코 쉽지 않은 과제이다. 세레나는 남자들과 제대로 사귀어 본 일이 없었다. 라이오넬은 사람들과 가벼운 친교를 나누거나 잡담을 주고받는 경험조차 거의 또는 전혀 없었고, 그걸 추구할 인내심도 없었다. 앨번은 공감 능력, 즉 자신의 노력이 의미 있게 다가갈 만큼 블랑카의 욕구와 느낌을 이해하는 능력이 부족했다. 이 모든 사례에서 그들은 정서적 위험을 감수하고라도 새로운 기술을 배우고 실행할 용기가 필요했다.

라이오넬은 이 과정에서 사회적 기술에 필수인 정보를 간과하는 사람의 실례를 보여 주었다. 나는 그를 설득하고 설득해서 간신히 체스 동아리의 한 회원에게 다가가 보겠다는 약속을 받았다. 그 대상은 가장 빈번하게 게임을 함께 하는 스탠리였다. 라이오넬은 게임이 끝난 뒤에 스탠리에게 커피나 한잔 하자고 권유해 보기로 했다. 너무 생뚱맞게 보이지 않도록 게임에 대한 말을 한두 마디 건넨 뒤에 제안할 계획도 세웠다.

라이오넬은 다음 상담 시간에 나타나자마자 자신이 용기를 내서 스탠리에게 커피를 같이 하자고 청했다고 말했다. "잘 하셨어요!" 내가 말했다. "그 분도 좋다고 하셨죠?", "아니, 싫다고 하더이다." 나는 애써 실망감을 감추었다. "저런, 유감이네요. 그분이 왜 싫은지 얘기하셨나요?", "말할 필요가 없었소. 게임에 줄곧 지니까 삐친 거지."

라이오넬은 그에 이어 설명했다. 라이오넬이 체스 동아리에 가입하기 전까지 스탠리는 동아리 회원 가운데 체스를 가장 잘 두는 사람이었다. 그러나 라이오넬이 나타나자 승자의 자리를 내주어야 했다. 나는 라이오넬이 그 정보를 미리 나에게 말해 줄 만큼 중요하게 여기지 않은 것에 당황했다. 만일 그가 스탠리의 관점에서 상황을 바라봤다면 어땠을까? 체스 게임에서 몽땅 다 이기고, 다른 사람들과 교류하려 들지 않으며, 쉬는 시간이면 구석에서 책을 읽는 라이오넬은 다른 회원들, 특히 스탠리를 업신여기는 것처럼 보였을 것이다. 그렇까지는 아니더라도 적어도 냉담한 사람으로 보였음을 분명히 깨달았을 것이다.

　상대의 욕구와 느낌을 그 사람의 관점에서 이해하는 것은 긴밀한 우정과 정서적 친밀감을 형성하고 유지하는 데 필수불가결한 요소이다. 인간관계 근육이 약해지면 우리는 다른 사람들이 어떻게 생각하고 느끼는가 하는 중요한 정보를 간과하는 경향이 있다. 그리고 그 결과 우리의 노력이 종종 무위로 돌아간다.

고독이 일으키는
심리적 상처를 치료하는 방법

우리를 외롭게 만드는 상황들은 대개는 일시적이어서 우리는 비교적 짧은 시간 안에 고독에서 회복된다. 아이들이 여름 캠프에 가면 몇 시간이나 며칠만 지나면 새 친구를 사귄다. 누군가와의 관계 속에서 외로워하던 사람들은 그 관계를 단절하고 나서 오히려 안도감을 느끼고 그 동안 소홀했던 친구나 가족들과 새롭게 관계를 돈독하게 하기도 한다. 그런데 우리가 긴 시간 동안 고독의 손아귀에 붙잡혀 있었거나 사회적, 정서적 고립 상태를 변화시킬 용기가 나지 않았다면 고독의 상처를 치료해야 할 위급한 상황이다. 자, 이제 마음의 약장을 열고 어떤 처치법이 있는지 알아보도록 하자.

일반적 치료 지침

고독이 일으키는 고통과 아픔에 더하여 다음 세 가지 심리적 상처에 정서적 응급 처치가 필요하다. 첫째, 우리는 자신에게 해로운 행동을 유발하는 잘못된 인식을 찾아내 고쳐야 한다. 설사 아무리 찾아봐도 우리 눈에 뭐가 잘못됐는지 보이지 않더라도,

만일 우리가 한동안 고독에 빠져있었다면 나의 머릿속 어딘가에 잘못된 인식이 어딘가에 반드시 자리 잡고 있게 마련이다. 둘째, 새로운 관계를 형성해 나가고 기존의 관계를 강화시키려는 노력이 성공적이고, 의미 있고, 만족스러운 결과를 가져오기 위해서 우리는 인간관계 근육을 강화할 필요가 있다. 셋째, 현재 외로움이 야기하는 정서적 고통을 감소시킬 필요가 있다. 이것은 기존의 사회적 연결망을 강화하거나 새로운 망을 형성할 기회가 제한적인 경우에 특히 필요하다.

이제 적용해야 할 순서에 따라 치료 방법을 제시하고자 한다. 〈소외된 것 같다면 스팸함을 뒤져라: 치료법 A〉와 〈애프터 신청을 원한다면 질문을 던지자: 치료법 B〉는 주로 고독 때문에 발생하고 그 결과 자신을 불리하게 만드는 잘못된 인식들을 교정하는 데 효과가 있다. 〈할아버지는 양말 대신 태블릿을 원한다: 치료법 C〉와 〈꽃을 싱크대에 올려두지 마라: 치료법 D〉는 새로운 관계를 맺거나 기존의 관계를 강화하는 데 필수적인 인간관계 근육을 강화하는 데 도움을 줄 것이다. 〈목적을 수영 대신 철인 3종 경기에 두어라: 치료법 E〉는 여러분이 사회와 연결될 수 있는 새로운 경로들을 찾도록 도울 것이다. 〈친구를 입양하라!: 치료법 F〉에서는 고독이 초래하는 정서적 고통을 감소할 방법을 논의하는 데 특히 (지리적으로 떨어져 있거나, 건강이나 거동의 제한, 그 밖의 상황에 의해)사회적 지지망의 질을 향상시키거나 확대할 기회가 제한되어 있는 사람들에게 필요하다.

모든 정서적 상처와 마찬가지로 고독에 의한 상처 역시 되도록 빨리 치료하는 것이 좋다. 우리가 인간관계 근육 전체를 골고루 사용하지 않은 채로 시간이 흐르면, 그 근육들은 점점 쇠퇴해서 나중에 그 기능을 되살리는 데 더 긴 시간이 든다. 또한 손상된 근육을 재활하는 과정에는 꾸준한 반복과 연습, 그리고 인내가 필요하다. 너무 서둘러 근육을 복구하려고 하다가 재부상을 당해 치료 과정이 후퇴하거나 실망하게 될 수도 있다. 그리고 응급 처치 방법이 모든 종류의 고독을 치유할 수 있는 것은 아니라는 사실을 기억해야 한다. 이 장의 끝 부분에서 나는 어떤 경우에 정신 건강 전문가를 찾아가는 것이 좋을지 안내할 것이다.

소외된 것 같다면 스팸함을 뒤져라
: 치료법 A

치료법 요약	부정적인 색안경을 벗어라.
용법 및 용량	사교 생활, 또는 애정 관계를 활성화할 때까지 반복해서 복용한다.
효과	고통스러운 잘못된 인식을 바로잡고 부정적인 자기실현 예언을 피한다.
간접 효과	정서적 고통을 감소시킨다.

외로운 사람들은 항상 방어적이다. 우리가 외로울 때는 상대에게 거부당하고 실망할 것을 예상하고 마음의 준비를 하고 있다. 그 결과 우리는 사회적 연결 고리를 만들어 나갈 기회를 놓치고 다른 사람들을 밀어내는 방식으로 행동한다. 이러한 왜곡된 관점을 극복하고 자신을 불리하게 만드는 행동을 피하기 위해 우리는 다음 세 가지 노력을 해야 한다.

비관주의와 싸워라!

우리가 고독할 때면 다른 이들과 교류하는 상황을 떠올리기만 해도 즉각 부정적인 생각이 마음에 떠오른다. 예를 들어, 파티에 초대받으면 즉시 자신의 의지와 상관없이 사람들 속에서 어색하고, 거부당하고, 실망을 맛보는 장면이 생생하게 머릿속에 떠오른다. 파티에 아는 사람이 하나도 없을 것이라는 생각도 든다. 구석의 식탁 근처에 외롭게 서서 쭈뼛거리는 모습이 사람들의 눈에 너무나 잘 띄어 창피해서 얼굴이 발개진 나의 모습이 떠오른다. 낯선 사람에게, 또는 낯선 이들의 무리에 다가가서 대화를 시도하는 일은 생각만 해도 두려워 공황상태에 빠질 것 같다. 설사 말을 건다고 하더라도 그 노력은 결국 끔찍한 결말에 이를 것이다.

그와 같은 부정적 시나리오가 우리 머릿속으로 슬금슬금 기어들어 오는 것을 막기는 어려울 것이다. 그러나 공포나 비관주의와 싸우는 가장 좋은 방법은 의도적으로 합리적이고 현실적인 성공의 시나리오를 머릿속에 그려 보는 것이다. 성공적인 결과를 마음에 그려 보면 우리가 그와 비슷한 기회가 다가왔을 때 재빨리 포착하고 이용할 수 있게 된다. 예를 들어 파티에서 사람들이 나에게 냉담하고 무관심할 가능성도 있지만, 그만큼 똑같이 나를 환영하고 나에게 친절하고 나와 이야기하기를 즐길 수도 있다. 설사 새로운 사람과 친해지지 못하더라도 내가 아는 사람 한두 명을 우연히 만나서 그들과 지난 회포를 풀며 즐거운 시간을 가질 수도 있다. 심지어 그들과 가까운 미래에 다시 만날 약속을 할 수도 있다.

라이오넬은 체스 동아리의 다른 회원들이 자신과 사귀는 데 흥미가 없다는 믿음을 극복해야 했다("그들이 왜 나와 친해지려 하겠나?

나는 여든 살일세"). 특히 스탠리가 그의 제안을 거절한 후에는 다른 사람들에게 다가가기를 극도로 꺼렸다. 내가 할 첫 번째 임무는 라이오넬로 하여금 그와 같은 상황이 빚어진 데 그가 기여한 부분을 직시하게 하는 것이었다.

"어르신은 지금까지 상황을 너무 부정적으로 보아오셨어요. 그분들이 어르신에게 같이 어울리자고 청하지 않은 건 사실이죠. 하지만 어르신이 그분들이 어울리고 싶어 할 여지를 주지 않으신 것도 사실이에요. 그분들은 어르신에 대해 아는 것이 없어요. 어르신의 인생, 생각, 느낌, 그 어떤 것도 말입니다."

"그러니 선생이 보기에도 이것이 소용없는 짓 아니겠소?" 라이오넬이 말했다. "그렇지 않습니다. 저는 그 반대라고 생각해요. 어르신이 보는 것처럼 상황이 꽉 막힌 것이 아니라 분명히 뭔가 해 볼 만한 상황이라는 겁니다. 그들에게 어르신을 알아 갈 기회를 주세요. 잡담도 나누고, 덕담도 던지고, 날씨가 어떠니, 주말에는 뭘 했니 하고 말도 좀 걸어 보세요. 제가 장담하건대, 두어 주 정도만 노력해 보시면 그분들은 어르신과 어울리는 데 훨씬 더 개방적인 태도를 보일 겁니다. 심지어 스탠리 씨도 말이죠."

라이오넬은 체스 동아리 회원들과 대화를 시작하는 데 극도로 망설임을 보였다. 그러나 그의 군대 경험에 호소하며, 회원들과 말을 트는 것이 아직 완수되지 않은 임무라는 식으로 접근하자 마침내 시도해 보기로 동의했다. 그후 몇 주 동안 이따금씩 잡담을 주고받다가 용기를 내서 다른 한 회원에게 커피를 마시자고 청했다. 몇 주 뒤에 그들은 저녁 식사를 함께하기도 했다. 나는 라이오넬에게 그의 노력에 진심으로 감동받았다고 말했다. "마음을 열고 대화를 시작하는 것이 얼마나 어려웠을지 잘 압니다. 하지만 분명히 그 노력으로 체스 동아리의 다른 회원들도 어르신을 달리 보기 시작했을 거예요." 그리고 나는 덧붙였다. "누가 압니까? 언젠가는 스탠리 씨와도 커피 한잔 같이하시게 될 거예요."

"그런 일은 절대 일어나지 않을 거요." 라이오넬이 즉시 말했다. "에이, 다시 부정적인 생각을 하시는군요." 내가 주의를 주었다. "그런 일은 정말로 일어날 수가 없다니까?" 라이오넬이 고집했다. "정말요?" 내가 되물었다. "도대체 왜요?", "왜냐하면……스탠리가 아주 갔어." 그는 스탠리가 2주 전에 세상을 떴다고 말해주었다. 스탠리의 죽음은 다른 회원들이 서로 대화를 더 많이 나누고 가까워지는 계기가 되었다. 그들은 그달 말에 있을 스탠리의 추모 모임에 참석하기로 했고 라이오넬도 그들과 함께 갔다.

의심이 가면 좋은 쪽으로 해석하라

고독이 일으키는 또 다른 그릇된 인식의 하나는, 외로운 사람들은 다른 사람들이 자신을 어떻게 볼지에 대해 최악의 상황을 가정한다는 것이다. 최근 직장을 잃은 젊은이 토비는 크리스마스가 다가오는데 친한 친구가 해마다 여는 파티의 초대장을 받지 못하자 극도로 속이 상했다(그 친구는 토비가 그만둔 회사에 아직도 다니고 있다). 토비는 자신이 회사에서 해고되었기 때문에 그 친구가 더 이상 자신과 교류하고 싶어 하지 않는다고 확신했다. 나는 토비의 이메일이 최근 변경된 사실을 알고 있었기 때문에(그는 과거에 직장 이메일을 사적인 이메일 계정으로도 사용했다) 스팸메일함을 한 번 확인해 보라고 했다. 아니나 다를까, 크리스마스 파티 초대장이 거기에 있었다!

토비는 지난 두 주 동안 배신감과 상실감에 시달렸다. 그의 친구는 그를 저버리지 않았고 우정은 고스란히 유지되었는데 말이다(만일 그가 아무 설명 없이 친구의 파티에 가지 않았다면 우정이 고스란히 유지되었을지는 의문이다!). 내가 외로움에 빠지면, 내 친구들이 나를 어떻게 생각할지 의심이 들 수도 있다. 그러나 오랜 시간에 걸쳐 함께 나눈 역사와 경험이 우리의 우정을 형성하고 유지해 왔다는 사실을 되새기며 의심하는 마음에 균형을 잡아야 한다. 그 결과, 우리의 우정은 고독이 불붙인 두려운 마음이 상상하는 것보다 훨씬 더 안정적이라는 사실을 확인하게 될 것이다.

과거에 뚱뚱했으나 살을 빼고 변신한 고교 교사 세레나 역시 다른 사람이 자신을 어떻게 생각하는지 성급하게 판단하곤 했다. 세레나는 자신에게 관심을 표현하는 남자들은 단순히 외모 때문에 다가오는 것이지, 그 안의 '진짜' 모습을 알고 싶어 하지 않는다고 확신했다. 물론 남자들이 외모에 이끌려 다가오는 것은 의심할 나위 없는 사실이었지만, 그들은 분명히 세레나의 성격에도 관심이 있었다. 오히려 그렇기 때문에 세레나의 폐쇄적이고 방어적인 행동에 질려서 두 번 만나고 싶어 하지 않은 것이다.

세레나는 몇 년 뒤에 한 모임에서 자신을 거부했던 남자를 우연히 만났다. 그런데 그 남자가 자신의 친구에게 "이쪽은 세레나. 한 번 데이트 하고 나를 퇴짜 놓았던 미인이야."라고 소개하는 것을 듣고 소스라치게 놀랐다. 그는 당시 세레나의 지나친 경계를 자신에게 관심이 없는 것으로 해석했던 것이 분명했다. 만일 세레나가 상대의 태도를 그토록 성급하게 판단하지 않고 선의로 받아들여 그 남자에게 관심을 표현했더라면, 그는 행복한 마음으로 두 번째 데이트를 신청했을 것이다.

우리가 이미 외롭고 다른 이들의 거부에 두려움이 있는 상태라면, 인간관계 자체에 두려움을 갖게 마련이다. 하지만 그렇다고 해서 계속 두려움에 빠져 허우적거리면 피하고자 하는 그 결과를 불러올 뿐이다. 대신 우리는 내면의 회의감이 일으키는 물결과 맞서 싸워야 한다. 동시에 우리 삶에 새로 등장하는 사람들, 그리고 이미 관계를 맺고 있는 사람들의 태도가 애매할 때는 좋은 쪽으로 해석하는 습관을 들여야 한다.

행동 취하기

만성적 외로움을 겪는 사람들은 자신을 냉혹한 상황의 수동적인 희생자로 바라본다. 그리고 그 결과 자신의 사회적, 정서적, 신체적 고립 상태를 변화시킬 힘이 없다고 믿는다. 그런 느낌이 아무리 강하게 든다 하더라도, 실제로는 지나치게 부정적이고 비관적인 인식에 기초한 것이다. 우리가 상황을 호전시키기 위해 행동을 취해 볼 여지는 언제나 존재한다. 행동이 중요한 이유는 어떤 종류의 노력이든 시도해 볼 경우 우리는 자신에 대해서도, 앞으로의 전망에 대해서도 훨씬 더 좋게 생각하게 되기 때문이다. 라이오넬에게는 마음만 먹는다면 친구로 사귈 수 있는 체스 동아리 회원들이 몇 십 명이나 있다. 세레나에게는 주변에서 수많은 남자가 관심을 얻고자 법석을 떤다. 토비가 과거 직장에서 사귀었던 친구들은 그가 퇴직한 뒤에도 얼마든지 우정을 유지하고자 했을 것이다. 그러나 고독은 그들이 상황 속에서 주어진 기회가 극도로 제한되어 있다고 느끼게 했다.

사회적 연결고리 찾기 연습

다음 훈련을 통해 여러분은 사회로 연결되는 경로를 더 깊고 넓게 만들 잠재적 행동들을 찾아낼 수 있다. 그리고 그것은 여러분이 무력감에 맞서는 데 도움을 줄 것이다.

1. 전화번호부, 이메일 주소록, SNS 친구 목록 등을 쭉 훑어보면서 그 가운데 친구나 정다운 지인이라고 생각되는 사람들의 이름을 따로 적어 목록을 만든다.
2. 위에서 적은 사람들마다 언제 마지막으로 만나거나 연락을

취했는지 적어 보고, 한동안 연락하지 않았던 사람들의 목록을 다시 추려 본다.
3. 이 목록의 사람들과 과거에 함께했을 때 당신이 가장 기분 좋았던 순서로 정렬해 본다. 그리고 이 순서대로 사람들에게 연락을 해서, 일주일에 적어도 한 명에서 두 명 정도를 접촉한다. 그리고 가능하다면 약속을 잡아 만나도록 한다.
4. 사람들을 만나거나 활동을 함께하는 웹사이트를 찾아보자. 예를 들어 어떤 사이트는 같은 관심사, 취미, 열정, 직업 경험을 가진 사람들끼리 동아리를 형성하도록 만들어져 있다. 설사 관심에 꼭 맞는 동아리를 발견하지 못하더라도 그와 같은 사이트는 흥미를 유발시킬 활동이나 취미의 아이디어를 얻기에 좋다.
5. 앞으로 적극적으로 참가할 활동이나 관심사를 최소한 세 가지 정한다(독서클럽, 성인용 문화강좌, 등산 동아리, 자전거 동아리 등). 그리고 여러분이 사는 지역에서 참여할 수 있는 동아리를 인터넷에서 찾아본다.

친구 목록을 통해 오래된 우정을 재충전하고, 한편으로 새로운 우정을 만들 경로도 찾아본다.

애프터 신청을 원한다면 질문을 던지자
: 치료법 B

치료법 요약	나에게 해가 되는 행동을 찾아내기.
용법 및 용량	다른 사람들과의 상호 작용이 성공적이지 못했을 때 즉시 실천한다. 차후에 사람들과 만나거나 교류하기 전에 스스로 작성한 목록을 다시 읽어 보고, 나에게 불리한 행동들을 최소화하도록 노력한다.
효과	사람들과의 상호 관계나 남녀 간의 애정 관계를 향상시키고, 자신을 외롭게 하는 행동을 피하게 하며, 고통스러운 왜곡된 인식을 바로잡는다.
간접 효과	정서적 고통을 줄인다.

　우리는 외로울 때 경계와 의심으로 무장하고 다른 사람에게 다가간다. 그런 태도는 매우 명확하게 겉으로 드러나서 사람들 역시 움찔하고 뒤로 물러난다. 그러면 우리는 마음에 상처를 입고 애초에 경계와 의심을 품은 것이 올바른 일이었다고 결론 내린다. 그러고는 자신의 행동이 자기실현 예언을 빚어냈다는 사실을 전혀 깨닫지 못한다. 살면서 두려움으로 어떤 행동을 할 때면 우리는 두려워하고 피하고 싶어 하던 바로 그 결과를 스스로 불러들이기 십상이다. 만일 위의 상황처럼 자신에게 해가 되는 행동이 내 마음 속에서 완전히 정당한 것처럼 보인다면 어떨까? 우리

는 자신을 불리한 상황으로 몰아넣는 행동을 어떻게 찾아낼까?

우리는 바로 그 순간에는 스스로에게 해가 되는 행동을 알아차리지 못하지만, 나중에 돌이켜 생각할 때는 그런 행동을 훨씬 잘 찾아낼 것이다. 예를 들어 당신이 어떤 모임에 참석했는데 아는 사람들 몇 명끼리 벌써 대화를 나누고 있다고 가정하자. 당신은 그들에게 끼지 않고 홀로 떨어져 있는 편이 낫다고 생각하고 그렇게 행동한다. 그러나 다음 날 인간관계 불안감이 누그러진 다음에 곰곰이 돌이켜 생각해 보면 당신은 얼마든지 그 사람들의 대화에 끼어서 몇 마디 주고받거나, 아니면 낯선 사람들 한두 명에게 말을 걸어 자신을 소개할 수도 있었음을 깨달을 것이다.

더욱 중요한 것은 우리가 자신에게 해가 되는 똑같은 행동을 다양한 상황에서 되풀이하는 경향이 있다는 점이다. 그렇기에 일단 우리가 신경을 쓴다면 찾아내기에 그리 어렵지는 않을 것이다. 자신의 경향을 알아차리기만 하면 그런 행동을 더욱 조심하고, 행동이 더 진행되기 전에 조절할 수 있다. 그러니 항상 정신을 바짝 차리고 자신을 주시하자.

처음에는 자신의 행동을 정확히 분석하는 것이 매우 어려운 일이라고 생각할 것이다. 그러나 내가 상담자들에게 그들이 마주했던 사회적 상황을 되돌아보고 자신이 잘못한 행동을 찾아보라고 하면 대부분 자신의 실수를 정확하게 집어냈다. 일단 자신의 어떤 행동들이 득보다 실이 된다는 기본적인 전제를 받아들이면 대개 과거 내가 한 말이나 행동 중 의도치 않았던 결과를 불러온 경우를 식별해 낼 수 있다는 뜻이다. 예를 들어 세레나는 과거에 데이트를 할 때 상대 남자에 대한 질문을 거의 던지지 않았는데, 상대방은 그것을 자신에게 관심이 없다는 뜻으로 받아들였을 것임을 곧 알아차렸다. 뿐만 아니라 남자를 만날 때 불안감 때문에 미소를 짓지도 않았고 너무 긴장해서 거의 웃지도 않았음을 떠올렸다. 세레나는 이런 사실을 깨닫고 당혹감을 느꼈지만, 한편으로 새로운 통찰을 얻었다.

"그 사람들은 내가 그들을 지긋지긋하게 생각하는 줄 알았을 거예요. 지금 생각해 보니 저야말로 끔찍한 데이트 상대였어요.", "그럼요. 끔찍하죠." 내가 고개를 끄덕이자 세레나는 웃었다. "하지만 계속 끔찍할지 말지는 이제 세레나의 선택에 달려 있어요."

사회적 관계에서 자신에게 불리한 행동을 하는 사람은 세레나만이 아니다. 흔히 찾아볼 수 있는 그와 같은 행동의 예는 무수히 많다. 몇 가지 예를 들어 보면 다음과 같다. 파티나 모임 등에 초대받았을 때 어설픈 변명을 하며 거절하기, 마음의 준비나 그 밖의 준비가 되지 않았다는 이유로 사람들과 자연스럽게 한데 어울릴 기회를 회피하기, 친구나 동료 들의 생일이나 기념일 따위를 챙기지 않기, 친근하게 놀리거나 장난치는 것을 지나치게 예민하게 받아들이기, 방어적인 몸짓 취하기(가슴에 팔짱을 끼거나, 주머니에 손을 넣고 서 있거나, 대화나 시선을 피하기 위해 보란 듯이 과장해서 지갑이나 가방을 뒤지기, 바쁜 척 휴대폰을 들여다보기 등). 상대의 말에 한두 단어로 짧고 퉁명스럽게 대답하기, 또는 지나치게 말을 많이 하거나 상대에게 말할 기회를 주지 않고 대화를 독점하기, 상대에게 신상이나 의견 따위를 묻지 않기, 만난 지 얼마 되지 않은 사람에게 자신의 결점과 불안감 따위를 털어놓기 등등.

자신에게 불리한 행동을 찾는 연습

자신이 친구, 동료, 사랑하는 사람, 데이트 상대, 그밖에 사회적 관계 속에서 만나는 사람들에게 어떤 모습으로 비추어질지 시간을 들여 되돌아보자. 적어도 세 가지 행동(또는 행동의 부재, 예를 들어 상대에게 관심을 보이지 않는다든지)을 찾아내자. 설사 그 행동을 완전히 정당화할 수 있더라도, 또는 매우 사소해 보이는 행동이라도 얼마든지 다른 사람들을 밀어낼 수 있다.

1. 나를 외롭게 만드는 행동들
2. 일단 내가 무엇을 잘못하고 있었는지 깨달았다면 앞으로는 그렇게 행동하지 않도록 극도로 신경을 쓴다. 위에 적은 목록을 찾기 쉬운 곳에 놓고 사람들을 만나기 전에 되풀이해서 읽어 본다. 일단 자신을 외롭게 만드는 행동을 제대로 찾아내면, 그 행동으로 인해 빚어낸 상황은 분명히 변화해 나간다. 그러나 그 행동을 단칼에 잘라내 버릴 것이라고는 기대하지는 말자. 다음 부분에서 이야기하겠지만, 사회적 기술은 모두 연습이 필요하다.

할아버지는 양말 대신 태블릿을 원한다
: 치료법 C

치료법 요약	상대의 관점으로 바라보기.
용법 및 용량	치료 방법 전체를 반복해서 적용한다. 처음에 실패하더라도 낙담하지 말라. 이러한 기술들을 익히고 향상시키는 데에는 시간과 연습이 필요하다.
효과	쇠약해진 인간관계 근육을 재건하고, 강화시키고, 다른 사람들과의 상호 작용을 개선하고, 관계를 강화한다.
간접 효과	정서적 고통을 감소시킨다.

모든 인간관계의 핵심은 '주고받기'이다. 그러나 상대에게 잘 '주기' 위해서는 상대의 관점을 '받아들일' 줄 알아야 한다. 상대의 입장에서 생각하는 것, 즉 상대의 관점을 정확하게 읽는 것은 무엇보다 중요하고 필요한 인간관계 근육이다. 이 능력으로 상대가 무엇을 중요하게 생각하고, 무엇에 동기가 유발되는지 이해할 수 있고, 그들의 행동과 반응을 예측할 수 있다. 이 능력은 또한 우리가 성공적으로 다른 이들과 협상 및 협력하고, 전략을 세우거나 문제를 해결하며, 효과적으로 의사소통하는 데에도 필요하다. 심지어 우리가 열정, 이타주의, 공감 능력에 도달하는 데에도 도

움을 준다.

우리는 고립되거나 외로울 때 다른 사람의 관점을 이해하는 능력이 약해진다. 그렇게 되면 사람들과의 관계에서 실수를 저지르거나, 새로 만나는 사람들에게 너무 과하게 다가가거나, 또는 너무 거만하게 따로 떨어져 있는 등 바람직하지 못한 모습으로 비칠 수 있다. 인간관계 근육을 재활하는 가장 빠른 방법은 다른 사람의 관점을 이해하는 과정에서 실수를 확인하고 교정하는 것이다. 가장 흔히 저지르는 다음 세 가지 실수를 주의하자.[15]

1. 상대의 관점이 되지 못한다

너무 단순하게 들릴지 모르지만, 우리가 다른 사람의 관점으로 보지 못하는 가장 큰 이유는 대부분 애초에 그렇게 하려고 노력하지 않기 때문이다. 관점을 바꾸어 보는 일은 마음의 훈련이지, 다른 이의 마음을 읽는 특별한 기술이 아니다. 평소에 다른 사람들은 사물을 어떻게 바라보는지, 어떻게 반응하는지, 또는 그들의 관심사는 나와 어떻게 다른지 따위를 생각하려고 노력하지 않는다면 우리는 다른 사람들과 상호 작용할 때 그런 생각을 적용하지 못한다.

우리가 농담을 할 때 이런 사례가 종종 나타난다. 농담을 할 때 우리는 거의 항상 그 농담이 '나에게' 재미있는지만 생각하지[16] 다른 사람에게도 재미있게 느껴질지는 미처 고려하지 못한다. 앨번은 그의 아내를 '딴 여자'로 지칭하는 것(자기 일을 부인 또는 애인에 비유하고)이 재미있다고 생각했다. 그러나 블랑카에게는 명백히 불쾌한 농담이었다. 만일 앨번이 과거에 블랑카가 자신의 농담에 어떻게 반응했는지 잠시라도 떠올렸다면, 이 농담을 어떻게 받아들일 지도 금방 분명히 알아차릴 수 있었을 것이다.

2. 자신의 관점을 선호한다

우리 눈에는 자신의 관점이 너무 명백해 보이기 때문에 다른 사람의 관점에 충분히 무게를 두지 않는다. 예를 들어서 과학자들이 피험자에게 어떤 메시지를 전화와 이메일로 각각 제시하고, 그것이 진솔한지 또는 비꼬는 것인지 판단하도록 했다(전화의 경우 목소리로 빈정거리는지 여부를 알아차리기 쉽다). 글로 쓴 메시지는 목소리라는 힌트가 없기 때문에 메시지의 수신자가 발신자의 의도나 의미를 알아차리기 어렵다는 사실을 우리는 모두 알고 있다. 그러나 많은 경우에, 이메일을 쓰면서도 메시지가 진지한지 농담인지 따위를[17] 상대방이 전화로 전달할 때와 똑같이 알아차릴 것이라고 예상한다. 그리고는 자신의 메시지가 엉뚱하게 받아들여진 것에 화들짝 놀라곤 한다.

그 이유는 우리가 전자 수단을 통한 의사소통이 잘못 해석될 여지가 많다는 사실을 알면서도 그 오해가 수신자의 잘못이라고 생각하기 때문이다. 그러나 위와 같은 연구 결과는 메시지를 보내는 쪽이 잘못된 가정을 하고 있음을 보여 준다. 이러한 실수를 바로잡기 위해서 우리는 다른 사람들이 우리의 전자적 의사소통을 어떻게 해석하는지에 충분히 신경을 쓸 필요가 있다(이모티콘이 답은 아니다!).

3. 잘못된 정보를 채택한다

우리는 다른 사람의 관점을 이해하는 데 통찰을 줄 수 있는 '정확한' 정보(상대방의 표정 등)를 흘려보내고, '부정확한' 정보(광범위한 고정관념이나 가십 등)에 의존하는 경우가 많다. 예를 들어서 어떤 사람의 취향을 고려할 때 만일 그가 나 자신과 비슷하다면 나를 참조할 기준으로 삼는 경우가 많다. 그러나 그 사람이 나와 별로 비슷하지 않다면 우리는 보통 그의 취향을 판단하는 데 통념이나 고정 관념을 기준으로 삼는다. 선물을 고르는 상황에도 이것이 적용된다.[18] 그래서 할아버지가 크리스마스 때 모직 양말 스무 켤레를 받는 상황이 벌어진다. 할아버지가 추석 때 계속해서 태블릿 PC를 언급했는데도 말이다.

부부(연인) 관계에서 상대 관점으로 보기

우리가 어떤 사람과 친밀하면 할수록 그의 관점을 더욱 정확하게 이해할 수 있어야 마땅하다. 그러므로 부부나 연인이 함께한지 오래되었을수록 상대의 관점을 오해하는 실수가 더 적게 벌어질 것이라고 예상한다. 그러나 수많은 부부치료사가 오래 함께 산 부부야말로 상대방의 관점을 잘못 이해하는 실수를 가장 많이 저지르는 경우가 적지 않다고 증언한다. 왜 그런 일이 일어날까?

 불행히도, 상황을 악화시키는 것은 바로 두 사람의 친밀함이다.[19] 배우자나 연인과 오랫동안 함께한 경우 우리는 상대의 관점을 평가하는 데 자신감을 갖게 되고, 그 결과 생각을 많이 하지 않는다(관점 바꾸기 실수 제1번에 해당한다!). 그러나 그와 같은 친숙함이 상대의 마음을 읽는 능력을 부여하지는 않기 때문에 오히려 우리를 밉살맞은 상황으로 몰아갈 수도 있다.

 이와 같은 사각지대는 부부나 연인 관계에서 특히 문제가 될 수 있다. 바로 이런 이유로 부부나 연인 들은 생일과 밸런타인데이를 두려워한다. 아내는 "왜 내 남편은 이런 날을 한 번도 제대로 챙기지 못하는 거지?"라고 생각하고, 남편은 "내가 아무리 애를 써도 결코 만족하는 법이 없어."라고 생각하는 식이다. 그런데 실상은 남편이나 아내 모두 상대의 관점에서 상황을 바라보려는 노력을 하지 않은 것이다. 만일 그런 노력을 했다면 그들은 해마다 똑같은 선물 재앙을 맞기보다는 이런 날이 오기 전에 미리 이야기를 나누어 서로 무엇을 기대하는지 분명히 파악했을 것이다.

 물론 그런 '관계에 대한 논의'가 쉬운 일은 아니다. 블랑카가 앨번을 설득해 부부 치료를 시작한 이유 가운데 하나는 남편과 그들 관계에 대해 이야기를 나누려 시도할 때마다 앨번이 입을 꾹 다물어 버리기 때문이었다. 실제로 여성들은 남성보다 자신의 감정이나 기대에 대해 이야기를 나누는 데 능숙하다. 그렇기 때문에 남편은 아내와 그런 논의를 하는 것이 질 것이 뻔한 싸움에 나서는 느낌이 들 수 있다. 따라서 뭔가 잘못된 말을 하기보다 차라리 아무 말도 하지 않고 '예정된 패배'를 되도록 빨리 맞이하는 편을 택한다.

여성 입장에서 이러한 경향을 극복하기 위해서는 말로 상대를 압도하려 들지 않아야 한다. 남성에게 그들의 생각을 표현할 여유와 공간을 주고,[20] 만일 그의 말이 진짜 의도를 표현하지 못할 경우(벌을 주지 말고) 다시 설명할 기회를 주어야 한다. 만일 남자 쪽이 정서를 표현하는 데 더 능숙하다면 남자가 여자에게 그와 같은 배려를 해 주어야 한다.

간단히 말해서 우리는 항상 상대의 관점이 나와 다르지 않을지 자문해야 한다. 상대가 무엇을 중요하게 여기고 무엇을 선호하는지 고려하고, 상대와 나의 관계의 역사, 그리고 현재 상황의 배경에 신경을 써야 한다. 이런 생각을 하는 데 몇 분을 쓰는 것은 나중에 관계 개선을 위해 몇 시간에 걸쳐 논의할 수고를 덜 수 있다. 상대의 입장에서 생각함으로써 관계가 악화되는 상황을 예방할 수 있기 때문이다.

꽃을 싱크대에 올려두지 마라
: 치료법 D

치료법 요약	정서적 유대를 강화하기.
용법 및 용량	치료법 전체를 반복해서 적용한다. 처음에 실패하더라도 낙담하지 말라. 이러한 기술들을 익히고 향상시키는 데에는 시간과 연습이 필요하다.
효과	쇠약해진 인간관계 근육을 재건하고, 강화시키고, 다른 사람들과의 상호 작용을 개선하고, 관계를 강화한다.
간접 효과	정서적 고통을 감소시킨다.

공감이란 상대의 입장이 되어 그의 정서적 경험을 이해하고 우리의 깨달음을 상대에게 확실하게 전달하는 것이다. 앞서 관점 바꿔보기에서 했듯 단순히 상대의 관점으로 상황을 바라보는 것에서 더 나아가 더욱 깊은 이해를 통해 상대가 진짜로 어떤 느낌일지 같이 느껴보는 것이다. 관점을 달리하는 것과 마찬가지로, 우리는 평소에 자신의 공감 능력을 과소평가하는 경향이 있다. 그 이유 중 하나는 공감이 그렇게 쉽지만은 않기 때문이다. 제대로 공감하기 위해서는 제다이의 마인드 트릭(영화 〈스타워즈〉에 나오는 제다이가 상대의 마음을 조종하는 초능력—옮긴이)과 비슷한 능력이 요구된다. 물론 우리의 경우 그 트릭을 자신의 마음에 사용할 뿐이

지만 말이다.

구체적으로 설명하자면, 우리는 자신의 마음을 평소에 자동으로 향하지 않는 곳(상대가 처한 상황)으로 보내서 그곳에 잠시 머물며 상대 마음의 정서적 풍경이 어떤 것인지 그려 보고 각인한 다음, 다시 나 자신의 현실로 돌아오도록 해야 한다.

대학생을 대상으로 한 조사에서[21] 학생들의 공감 능력이 지난 30년 동안 상당히 감소한 것으로 나타났다. 이것은 좀 더 큰 맥락에서의 사회적 변화를 반영하는 것으로 보인다. 그러나 우리 대부분은 자신을 조절해서 공감 능력이나 관점을 바꾸어 보는 기술을 개발할 수 있다. 예를 들어 앨번은 아내 블랑카가 밸런타인데이 꽃다발을 부엌 싱크대 위에 올려놓은 것에 왜 그리 화를 내는지 이해하는 데 어려움을 겪었다.

어쨌든 그는 밸런타인데이를 기억했고(지난해에는 아예 까맣게 잊어버렸는데!), 해야 할 일이 산더미 같은데도 퇴근길에 일부러 꽃집에 들러 아내에 대한 사랑의 표시로 꽃을 사오지 않았던가! 그러나 내가 앨번에게 블랑카의 관점으로 상황을 바라보라고 요구하자 그는 곧 물러나서 자신이 일을 망쳐 버린 것을 인정했다. 그러나 여전히 자신의 좋은 의도를 왜 아내가 조금도 알아주지 않는지 섭섭해했다.

공감능력에 어떻게 접근할까?

다른 사람들의 느낌에 대한 통찰을 얻는 유일한 방법은 나 자신이 바로 그들이 처한 상황에 들어가 있다고 상상하는 것이다. 그저 1~2초 쯤 생각해 보는 것이 아니라, 시간을 들여서 그들이 진짜로 어떻게 느낄지 나 자신의 정서적 나침반을 꺼내 그 바늘이 가리키는 방향을 따라가야 한다. 그 일을 제대로 하기 위해서 우리는 상대의 정서적 풍경(문제의 상황을 이끌어 낸 맥락과 배경)을 제대로 음미해야 한다. 예를 들어 나는 앨번에게 아내가 무엇을 기대했을지, 그가 집에 도착한 뒤부터 블랑카가 싱크대 위에서 꽃다발과 카드를 발견하기까지 두 시간 동안 그녀가 어떤 경험을 했을지 그려 보라고 요구했다.

"블랑카는 내가 서재에서 일하는 것을 봤어요." 앨번이 상황을 되돌아보며 말했다. "하지만 꽃다발은 보지 못했죠. 부엌에 있었으니까요." 앨번은 눈썹을 치켜뜨고 블랑카를 향했다. "아, 당신은 내가 또 밸런타인데이를 잊어버리고 챙기지 않은 줄 알았겠네! 그래서 내가 잘 자라고 인사했을 때 당신이 대답도 하지 않은 거였군!" 블랑카가 고개를 끄덕였다. 나는 앨번에게 주문했다.

"자, 이제 그 상황을 마음에 두시고 계속 회상해 보세요. 부인께서 선생님이 서재에 있는 것을 보고 어떻게 반응했나요?"

"이 사람은 아무 말도 하지 않았습니다. 아마 분명히 화가 났겠지만 내가 일하고 있으니까 그냥 잠자코 참았던 것 같아요."

"부인께서 사려 깊으시네요. 그렇다면 부인께서 부엌에서 꽃을 발견하기 직전에 어떤 느낌이었을까요?"

"화도 나고 실망도 했겠죠. 하지만 저를 배려해서 일을 끝마칠 때까지 얘기를 꺼내지 않고 기다리려고 했던 것 같습니다."

"두 시간이나 말이죠! 부인께서는 그 감정을 두 시간이나 품고 있었어요. 그리고 선생님이 자러 간 다음에야 부엌을 지나갔던 거구요."

"그때 싱크대 위에 놓은 꽃과 카드를 본거군요."

앨번이 말을 받았다. "그리고……, 젠장." 그는 블랑카를 향했다. "당신은 내가 그걸 직접 당신에게 전해 줄 정도의 정성도 없다고 생각했을 거고." 블랑카가 고개를 끄덕였다. "당신은 그날 저녁 내내 실망감을 감추고 속앓이를 했는데 나는 고작 꽃을 전해 주는 그 짧은 시간을 내지 못했으니……." 블랑카는 깊은 숨을 내쉬며 고개를 끄덕였다. 앨번은 아내의 어깨를 팔로 감싸 안았다. 블랑카는 남편의 포옹 속에서 천천히 태도가 누그러졌다. "내가 참 나쁜 놈이구려." 앨번이 아내에게 속삭였다. "당신 어떻게 나 같은 놈이랑 참고 살아왔지?", "쉽지 않았죠." 블랑카가 짧게 미소를 지으며 말했다. 앨번은 그날의 잘못을 사과하는 의미로, 늦었지만 밸런타인데이 기념 식사를 하자고 제안했다.

나는 그로부터 몇 달 동안 계속해서 그 부부와 상담을 했다. 앨번은 상담 시간마다 자신의 공감 근육을 잘 훈련해 나갔다. 그러나 훈련 한두 번만으로 인간관계 근육의 기능을 최상으로 끌어올릴 수 있는 것은 아니다. 앨번은 계속해서 공감 연습을 했다. 그리고 그가 노력하면 할수록 그와 블랑카는 더 행복해졌다. 시간이 흐름에 따라서 긴장 가득하고 소원했던 그들의 결혼생활은 점차로 신뢰와 지지, 애정을 기반으로 한 관계로 변모했다.

공감 능력을 향상시키면 우리의 가장 중요한 관계에서 놀라운 일들이 벌어진다. 공감이 가져오는 서로를 향한 관심과 배려는 성의, 애정, 관대함의 선순환을 일으킨다. 그리고 그것은 부부, 가족, 친구 관계에서 놀라울 정도로 깊은 유대감을 형성한다. 관계의 양쪽 당사자들이 공감 근육을 강화하는 노력을 동시에 함께 해 나갈 때 그 효과가 가장 큰 것은 당연하다. 그러나 한쪽만 노력하는 경우에도 상당한 결실을 얻을 수 있다.

공감 능력은 연습이 필요하다. 따라서 우리는 다양한 상황에서 수많은 사람을 상대로 공감 능력을 훈련할 필요가 있다. 그 과정에서 기회가 있을 때마다 사람들이 과거나 미래의 상황에서 어떤 느낌을 가질지 예측해 보아야 한다. 다음 사항을 기억해 두자.

내가 그 상황에 처했다고 가정하고 그 모습을 머릿속에 시각화하여 그려 본다. 다른 사람의 정서적 경험을 평가하는 가장 좋은 방법은 상상 속에서 상대의 상황 안에 최대한 구체적으로 들어가 보는 것이다. 그 상황의 주변 환경을 그려 본다. 상대 외에 다른 누가 거기에 있는지, 하루 중 언제쯤인지, 상대의 기분은 어떠한지, 상대가 혹시 몸이 아프거나 불편하지는 않은지…….

그리고 그때 당신이 상대에게 어떻게 비추어졌을지, 단순히 당신이 어떤 모습, 어떤 느낌이었는지가 아니라 당신이 상대에게 무엇을 전달했는지를 상상해 보라. 많은 상황에서 우리는 서로 모순되는 느낌들을 동시에 경험한다는 사실을 기억하자. 예를 들어서 블랑카는 부엌 싱크대 위에서 꽃을 발견했을 때 아마도 앨번이 적어도 노력은 했다는 사실에 약간은 기뻐했을 것이다. 물론 막상 실행은 그토록 엉망으로 했다는 점에 실망과 분노를 느꼈겠지만 말이다.

맥락이 핵심이다. 누군가의 느낌을 이해하기 위해서는 그 상황에서 그 사람의 마음의 틀을 적어도 어렴풋이나마 파악해야 한다. 다음 질문들을 고려해 보자. 그 사람은 과거에 그와 비슷한 상황에서 어떤 경험을 했나? 그는 그 상황에서 어떤 두려움, 의심, 희망, 기대를 가지고 있을까? 그때 그의 인생에서 다른 어떤 일이 일어나고 있나? 그날 그 순간까지 그 사람의 기분은 어땠나? 다른 이들과의 관계가 그의 반응에 영향을 미치지는 않았나?

당신의 통찰을 사려 깊게 전달하라. 상대를 이해하려고 했다는 사실을 애정을 가지고 설득력 있게 전달해야 한다. 누군가의 느낌을 이해하지만 그것을 제대로 소통하지 못하는 것은 마치 상대를 위해 꽃을 샀으나 부엌 싱크대 위에 놓아두는 것과 다름없다. 당신이 상대를 이해하려 했다는 사실을 최대한 전달하라. 당신이 그의 관점을 이해하기 위해 생각과 노력을 투자했다는 사실을 상대가 이해할수록 공감에 바탕을 둔 의사소통 노력이 효과를 얻을 것이다.

목적을 수영 대신 철인 3종 경기에 두어라
: 치료법 E

치료법 요약	사회와의 연결고리 만들기.
용법 및 용량	치료방법 전체를 적용하고 필요한 경우 반복한다.
효과	정서적 고통을 줄이고 사람들과의 상호 작용 기회를 늘린다.
간접 효과	약해진 인간관계 근육을 강화한다.

고독할 때면 우리는 새로운 인간관계를 만들거나 기존의 관계를 이용할 기회 앞에서 망설이고 주저한다. 사람들의 모임(특히 모르는 사람들이 많이 나오는)에 참석하는 일에 불편함을 느끼고, 혼자 여행하는 것도 두렵고, 혼자 가기 싫어서 새로운 단체 활동이나 동아리 등에 가입하기를 꺼린다. 우리는 주변에서 사람들과 교류할 기회를 흔히 접할 수 있다. 그러나 그런 곳에 나가서 패배자나 외톨이로 보이거나, 우리가 필사적으로 피하고 싶어 하는 외로움의 낙인이 찍히는 것을 두려워하여 용기를 내지 못한다.

자신의 나약함과 망설임을 극복하고 외로운 사람으로 낙인찍히는 것을 피할 가장 좋은 방법은 좀 더 광범위한 목적을 가지고 상황에 접근하는 것이다. 예를 들어 독신 남녀를 위한 단체 미팅에 참가한다고 하자. 이때 당신이 그 경험을 글로 써서 블로그나 학교 신문 등에 올리기 위해서라는 목적을 가지고 참석한다면 훨씬 더 마음이 편할 것이다. 짝이 없는 남녀들을 대상으로 하는 여행에 참가할 때, 만일 당신이 아마추어 사진작가라거나 화가여서 여행지의 풍광을 카메라나 스케치북에 담기 위해 여행을 하는 것이라면 쑥스러움이나 불안감이 훨씬 줄어들 것이다. 마찬가지로 내가 철인 3종 경기 선수가 되기 위해 훈련을 받기로 결심한다면 자연스럽게 수영, 자전거, 달리기 모임 등에 참석할 것이다.

이처럼 다른 목적을 갖고서 모임이나 활동에 참여하면, 다른 이들에게는 외로운 사람이 아니라 취미에 열정적인 사람, 목표에 최선을 다하는 사람, 진지하게 창의적 노력을 기울이는 사람으로 비추어진다. 뿐만 아니라 더 광범위한 목적을 갖게 되면 그 목적(단체 미팅을 기록한다든지, 포트폴리오를 만들기 위한 사진을 찍거나 그림을 그린다든지, 철인 3종 경기 선수가 되기 위해 연습한다든지)에 주의를 집중하느라 불안감이나 자의식이 감소한다.

온라인 세계를 탐색하라!

우리는 인터넷을 통해 집안에 가만히 앉아서[22] 자신과 관심이 같거나 경험을 공유하는 사람들과 연결될 수 있다. 인터넷 세계에서 우리는 새로운 정체성을 만들고, 그것을 통해 진짜 삶에서는 불가능한 방식으로 다른 이들과 교류하거나 나 자신을 표현한다. 온라인에서 시작된 우정 또는 인간관계도 중요한 수준으로 발전할 수 있다. 또한 현실 속의 직접적인 상호 작용으로 이어지기도 한다. 예를 들어 최근 연구자들이 연인들이 어떻게 만났는지 조사했을 때[23] 온라인 커플 맺기 사이트가 친구의 소개에 이어 두 번째 자리를 차지했다. 술집이나 식당, 또는 일요일 오후 슈퍼마켓 야채 코너에서 서로 한 눈에 반하는 것과 같은 전통적인 만남의 기회를 넘어선 것이다.

자원 봉사에 참여하기

새로운 사회적 유대를 형성하는 또 다른 방법으로 자원 봉사가 있다. 다른 이들을 도우면 외로움이 덜어지고,[24] 자신에 대한 가치가 더 높게 느껴지며, 다른 사람들이 나를 좋아한다는 느낌을 더 많이 받게 된다. 다른 이를 돕는 일은 행복을 더 키우고 삶의 만족도에 기여한다. 뿐만 아니라 우리가 새로운 사람들(또는 전반적인 사람들)과 교류할 때 느끼는 두려움이나 망설임을 줄여 준다. 받기보다는 주려고 마음먹음으로써 우리 자신보다 우리가 돕는 사람들에게 더 집중하게 되고, 그 결과로 자의식, 불안감, 나약함이 덜해지게 된다.

친구를 입양하라!
: 치료법 F

치료법 요약	친구를 입양하라!
용법 및 용량	필요한 경우에 상황이 허락한다면 적용한다.
효과	정서적 고통을 줄인다.

때로는 새로운 사회적 유대를 형성하거나 기존의 관계를 강화하는 것이 불가능한 상황도 있다. 거동이 부자유스럽거나 지리적으로 고립되어 있거나 그밖에 다양한 이유로 다른 사람들과 교류하기 어려운 사람들은 종종 외로움을 달래기 위해 애완동물을 입양한다. 사회적으로 고립된 사람들, 혼자 살아가는 노인, 큰 병을 앓거나 외상 후 스트레스 장애(PTSD)와 같은 심리적 상처를 입은 사람들에게 개는 외로움을 달래주는 큰 역할을 한다. 뿐만 아니라 개는 사람들을 끌어들이는 자석과 같은 역할을 하기도 한다. 수많은 우정이나 인간관계가 "와, 개가 참 귀엽네요. 녀석 이름이 뭔가요?"라는 말에서 시작된다.

개가 가진 치유의 힘에 대한 증거를 보여 주는 연구가 있다. 연구자들은 외로운 사람에게 개 한 마리와 단 둘이 시간을 보내게 하거나, 다른 사람과 개와 자신, 이렇게 셋이서 시간을 보내게 한 후 외로움의 정도를 물었다. 그때 개와 단 둘이 시간을 보낸 사람은 개와 보내는 시간을 다른 사람과 나누었던 사람에 비해[25] 훨씬 외로움이 줄어들었다. 연구자들이 그 '다른 사람'에게 당신이 친구로서 개만도 못하다는 사실을 알려 주었는지는 의문이다.

 개와 함께하는 치료가 외로움을 더는 데 큰 효과가 있기는 하지만, 반려동물, 특히 개를 입양하는 것은 매우 큰 책임이 필요하다. 또한 여러 가지 실질적인 이유로 그 책임을 짊어지기 어려운 사람들도 있다. 고양이의 치유 효과에 대해서는 개에 비해 연구가 덜 되었지만, 고양이 역시 인간의 동반자 역할을 훌륭히 수행해 왔으며 개에 비해 보살피기 쉽다. 특히 집밖에 좀처럼 나가지 않는 사람에게는 개보다 고양이가 적합할 수 있다.

이럴 때는 정신 건강 전문가를 찾으세요

이 장에서 논의한 고독에 대한 정서적 응급 처치는 외로움이 일으키는 정서적 고통을 누그러뜨리는 데 도움을 줄 것이다. 또한 정서적, 사회적 유대를 심화하고 확장하려는 우리의 노력을 망쳐버리는 잘못된 인식과 행동을 바로잡고, 새로운 사회적 상호 작용 기회를 얻는 데도 도움이 된다.

그러나 만일 당신의 정서적 고통이 너무 커서 자신이나 다른 사람을 해치고 싶은 생각이 들거나, '내가 사라져 버리면 어떨까?'라는 생각이 든다면 즉시 정신 건강 전문가의 도움을 구하거나 가까운 응급실로 가야 한다. 자신을 해치고 싶은 생각까지는 들지 않더라도 어쨌든 너무 절망적이고 용기가 꺾여 위에서 제시한 응급 처치 방법을 적용하는 데 어려움을 느끼거나, 아니면 이미 시도해 봤지만 성공하지 못한 경우에도 마찬가지다. 정신 건강 전문가가 당신의 발목을 잡고 있는 문제점을 발견하고, 앞으로 나가는 데 필요한 정서적 지지를 제공해 줄 것이다.

3장

"만일이라는 상상으로 시나리오를 쓰지 마세요"

항생제가 필요한 골절된 마음, **상실**

8

**Emotional
First Aid**

상실의 아픔은
부러진 뼈로 걷는 것과 같다

상실과 외상(trauma)은 피해갈 수 없는 우리 삶의 일부이다. 그러나 많은 경우에 그 영향은 끔찍하고 파괴적이다. 사랑하는 사람을 잃거나, 폭력이나 범죄의 희생자가 되거나, 장애를 입거나, 만성 질환이나 생명을 위협하는 질병에 걸리거나, 테러나 전쟁을 겪거나, 그밖에 삶을 위태롭게 하는 충격적인 경험을 하면 우리는 삶의 궤도에서 이탈하고 깊은 심리적 상처를 입는다.

그와 같은 상처를 치유하기 위해서는 오랜 시간에 걸친 회복과 적응이 필요한데 그 기간이나 치유 양상은 사람마다 다르다. 골절상을 입은 뒤 부러진 뼈를 올바르게 붙여야 하듯, 우리는 상실과 외상의 경험 후에 조각 난 우리의 삶을 제대로 붙이고 아물게 해야만 정상적인 모습으로 삶에 복귀할 수 있다.

상실과 외상의 경험 가운데 일부는 우리에게 너무나 깊은 상처를 남겨서 정신 건강 전문가의 기술과 장기간의 심리 치료가 필요할 수 있다. 그렇게 극단적으로 부정적인 상실과 외상의 영향을 받은 분들에게는 이 장의 조언이 적합하지 못할 수 있다. 그와 같은 독자들은, 만일 아직 전문가를 찾지 않은 상태라면, 숙련된 정신 건강 전문가의 도움을 반드시 받기를 권한다.

그러나 우리가 삶에서 겪는 상실과 외상 경험 중 상당수는 장기간의 심리적, 정서적 손상을 남길 만큼 극심하지는 않다. 예를 들어서 직장을 잃거나, 가장 친한 친구가 논쟁 끝에 나에게 절교를 선언하거나, 나이 드신 할아버지가 돌아가시는 일 등을 겪으면 한동안 슬픔과 적응을 하기 위한 시간을 보내지만, 대부분 결국에는 과거의 심리적·정서적 건강 수준으로 되돌아간다. 그러나 똑같은 상실의 경험도 주관적 의미는 사람마다 다를 수 있다.

예를 들어 직장을 잃어서 온 가족이 집도 없이 길바닥에 내쳐져야 하는 상황이라면? 나에게 절교를 선언한 친구가 가장 친할 뿐 아니라 나에게 유일한 친구였다면? 돌아가신 할아버지가 나를 키워 주셔서 내게는 부모보다 더 소중한 분이며, 아프신 데도 없이 정정하셨다가 갑자기 돌아가신 거라면? 이런 경우 우리가 경험하는 상실감과 충격은 훨씬 더 클 것이다.

상실과 외상에 대처하는 방식은 제각기 다르더라도 우리의 삶을 재건하고 정서적, 심리적으로 완전히 회복되기까지 우리는 모두 비슷한 도전에 직면한다. 우리는 부러진 마음의 뼈를 맞추어 붙여야 한다. 산산이 부서진 삶의 조각들을 다시 제 기능을 할 수 있는 완전히 통합된 전체로 복구시켜야 한다. 그런데 상실과 외상이 가져오는 심리적 상처를 잘 치료하면 회복이 빨라질 뿐 아니라 어떤 경우에는 그 경험으로부터 이전보다 더 나은 모습으로 삶에 복귀할 수도 있다. 삶의 우선순위를 더욱 의미 있게 재편하고, 기존의 관계에 더욱 감사하고, 목적의식이 더욱 강화되고, 삶에 만족감이 더 커지는 식이다. 이러한 현상을 '외상 후 성장'이라고 한다.[1]

상실과 외상의 경험에서 정서적으로 더 건강한 모습으로 빠져나올 수 있을지를 결정하는 변수(사건의 심각한 정도, 우리 자신의 심리적 구성, 과거에 시련에 노출되었는지 여부 등) 가운데 상당수는 우리가 통제할 수 없다. 하지만 일부는 노력해 볼 수 있다. 이 장에서 제시하는 정서적 응급 처치 방법을 가장 잘 이용하기 위해서는 상실과 외상이 남기는 심리적 상처와 그것이 우리 마음의 건강과 정서적 안정에 끼치는 위험성을 명확히 이해할 필요가 있다.

상실과 외상이 남기는 심리적 상처

상실과 외상은 심각한 정서적 고통과 그 이후 현실적 삶 속에서 직면해야 할 변화에 더하여 다음 세 가지 심리적 상처를 남긴다. 이 세 가지 상처는 제각기 따로따로 맞춰야 할 부러진 뼈와 같다. 첫째, 상실과 외상은 삶에 너무 큰 타격을 주어 자신에 대한 인식, 역할, 정체성마저 잃어버릴 위험에 처한다. 둘째, 비극적 사건은 우리가 이 세상과 그 안에서 자신의 위치에 대해 가졌던 기본적인 가정을 뒤흔들어 놓는다. 그 결과 우리는 일어난 사건을 이해하고 더 광범위한 신념 체계 안에 통합하는 데 어려움을 겪는다. 셋째, 상실과 외상을 겪은 많은 사람이 과거에 의미 있다고 생각했던 사람들이나 활동과의 연결을 재개하는 것에 어려움을 느끼고, 심지어 그렇게 하는 것이 잃어버린 사람에 대한 배신이나 고통의 경험을 깎아내리는 것이라고 생각한다.

정서적 고통은 상실과 외상을 경험한 모든 사람을 집어 삼킨다. 그러나 위의 세 가지 심리적 상처를 마주하는 양상과 정도는 사람에 따라 크게 다르다. 어떤 사람들은 그 상처를 어느 정도 부드러운 형태로 겪어 내지만 어떤 사람들은 수년, 수십 년에 걸쳐서 인생에 심대한 영향을 받는다. 각각의 상처를 좀 더 깊이 살펴보자.

상실 뒤에 찾아오는
'처음'을 주의하라

　　　　　　　　　　상실과 외상에 이어지는 초기의 끔찍한 기간 동안 겪는 정서적 고통은 글자 그대로 우리를 그 자리에 얼어붙게 한다. 똑바로 생각하는 힘을 잃어버리거나 식사와 세수같이 자신을 돌보는 가장 기본적인 활동도 제대로 해내지 못할 수 있다. 우리는 정서적 아픔에 사로잡힌 채 삶의 모든 세부 사항을 일련의 고통스러운 '처음'이라는 경험을 통해 다시 만나야 한다. 잃어버린 사람과 함께하지 못하는 '첫' 식사, 폭력 범죄에 희생된 뒤 '처음' 혼자 잠들어야 하는 밤, 삶을 뒤흔들어놓은 사건 이후 '처음'으로 거울을 들여다보는 경험…….

　이러한 끝없는 '처음'의 물결은 몇 주에서 몇 달에 걸쳐 계속해서 밀려온다. 남편과 헤어진 뒤 처음 슈퍼마켓에 가서 남편이 좋아하는 음식을 카트에 주워 담을 필요가 없어진 상황, 직장을 잃은 뒤 처음 맞는 크리스마스에 아이들에게 선물 사 줄 돈도 없는 기분, 최근 돌아가신 부모님 없이 처음으로 맞이하는 추석 명절 등…….

　이 모든 '처음'의 경험은 잃어버린 것에 대한 추억, 고통스러운 갈망, 깊은 아쉬움을 불러일으키고, 그 결과 우리는 그 누구도, 그 무엇에도 신경 쓰기가 어려워진다. 깊은 절망의 구렁텅이에 내던져진 느낌은 어쩌면 가장 심한 중증 우울증을 앓는 환자의 고통보다도 더 어두울 수도 있다. 그러나 슬픔은 정신 질환이 아니라 극단적인 상황에 대한 정상적인 심리적 반응이다. 우리가 겪는 최초의 정서적 고통이 얼마나 심하든, 대부분 시간이 흐르면 잦아든다. 이윽고 상실과 외상이 남긴 현실을 받아들이기 시작하면, 작고 사소한 조치만으로도 살을 에는 듯한 통증은 점차로 무뎌져 간다.

실제로 시간은 회복에서 엄청나게 중요한 요소이다. 많은 경우에, 6개월 정도면 가장 심한 슬픔과 적응기를 지난다.[2] 물론 그 시간은 상실과 외상의 양상과 그것이 각자의 삶에 주는 구체적이고 주관적인 영향에 따라서 달라질 수 있지만 말이다. 그러나 만일 상실과 외상이 너무 커서, 또는 제대로 회복이나 치유를 거치기 힘든 상황이어서 그러한 상태에서 빠져나오지 못한다면 그 경험에 갇혀버릴 수도 있다. 자신의 본질을 형성하는 가장 독특한 측면이 슬픔에 흡수되어 우리의 시야에서 사라져버릴 수 있다. 우리의 흥미, 창조성, 즐거움, 열정 따위가 모두 슬픔, 고통, 과거에 대한 끊임없는 반추에 가려지는 것이다. 이렇게 되면 삶이 모든 면에서 진정으로 중단되어 버릴 수도 있다.

'잃어버리기 전의 나'에게
정체성을 두면 생기는 문제들

그랜트는 전도유망한 영업 사원이었다. 또한 일하지 않는 시간에는 친구들과 농구를 즐기는 젊은이였다. 어느 겨울 저녁, 그랜트는 두 명의 동료와 함께 장기 출장을 마치고 공항으로 차를 타고 갔다. 그런데 혹한의 날씨와 눈 때문에 자동차의 통제 능력을 상실하고 말았고, 차가 미끄러졌다. 그때 그랜트는 차의 뒷좌석에 앉아 있었다.

"몸이 차의 앞 유리 밖으로 튕겨져 나가 길에 떨어지면서 의식을 잃었습니다. 몇 분 뒤 정신이 들었지요. 눈을 떴는데 바로 제 앞에 동료가 나동그라져 누워 있는 것이 보였습니다. 그는 이미 죽어 있었습니다. 저는 일어나려고 애를 썼지만 일어날 수가 없었습니다. 몸 아래쪽을 보니 온통 피로 뒤덮여 있었고…… 제 다리가 보이지 않았습니다." 그랜트는 힘겹게 침을 삼켰다. 우리의 상담 첫날이었고, 그의 얼굴에 드러난 감정으로 보아 그랜트는 이 이야기를 평소에 거의 입에 올리지 않는 듯했다.

"그 다음 기억은 병원으로 옮겨져 수술을 받는 것이었습니다. 수술을 받고 또 받고 끝없이 받았지요." 그랜트는 몇 년이나 여러 병원을 전전하며 심한 부상과 강도 높은 재활 치료를 받았다. 또한 심리 상담 프로그램에 참여하기도 했다. 그랜트의 부상당한 몸은 천천히 치유되어 갔지만 그의 마음은 그렇지 못했다.

"제가 차라리 그날 밤에 죽어버렸기를 얼마나 많이 바랐는지 선생님은 모르실 겁니다. 그편이 차라리 나았어요. 사람들이 병문안을 오려고 했지만 저는 아무도 만나고 싶지 않았어요. 제 자신을 다시 보는 것도 견디기 힘들었어요. 사고가 난 지 6년이 지났지만 저는 아직도 거울을 볼 수가 없어요. 어쩌다 어딘가에 비친 내 모습을 볼 때마다 너무나 낯설어요. 예전의 저는 6년 전 그날 밤에 죽었어요. 지금 여기에 있는 불구의 몸뚱이는 내가 아니라고요!"

나는 그랜트의 말에 가슴이 아팠다. 그가 겪은 끔찍한 사고 때문이 아니라, 6년이나 지났음에도 여전히 극심한 정서적 고통을 겪고 있다는 것에 가슴이 아팠다. 그가 경험한 상실과 외상에 의한 정서적 상처는 갓 생긴 것처럼 생생했다. 그의 부러진 심리적 뼈는 제대로 맞추어지지 못했고, 그 결과 그는 새로운 현실에 적응하지 못하고 있었다.

상실과 외상은 종종 삶에 새로운 현실을 강요하는데, 그것은 상실과 외상 경험의 강도에 따라 우리의 정체성과 삶의 맥락을 완전히 새롭게 정의하기도 한다. 사고가 나기 전 그랜트는 자신의 직업과 외향적 성격, 운동을 즐기고 잘하는 특성으로 자신을 규정했다. 그러나 그 정체성을 이루는 세 개의 기둥이 이제는 모조리 사라져 버렸고, 그의 삶에서 아무런 역할을 하지 못하게 되었다. 그랜트는 절박하게 자신의 정체성을 재규정할 필요가 있었다. 슬픔의 장막 안에 가려져 있던 그의 성격과 개성의 측면들을 새로운 정체성에 다시 연결하고, 그의 삶이 어떤 모습이어야 할지를 결정해야 했다.

우리 자신과 우리의 정체성을 재규정하는 데 어려움을 겪는 상황은[3] 상실과 외상 경험에서 흔히 나타난다. 직업 경력으로 자신을 규정하던 사람이 직장을 잃거나, 누군가의 아내로서의 정체성에 모든 의미를 부여하던 여성이 남편을 잃을 수 있다. 뛰어난 운동 능력의 소유자로 자신을 정의하다가 건강을 잃거나, 부모 역할로 자신을 규정하다가 모든 자식이 집을 떠나는 날이 올 수도 있다.

이런 상황에서 우리는 시간을 들여 내가 누구인지 재발견하고, 내면에서 의미 있다고 생각되는 부분을 찾아내야 한다. 슬픔의 눈덩이 안에 깔려서 휴면 상태로 숨죽이고 있던 나 자신을 표현할 새로운 방법들을 탐색해야 한다. 그렇게 하지 못할 경우 상실이 극대화되고, 자아에 대한 기본적인 감각이 부서지며, 자기의심과 자기혐오의 거센 바다 위를 표류하게 된다.

때때로 이해할 수 없는 일이
일어난다는 걸 인정하라

인간의 가장 강력한 충동 가운데 하나는 삶에서 겪는 경험을 조리 있게 설명하고 이해하고자 하는 것이다. 우리는 제각기 세상이 어떻게 돌아가는지 이해하는 자기만의 방법을 갖고 있다(비록 그것을 스스로 명확하게 표현한 적은 없다고 하더라도). 그리고 경험의 대부분을 그 렌즈를 통해 받아들인다. 세상에 대한 신념과 가정은 행동과 결정을 이끌어 내고, 종종 우리에게 의미와 목적의 느낌을 가져다준다.

어떤 사람은 삶에서 일어나는 모든 것을 '신의 뜻'이라고 생각한다. 어떤 사람은 '뿌린 대로 거둔다'라고 믿는다. 어떤 사람은 '모든 것은 그 이유가 있어서 일어난다'라고 생각한다. 반면에 어떤 사람은 '모든 일은 아무 이유 없이 일어난다'라고 믿기도 한다. 우리 가운데 일부는 세상이 대체로 공정하다고 느끼지만, 또 다른 일부는 그 반대가 진실이라고 확신한다. 어떤 이는 삶이 대체로 예측 가능하다고 믿고, 또 다른 이는 모든 사건이 우연이기 때문에 절대로 예측할 수 없다고 주장한다.

상실과 외상은 우리가 어떤 생각과 인식을 가졌든 세상과 세상이 돌아가는 방식에 대한 기본적인 가정에[4] 커다란 위협을 가하고, 그에 따른 상당한 정서적 고통을 더한다. 이미 일어난 일을 이해하고자 하는 투쟁과 같은 노력은 처음 겪은 충격을 더욱 악화시킨다. 또한 더 이상 확신과 안정감을 주지 못하는 자신의 근본적인 믿음의 틀에 새로운 현실을 통합시켜야 하는 절망적인 여정으로 우리를 몰아넣는다. 실제로 그와 같은 '신념의 위기'는 매우 흔히 일어난다. 우리는 쇄도하는 질문과 의심에 휩싸이고 많은 경우 답을 찾기 위해 애를 쓴다.

상황을 이해하고자 하는 강렬한 욕구 때문에 우리는 일어난 사건을 끊임없이 반추한다. 왜 일이 그런 식으로 일어났을까? 뭘 했으면 막을 수 있었을까? 우리는 혹시나 그것이 아니었다면 지금 마주하는 고통스러운 현실을 피할 수 있지 않았을까 하는 생각으로 수천 가지 작은 결정과 순간들을 분석한다.

뉴욕시에서 임상심리학자로 일하다 보니 2001년 911사태 이후에 나의 상담자들이 그와 같은 질문을 던지는 것도 수없이 들어왔다. "그애가 몇 분만 늦게 나가서 기차를 놓쳤다면, 그래서 비행기가 건물에 부딪히는 순간 사무실 책상에 앉아 있지 않았다면 얼마나 좋을까요?", "만일 그가 보스턴으로 이사 가지 않았다면 그는 그 비행기를 타지 않았을 것 아닙니까?", "그때 내가 위쪽을 바라보지 않았다면 날아오는 파편에 맞지 않았을 텐데요." 911사태가 벌어진 날과 그 이후에 수많은 사람이 공통으로 보인 반응들이었다.

우리는 흔히 일어난 사건을 이해하기 위해 몇 달에 걸쳐 같은 질문들에 골몰한다. 대부분 사람이 6개월 안에 자신에게 일어난 비극적 사건을 납득하지만, 몇 년이 지나도 그렇지 못하는 사람도 있다. 그러나 상실과 외상의 경험을 포괄하는 세계관을 빠르게 재구성할수록[5] 과거를 반복해서 되새기고 되씹는 일의 강도와 빈도가 줄어들고, 심리적 적응을 잘할 수 있으며, 정서적 건강의 손상과 PTSD를 겪을 가능성도 줄어든다.

잃어버린 관계가 생기면
남은 관계에도 문제가 생기는 이유

맥신은 다가오는 50세 생일을 맞을 두려움에 나의 심리상담소를 찾았다. 맥신은 10년 전에 남편 커트와 50세 생일이 되면 기념으로 비행기를 타고 아프리카에 가서 사파리 여행에 참가하기로 약속했었다. 맥신은 커트가 여러 번 졸랐음에도 그때까지 한 번도 해외여행을 가 본 일이 없었다. "10년 후의 일이지만 저는 가볍게 약속한 것이 아니었어요." 맥신이 설명했다. "저는 반드시 약속을 지키려고 결심했었죠." 그러나 마흔 번째 생일을 맞고서 몇 달이 지난 뒤, 남편 커트가 심한 두통에 시달렸다.

"의사들이 커트를 데리고 여러 가지 검사를 했지만 원인을 밝혀내지 못했어요. 그러다가 뇌 영상 촬영을 했는데 종양이 있더라고 하더군요. 최선을 다해 종양을 제거하겠지만, 길어야 삼 년쯤 더 살 수 있다고 했어요. 그후 며칠 동안 우리는 눈물로 밤을 지새웠어요. 커트는 수술을 무서워했어요. 수술이 잘못될 수 있다는 사실을 알고 있었던 거죠. 커트가 수술실에 들어가기 직전 나는 회복되자마자 둘이 함께 사파리를 가자고 약속했어요. 그리고 우리가 함께할 시간이 얼마나 주어지든 최대한 함께 여행을 다니자고 말했어요. 몇 주 만에 처음으로 그가 미소를 짓더군요."

맥신은 말을 멈추고 눈물을 닦았다. "그로부터 두 시간 후, 커트는 수술 중에 사망했어요." 맥신의 손이 떨렸고 이제 눈물은 폭포처럼 쏟아졌다. "남편이 보고 싶어요……. 너무너무 그리워요. 저는 요즘도 매일 그에게 말을 걸어요. 일이 끝나고 집에 들어갈 때, 아침에 일어날 때 말이죠. 미친 사람 같이 보인다는 건 알아요. 그런데 저는 심지어 일주일에 한 번은 남편이 좋아하던 음식을 만든답니다. 그게 저에겐 위로가 돼요. 오로지 나 혼자라는 느낌이 덜 들거든요."

맥신이 감정을 수습하고 말을 이었다. "제가 여기에 온 건 육 개월 뒤가 제 쉰 번째 생일이기 때문이에요. 어떻게 해야 할지 결정을 못하겠어요. 한편으로는 남편과 약속한 대로 사파리 여행을 떠나는 게 좋을 것 같지만, 다른 한편으로는 커트 없이 저 혼자 떠나는 여행을 감당할 수 있을지 모르겠어요."

맥신과 커트 사이에 아이는 없었지만, 그들은 풍요로운 인간관계를 누리고 있었다. 주로 캠핑과 아웃도어 활동이 취미의 중심인 사교 생활을 즐겨왔다. 그러나 커트가 세상을 떠난 이후로 옛 친구들과의 연락을 거의 끊었고, 캠핑은커녕 등산도 전혀 하지 않았다. 맥신의 인간관계는 미국 대륙 반대쪽 끝 서부 해안 지역에 살고 있는 여동생, 그리고 몇 달에 한 번 정도 저녁 식사를 함께 하는 몇몇 직장 친구들에 국한되어 있었다. 내가 데이트를 해 볼 생각은 한 적 없냐고 묻자 그녀는 즉시 그 질문을 일축했다.

커트를 배신하는 일처럼 느껴진다는 것이었다.

많은 사람이 커다란 상실을 겪고 나서 자신의 내면으로 침잠한다. 죽은 사람에게 집착하고, 머릿속에 있는 그 사람에게 말을 걸고, 뭔가 경험할 때마다 그의 생각이나 반응을 상상한다. 그러나 그런 시기는 대개 일시적이다. 시간이 흐르면 잃어버린 사람을 떠나보내고 자신의 삶에서 앞으로 나아간다. 과거의 내 삶에 존재했던 사람들과 다시 관계를 맺거나, 감정과 에너지를 쏟을 새로운 사람이나 경험을 찾는다. 그런데 어떤 사람들은 그 자리에 얼어붙어 꼼짝 하지 못한다. 잃어버린 사람의 모습을 생생하게 마음에 그리고, 그와의 기억에 매달리며, 자신의 정서적 자원을 산 사람이 아니라 죽은 사람에게 투자한다.

여기 또 다른 사례가 있다. 2001년 여름과 가을에 걸쳐 나와 상담했던 션이라는 젊은이는 911 사태에서 절친한 친구나 다름없던 그의 사촌을 잃었다. 그 사촌은 소방관으로, 쌍둥이 빌딩의 북쪽 건물이 붕괴될 때 건물에 투입되어 임무를 수행하고 있었다. 그로부터 몇 달 동안 션은 쌍둥이 빌딩 자체에 사로잡히기라도 하듯 몰두했다. 그는 시간만 나면 쌍둥이 빌딩의 건축과 관련된 다큐멘터리 영화를 보고, 그 건물과 관련된 자료는 구할 수 있는 대로 구해서 읽어 보고, 건물의 유지 보수나 관리와 관련된 다양한 측면들을 조사하고 연구했다. 한편으로는 점점 친척들로부터 멀어졌다. 가족 모임에 나가지 않으면서 그의 상실과 슬픔을 누구보다 깊이 이해하고 공유할 바로 그 사람들을 피했다.

비극적 사건을 겪은 뒤에 그와 같은 대처 메커니즘이 나타나는 것은 합리적이지만, 너무 오랫동안 지속될 경우 션이나 맥신과 같이 과거에 갇혀 버릴 수 있다. 많은 경우에 그와 같은 습관은 슬픔을 극복해 나가는 '애도 단계(grieving process)'의 진행이 제대로 이뤄지지 않음을 보여 준다.

부러진 마음의 뼈를 제대로 맞추어 붙이고, 치유되고, 자신의 존재를 재규정하는 대신 과거의 기억 속에서 표류하고, 존재하고, 실존하는 사람들보다 존재하지 않는 대상에 더 집착하는 것이다. 그런 상태에 있는 사람에게 적절한 처치를 하지 않을 경우 수년 또는 수십 년에 걸쳐 같은 패턴이 지속되어 삶을 정지시킬 것이다. 또한 미래를 마치 밧줄로 묶듯 상실과 외상에 고정시켜 그것이 존재를 규정하게 될 것이다.

상실이 가져온
심리적 상처를 치료하는 방법

상실과 외상은 우리 삶을 산산조각 내고, 인간관계를 황폐하게 하며, 정체성을 뒤엎어 버린다. 부서진 조각들을 다시 이어 붙이려면(부러진 뼈를 맞추어 붙이려면), 먼저 상실이나 외상 직후의 극심한 정서적 고통에서 회복되어야 한다.

이 장에서 제시하는 치료법은 분명 도움이 되겠지만, 만일 당신이 겪은 비극이 너무 심대하거나, 수년이 지났는데도 아직 그 사건에서 헤어나지 못하고 있거나, 사건의 기억이 억누를 수 없이 다시 떠오른다거나, 악몽을 꾸거나 정서적으로 무감각하거나 불안과 초조함에 시달리는 등 PTSD 증상을 보인다면 숙련된 정신 건강 전문가와 상담을 받아야 한다. 자, 이제 마음을 위한 약장을 열고 가능한 치료법을 찾아보자.

일반적 치료 지침

상실과 외상은 네 가지 심리적 상처를 만든다. 먼저 극심한 정서적 고통을 일으키고, 둘째, 우리가 삶에서 수행하는 역할과 정체성에 대한 기본적 감각을 해치며, 셋째, 세계를 이해하는 방식이나 신념을 뒤흔들어 놓고, 마지막으로, 가장 중요한 인간관계를 맺고 유지하는 능력 역시 침범한다.

이 장에서 나는 상실과 외상에서 빠져나오면서 겪는 적응과 회복의 순서에 맞추어 필요한 치료법을 제시했다. 〈내게 딱 맞는 회복법을 찾자: 치료법 A〉는 정서적 고통을 관리하는 지침과 더불어 회복을 지연시키는, 흔히 알려진 오류들을 제시했다. 〈사파리 여행 대신 등산을 가자: 치료법 B〉는 우리가 비극적 사건을 겪으며 잃어버렸을지도 모르는 삶의 측면들과 다시 연결되어, 자신의 정체성에 대한 감각을 재정립하는 방법에 초점을 맞추고 있다. 이 치료법은 우리가 가정이나 직장, 학교 등에서 정상적인 기능을 하는 수준으로 되돌아간 뒤에 적용해야 한다.

〈'어떻게' 대신 '왜'라고 자문하자: 치료법 C〉는 일어난 사건을 이해하고, 더 나아가 사건에서 의미를 찾고, 심지어 그것을 우리 삶에 이롭게 적용하는 법을 논의한다. 이 치료법은 일단 시간이 충분히 흘러서 초기의 정서적 고통이 가라앉고, 정서적으로 충분히 강해졌다고 느낄 때 검토하고 실행되어야 한다.

만일 당신이 이 장에서 제시하는 훈련과 치료 중 어떤 것이든 실행하기에 너무 고통스럽다고 느낀다면, 이 장의 끝부분에 있는 〈이럴 때는 정신 건강 전문가를 찾으세요〉를 가장 먼저 검토하도록 한다.

내게 딱 맞는 회복법을 찾자
: 치료법 A

치료법 요약	나만의 방식대로 정서적 고통 달래기.
용법 및 용량	사건이 일어난 뒤 가능한 한 빨리 적용하라. 당신의 감정과 경험을 이야기하고 싶은지 아니면 이야기하기를 꺼리는지 여부를 주변 사람들에게 명확히 알려라.
효과	정서적 고통을 관리하고 감소시킨다.

뉴욕에서 일하는 임상심리학자로서 2001년 9월 11일 이후에 나의 상담자들이(나뿐만 아니라 다른 정신 건강 전문가들의 상담자들 역시) 이 비극적 사건으로부터 어떤 방식으로든 개인적으로 영향을 받았음을 목격했다. 나의 상담자 가운데 한 사람은 비행기가 남쪽 건물을 들이받았을 때 사망했다. 다른 몇몇은 부상을 당했고, 건물이 무너질 때 집이 부서진 사람도 있으며, 몇몇은 가족, 친척, 가까운 친구를 잃었다. 그들 중 상당수는 자신이 겪은 상실과 외상을 몇 주에 걸친 상담을 통해 극복해 나갔지만, 911 테러의 영향을 가장 직접적으로 받은 상담자 가운데 몇몇은 아예 나와의 상담 시간에 그 사건에 대해 입에 올리지 않으려고 들었다. 예를 들어서 건물에서 떨어진 잔해에 맞아 부상당한 젊은이는 그날 있

었던 일을 다시 생각하고 싶지 않다고 분명히 말했다.

많은 사람이 외상을 겪은 뒤에 심리적 합병증을 얻지 않으려면 그 사건에 대해 충분히 이야기를 하는 것이 꼭 필요하다고 믿고 있지만, 사실은 그렇지 않다. 실제로 최근 일련의 연구들은 우리가 소중히 믿고 있는 상실과 외상에 대처하는 방식(예컨대 널리 알려진 부정, 분노, 협상, 우울, 수용의 '애도의 5단계'나,[6] 우리의 감정을 겉으로 드러내는 것의 중요성과 그것을 안으로 감추고 가둬 두는 것의 위험성)이 대체로 틀렸음을 입증하고 있다.

군대나 미국 연방재난관리청(FEMA)에서는 '위기상황 스트레스 해소 활동(critical incident stress debriefing, CISD)'이라는 방법을 사용하고 있다. 이 방법은 외상을 입은 사람에게 사건 직후 되도록 빨리 사건에 대해 매우 자세하게 털어놓고 이야기할 것을 요구한다. 여기에는 자신이 겪은 일과 자신의 느낌을 표현하는 것이 PTSD 발병 위험을 최소화한다는 가정이 깔려 있다. 그러나 이제 우리는 기억(외상에 대한 기억도 포함해서)의 상당 부분이 실제로는 우리의 뇌 안에서 형성된다는 사실을 알고 있다. 특히 단순히 어떤 사건을 회상하는 행동만으로도 그 사건에 대한 진짜 기억을 살짝 바꾸어 놓는다.[7] 우리가 아직 강렬한 정서에 휩쓸려 있을 때 외상의 경험을 떠올리면 자신도 모르게 그 기억과 현재의 강렬한 정서 반응의 연결 고리를 더욱 굳건하게 고착시킬 수도 있다. 그렇게 되면 앞으로도 그 기억이 계속해서 강렬한 감정적 반응을 불러일으킨다. 그 결과 오히려 생생한 회상이 반복되고, 외상의 기억 자체가 마음의 중심을 차지해 계속해서 정서적 충격을 일으킬 위험이 있다.

그러나 그렇다고 해서 기억을 억누르려고 노력하거나 이야기하기를 거부해야 한다는 말은 아니다. 실제로 대부분 전문가는 상실과 외상에 대처하는 '정답'은 존재하지 않는다고 믿는다.[8] 우리 각자가 할 수 있는 최선의 방법은 자신의 성향, 성격, 세계관에 따라 자신의 경험을 다루어 나가는 것이다. 만일 자신의 경험을 누군가에게 이야기하고 싶다면 그렇게 한다. 반대로 사건에 대한 자신의 느낌과 생각을 다른 이들과 나누고 싶지 않다면 굳이 그렇게 하려고 스스로를 밀어붙여서는 안 된다.

2001년 8월, 연구자들은 인터넷을 이용해서 2,000명이 넘는 피험자를 대상으로 심리 연구를 시작했다.[9] 그런데 9월 11일 비극적인 테러 사건이 벌어지자 연구자들은 이 피험자들을 새로운 연구 주제에 활용할 수 있겠다는 생각을 했다. 그들은 피험자들에게, 원한다면 연구 게시판 일부에 911 사태에 대한 생각과 느낌을 올릴 수 있는 선택권을 제시했다. 피험자의 4분의 3이 느낌과 생각을 다른 이들과 나누기를 선택했고, 4분의 1은 선택하지 않았다. 연구자들은 이 피험자들을 2년 동안 추적 관찰하며 그들의 정서적 건강과 안정을 조사했다. 그런데 2년이 지난 뒤, 사건이 일어난 장소와 지리적으로 가까이 사는 사람들 가운데 자신의 감정을 다른 이들에게 표현하지 않기로 선택한 사람들이 생각과 느낌을 온라인으로 털어놓고 나눈 사람들보다 PTSD 증상을 덜 보였다! 뿐만 아니라 인터넷 게시판에 글을 더 많이 쓴 사람일수록 2년 후 상태가 더 나빴다!

그렇다고 해서 이 결과를 놓고 우리가 하고 싶은 데도 자신의 감정을 이야기하지 말아야 한다고 해석해서는 안 된다. 비극적 사건을 겪은 뒤 우리가 취할 최선의 경로는 우리의 느낌이 가리키는 방향을 그대로 따르는 것이다. 자신의 생각과 느낌을 다른 이들과 나누고 싶은 사람은 그렇게 해야 하고, 화제에 올리고 싶지 않은 사람은 최선을 다해 피하는 것이 좋다.

타고난 경향을 따르는 것이 바람직하지만, 때에 따라 그렇게 하기가 어려울 수도 있다. 자신의 느낌과 경험을 누군가와 이야기하고 싶어 하는 사람이라도 주변에 이야기할 사람이 없어서 하지 못할 수도 있다. 반대로 자신의 감정을 이야기하고 싶지 않은 사람이 항상 그 사건을 상기시키는 사람들에게 둘러싸인 상황도 있다. 911 사태의 영향을 받은 사람들은 자신의 경험을 떠올리지 않으려고 해도 피하기 어려웠다. 주변 어디에나 비극을 상기시키는 것들이 널려 있었기 때문이다. 몇 달 동안 사람들은 맨해튼 거리를 걸을 때마다 어디서든 사건의 증거를 마주했다. 폐허가 된 건물터, 잔해들, 화재로 인한 매캐한 냄새, 벽이나 버스 정류소, 기둥마다 덕지덕지 붙어 있는 잃어버린 사람을 찾는 벽보의 사진과 가슴을 쥐어짜는 사연들을 어디에서나 볼 수 있었다.

내 상담자는 당시 이러한 것들을 최대한 피하려고 노력했다. 지하철을 타면 잡지에 시선을 꽂은 채 고개를 들지 않았고, 직장에서는 동료들이 삼삼오오 모여 잡담을 하는 데 끼지 않았으며, 가까운 친구나 가족 들에게는 911 이야기를 꺼내지 말라고 부탁했다. 실제로 주변 사람들에게 우리가 비극적 사건에 대해 이야기하고 싶은지, 얘기하기를 꺼리는지를 분명히 알려 주어서 그들이 우리에게 최선이 되도록 행동할 수 있게 해 주는 것이 좋다.

생각과 느낌을 다른 이와 나누고 싶은 사람들은 그렇게 하는 것이 상실과 외상의 현실을 받아들이는 데 도움이 된다. 실제로 애도와 관련한 수많은 종교적 의식이 바로 그런 목적을 수행하는 역할을 한다. 예를 들어 유대인들의 시바(shivah, 부모나 배우자와 사별한 유대인이 장례식 후 7일간 복상(服喪)하고 애도하는 관습―옮긴이)나 아일랜드 사람들의 초상집의 경야(經夜, wake) 풍습은 친구와 친척들을 한자리에 불러 모아 가족을 잃은 사람이 사회적, 정서적 지지에 둘러싸인 상태로 감정과 생각을 배출할 통로를 제공한다(또한 풍성한 먹거리와 술의 힘도 곁들여진다).

만일 주변의 사회적 지지가 부족하거나 말보다 글로 자신을 표현하는 것을 더 선호하는 사람이라면 글로 자신의 경험을 적거나 죽은 사람에게 편지를 쓸 수도 있다. 사랑하는 사람이 죽기 전에 전하지 못했던 생각과 감정을 털어놓는 것은 우리에게 위안을 주고, 어쩌면 애도의 감정을 마무리하는 효과를 줄 수도 있다. 상실이나 외상 직후에 우리가 어떤 방식으로 정서적 고통을 달래기로 하든지 결국 가장 효과적인 치료법, 그리고 우리 모두에게 주어진 것은 바로 시간이다.

사파리 여행 대신 등산을 가자
: 치료법 B

치료법 요약	'자아'의 잃어버린 측면 회복하기.
용법 및 용량	가정이나 직장이나 학교에서 정상적인 삶의 기능을 회복한 후에 적용한다.
효과	개인의 정체성의 중요한 측면들을 복구하고 훼손된 인간관계를 재건한다.
간접 효과	정서적 고통을 줄인다.

맥신이 사랑하는 남편 커트를 뇌암으로 잃었을 때 자신도 함께 많은 부분을 잃었다. 커트가 죽은 뒤의 삶은 남편이 살아 있을 때와 완전히 달라졌다. 맥신과 커트는 매우 활동적이고 사교적인 성격으로 많은 사람과 친교를 나누었다. 캠핑이나 등반 여행을 자주 갔었고 수많은 좋은 친구들과 저녁 시간을 함께 보내곤 했다. 그러나 맥신은 남편이 죽은 뒤 이와 같은 활동에 일체 참여하지 않았다. 그 결과, 삶의 중요한 일부였던 친구들과 활동까지 잃어버리고 말았다.
　우리는 대부분 사랑하는 사람이 죽거나 외상의 경험을 겪고 나서 처음 몇 주에서 몇 달 동안은 죽은 사람이나 사건을 떠올리게

하는 사람, 장소, 활동들을 피하고 싶어 한다. 그러나 그런 경향이 장기간 계속되는 것은 문제가 될 수 있다. 왜냐하면 그렇게 함으로써 우리는 삶의 중요한 측면들과 단절되기 때문이다. 맥신은 자신을 규정짓던 바로 그 경험과 관계 들을 잃어버렸고, 그 결과 자신의 중요한 부분들과 단절되었다. 그토록 많은 의미 있는 역할과 기능을 저버리자 맥신의 정체성에 변화가 일어났고, 빈 공간은 다른 것으로 채워지지 않았다. 맥신은 자신을 충만하게 하는 다른 관심이나 열정을 찾지 못했고, 새로운 친구들도 사귀지 않았다. 남편의 죽음이 삶에 남긴 빈 공간은 10년이 흐른 지금도 채워지지 못하고 그대로 남아 있었다.

  맥신은 과거의 활동과 관계를 재개하거나 새로운 활동과 관계를 찾아 이 공간을 채우는 것이 시급했다. 많은 사람이 맥신과 비슷한 도전을 안고 있다. 그들은 자신을 바꾸어 놓은 비극적 경험을 겪은 지 수년이 지나도 공허감과 불완전함을 느끼며 삶을 살아간다.

'자아'의 잃어버린 측면을 회복하는 훈련

  다음의 글쓰기 훈련은 당신이 잃어버렸을 수 있는 자신의 측면을 찾아내고 표현할 새로운 방법을 발견하기 위한 것이다. 또한 당신이 저버린 의미 있는 역할을 재발견할 새로운 방법을 찾는 데도 도움을 줄 것이다. 다음 질문에 대한 대답으로써 맥신의 사례를 이용했다.

다만 주의 사항이 하나 있다. 만일 당신이 겪은 사건이 아직도 생생하고 정서적 고통이 격심할 경우에는 이 훈련을 억지로 완료하려고 스스로를 밀어붙이지 말자. 좀 더 기다렸다가 심리적으로 준비가 된 다음에 수행하도록 한다.

1. 사건이 일어나기 전에 스스로 가치 있다고 생각하거나 남들이 가치 있다고 인정해 준 당신의 성격, 자질, 능력 등을 열거하라(적어도 10개 이상 적는 것을 목표로 한다).

   맥신의 목록에는 다음과 같은 것이 포함되었다: 신의 있다. 열정적이다. 모험을 좋아한다. 호기심이 강하다. 지적이다. 리더십이 있다. 야외 활동을 즐긴다. 캠프 전문가이다. 이야기를 재미있게 잘 한다. 공감 능력이 뛰어나다. 사려 깊다. 다른 이들을 잘 돕는다. 무엇을 하든 열심히 한다. 정이 많고 사람을 좋아한다. 얘기가 잘 통한다.

2. 위에서 열거한 항목들 가운데 현재 단절되었다고 느껴지거나 현재 예전보다 덜 표현하는 속성은 무엇인가?

   맥신은 다음 항목들을 뽑았다: 모험을 좋아한다. 리더십이 있다. 야외 활동을 즐긴다. 캠프 전문가이다. 이야기를 재미 있게 잘 한다. 공감 능력이 뛰어나다. 사려 깊다. 무엇을 하든 열심히 한다. 정이 많고 사람을 좋아한다(맥신의 항목들은 남편이 죽기 전까지 삶의 중심이 되던 두 가지 측면을 둘러싸고 있음을 주목하라. 캠핑이나 야외활동에 대한 열정과 같은 열정을 지닌 가까운 친구들과의 긴밀한 유대감이 그 두 기둥이다).

3. 당신이 열거한 각각의 항목에 대해 현재는 왜 자질이 단절되었는지, 또는 왜 더 이상 과거와 같이 그 자질을 표현하지 않는지를 한 문단 정도로 써 보자.

맥신은 다음과 같이 썼다: "나는 과거에도 혼자서 모험을 즐기는 사람이라고 생각해 본 적이 없다. 나에게 모험이란 언제나 커트와 새로운 경험을 나누는 것을 의미했다. 모험이 흥미진진했던 것은 그와 함께했기 때문이다. 그가 없는 모험은 별로 추구할 가치가 없어 보이고 오히려 슬플 것 같다."

4. 당신이 열거한 자질을 지금보다 좀 더 의미 있게 표현하도록 할 사람, 활동, 방법에 대해 짧은 문단의 글을 써 보자.

내가 이 질문을 던지자 맥신은 저항했다. 맥신은 함께할 남편 없이 어떻게 자신의 모험가 기질을 표현할지 엄두가 나지 않는다고 했다. "모험을 좋아하는 저의 성향을 되찾기 위해 사파리 여행을 가야 한다는 말씀이죠?" 그리고 황급히 덧붙였다. "그런데 저는 갈 수가 없어요. 절대로 못 가겠어요."

"사실 제가 생각하는 것은 전혀 그게 아니었어요." 내가 대답했다. "저는 모든 일에서 작은 계단을 하나하나 밟아가듯 가야 한다는 신념을 갖고 있습니다. 그런데 사파리는 작은 계단이라고 할 수 없죠. 실제로 이 목록에서 저의 주의를 끈 것은 이것입니다. 모험은 커트와 함께 나누어야 할 경험이라고 쓰셨지요. 그런데 꼭 커트하고만 함께할 수 있는 것은 아닙니다. 당신은 같은 흥미와 열정을 지닌 사람들의 일부였고 그들과 모험을 함께할 수도 있지 않을까요? 작은 모험이라도 말입니다. 제가 생각하는 것은 이런 것입니다." 내가 말했다. "예전에 캠프를 함께했던 친구들 가운데 등산이라도 함께할 친구가 없을까요?" 맥신은 조금 안도하는 듯했다. 그는 내가 사파리 여행을 가라고 강요하리라고 예상한 것이다. 맥신은 옛 친구 가운데 한 명과 짧은 등산 여행을 떠나는 계획에 대해서는 기꺼이 이야기하려 들었다.

또 다른 예는 자동차 사고로 두 다리를 잃기 전에 운동을 좋아했고, 특히 농구 게임을 즐겼던 그랜트이다. 나는 농구가 휠체어를 탄 채로 하는 게임 중 매우 인기 있는 종목이라는 사실을 상기시켰고, 주변에 그가 참가할 수 있는 아마추어 휠체어 농구 리그에 대한 정보를 알아보라고 제안했다.

5. 위의 항목들을 실행 가능성이 높고 정서적으로 감당할 수 있는 것 위주로 순서를 정해 본다.

   _____

6. 그 목록을 토대로 당신이 할 수 있는 범위에서, 스스로에게 편안한 속도로 실행에 옮기도록 목표를 세워 본다(각 항목을 실행에 옮기다 보면 적어도 처음에는 어느 정도 정서적 불편을 느끼게 될 것임을 고려하라).

   _____

우리는 목록에 있는 항목들을 차례로 실행해 나가면서 나 자신과 내 성격의 의미 있고 가치 있는 부분과 다시 연결되기 시작하고 그렇게 함으로써 앞으로 나아가게 될 것이다.

'어떻게' 대신 '왜'라고 자문하자
: 치료법 C

치료법 요약	비극에서 의미 찾기.
용법 및 용량	치료 방법을 검토해 보고, 당신이 치료 과정에서 생길 수 있는 정서적 고통이나 불편을 충분히 감당할 수 있다고 판단될 때 실행한다.
효과	정서적 고통을 감소시키고, 정체성의 잃어버린 부분을 되찾으며, 손상된 신념 체계를 복구한다.
간접 효과	손상되거나 방치되었던 인간관계를 복구한다.

빅터 프랭클(Viktor Frankl, 오스트리아의 유태인 신경정신과 의사로 2차 세계대전 때 유태인 강제수용소인 아우슈비츠에 수감된 경험을 책으로 남겼다―옮긴이)이 《죽음의 수용소에서》를 쓴 이래로 우리는 상실과 외상의 경험에서 의미를 찾는 것이 그와 같은 경험에 효과적으로 대처하는 데 필수적이라는 생각을 받아들여 왔다. 또한 수많은 연구가 이 가정을 뒷받침했다. 연구 결과에 따르면 경험에서 의미를 찾는 것은[10] 척수 손상 환자에서 어린 자식을 잃은 부모, 폭력과 학대의 희생자에서 최전방에서 전쟁을 경험한 참전 용사에 이르기까지 온갖 종류의 상실과 외상을 경험한 사람들이 그 경험으로부터 회복되는 데 필수적인 요소였다. 비극적 경험에서 회복

되려면 그 경험을 더 큰 삶의 역사에 짜 넣음으로써 사건에 의미를 부여해야 한다. 그런 방식으로 우리는 부러진 뼈를 제대로 맞추고 부서진 삶의 조각들을 이어 붙일 수 있다.

그러나 문제는 과연 그것을 어떻게 하느냐이다. 나와 비슷한 경험을 한 사람들이 "나는 그것이 신의 뜻이라고 받아들이게 되었다"라고 말하거나, "내가 겪은 것과 같은 고통을 겪는 사람들을 도울 수 있다는 사실을 깨달았다"라거나, "나에게 정말 중요한 것이 무엇인지 깨닫고 커다란 변화를 겪게 되었다"라고 말하는 것을 알고 있다. 그러나 그렇다고 해서 그 사람들이 어떻게 그런 통찰에 이르게 되었는지, 또는 우리가 그와 같은 깨달음을 얻기 위해 어떻게 해야 하는지는 알려 주지 않는다.

사람들이 상실과 외상 경험에서 어떻게 의미를 발견하는지 과학자들이 조사한 결과,[11] 의미의 발견에 이르는 과정은 두 단계로 이루어져 있음을 알아냈다. 첫 번째는 '의미 깨닫기(sense making)'이고, 두 번째는 '좋은 점 찾기(benefit finding)'이다. 의미 깨닫기는 일어난 사건을 기존에 우리가 갖고 있던 세계에 대한 가정과 신념 체계 안에 끼워 넣음으로써 좀 더 스스로 이해할 수 있는 상태로 만드는 것이다. 우리는 대개 비극적 사건을 겪고 6개월 정도 지나면 그 사건의 의미를 이해할 수 있게 된다(이 과정이 6개월 이상, 때로는 몇 년이 걸리는 경우도 있다). 일단 그 단계에 이르면 우리는 정서적으로나 심리적으로 훨씬 더 잘 회복할 수 있다.

좋은 점 찾기는 경험으로부터 무엇이든 밝은 면을 찾아내는 우리의 능력을 가리킨다. 우리는 어쩌면 인생에, 또는 나 자신의 힘과 회복력에 더 크게 감사할 수도 있다. 또는 비극적 경험을 통해 인생에서 중요한 것의 우선순위를 다시 정하거나, 삶의 새로운 목적을 발견할 수도 있다. 아니면 새로운 현실에 의해 눈앞에 놓인 또 다른 길을 발견할 수도 있다. 상실과 외상의 경험에서 유익한 측면을 발견하는 일은 회복의 후기 단계에서만 일어날 수 있다. 심한 정서적 고통을 느끼는 시기에 이런 시도를 해서는 안 된다. 충분한 시간이 지난 뒤에 자신의 상실과 외상에서 좋은 면을 찾아낼 수 있는 사람은 그렇지 못한 사람보다 정서적으로나 심리적으로 더욱 건강한 모습을 보인다고 알려져 있다.

 좋은 점을 발견하는 것은 경험으로부터 무엇이든 밝은 면을 찾아내는 우리의 능력을 가리킨다. 우리는 어쩌면 인생에 대해서, 또는 나 자신의 힘과 회복력에 더 큰 감사의 마음을 갖게 될 수도 있다. 또는 우리는 비극적 경험을 통해 인생에서 중요한 것의 우선순위를 다시 정하고 새로운 삶의 목적을 발견할 수도 있다.

 아니면 새로운 현실에 의해 우리 눈앞에 놓인 새로운 길을 발견할 수도 있다. 상실과 외상의 경험에서 유익한 측면을 발견하는 일은 회복의 후기 단계에서만 일어날 수 있다. 그리고 대부분의 사람들은 심한 정서적 고통을 느끼는 시기에 이런 시도를 해서는 안 된다. 충분한 시간이 지난 후에 자신의 상실과 외상에서 좋은 면을 찾아낼 수 있는 사람은 그렇지 못한 사람보다 정서적으로, 심리적으로 더욱 건강한 모습을 보인다고 알려져 있다.

어떻게 비극에서 의미를 찾아낼까?

사람들이 비극적 사건에서 의미를 끄집어내는 가장 흔한 방법 가운데 하나는 그들이 겪은 상실이나 외상의 사건과 직접 관련된 활동에 참여하는 것이다. 예컨대 희귀병으로 가족을 잃은 사람이라면 그 질병의 인지도를 높이고 사람들의 관심을 불러일으키기 위한 재단을 건립한다. 성폭력이나 육체적 폭행을 당하고 극복해 낸 사람이라면 용기를 내서 자신의 경험을 나누고, 다른 이들이 그와 같은 일을 겪는 것을 피하거나 그런 일이 일어났을 때 제대로 대처하도록 교육하는 데 기여한다. 오래 전 전쟁에서 팔이나 다리를 잃은 상이용사라면 최근 부상을 당한 군인이 현실에 적응하는 것을 돕고, 장기간에 걸친 재활 치료와 훈련을 받는 동안 정신적으로 지지해 주기도 한다.

2001년 일어난 911 참사에서 사랑하는 사람을 잃은 이들 중 상당수는 뉴욕, 워싱턴DC 등 테러가 일어난 장소에 희생자들을 기리는 추모 시설을 건립하는 일에 관여했다. 물론 우리가 모든 종류의 상실의 경험에서 그와 같은 선택을 할 수 있는 건 아니다. 그리고 그런 활동이 모든 사람에게 적합한 것도 아니다.

다음 훈련은 우리의 개인적 탐험을 더욱 생산적으로 만들어 줄 새로운 사고의 경로를 찾는 데 도움을 줄 것이다. 처음 두 가지 훈련은 비극적 사건의 의미를 좀 더 쉽게 이해하도록 한다. 첫 번째 훈련은 초기의 정서적 고통의 충격에서 어느 정도 회복된 상태에서 시작해야 한다. 두 번째 훈련은 그보다도 더 나중에, 그러니까 고통스러울 수도 있는 '만일 …했더라면'이라는 시나리오를 그려 보는 것을 감당할 수 있을 때 적용한다. 세 번째 훈련은 비극적 경험에서 좋은 면을 찾는 훈련인데, 이것은 우리가 충분히 회복되고 정서적으로 강한 상태가 된 후에 실시한다. 만일 다음 훈련 가운데 어느 것이든 너무 고통스럽다면, 이 장의 맨 마지막 부분에 있는 정신 건강 전문가를 찾아야 할 경우를 명시한 조언을 참조한다.

비극적 사건의 의미 깨닫기: '어떻게'가 아니라 '왜'라고 묻자

비극적 사건이 처음 일어났을 때 우리는 그 기본적인 현실을 받아들이기 위해 엄청나게 고통스러운 투쟁을 벌인다. 우리는 마음속에서 끊임없이 '어떻게' 그 사건이 일어났는지를 재생하고 또 재생한다. 예를 들어 맥신은 커트와의 마지막 대화를 수도 없이 떠올렸다. 그와 같은 행동은 자연스럽지만 그렇게 반복해서 기억을 곱씹는 행위가 계속될 경우 생산적이지 못할 뿐 아니라 정서적 고통을 거듭해서 활성화시키는 결과를 가져올 뿐이다. 사건이 어떻게 일어났는지 되돌아보고 비슷한 장면을 계속해서 마음의 화면에 재생시키는 일은 새로운 통찰을 주지 못한다. 또한 사건의 깊은 의미를 이해하는 데에도 도움을 주지 못한다. 그러나 반복해서 떠오르는 생각의 한 가지 측면을 비틀면, 새로운 통찰을 얻고 사건의 의미를 이해하는 데 도움이 될 수도 있다.

수많은 연구에 따르면, 상실과 외상의 사건을 겪은 뒤에[12] 그 사건이 '어떻게' 일어났는지 묻는 대신에 '왜' 일어났는지를 자문해 볼 경우 질적으로 다르고 좀 더 생산적인 사고 경로를 촉발할 수 있다. 그와 같은 질문에 스스로 답하기는 쉽지 않지만 '어떻게' 대신 '왜'라고 묻는 것만으로도 생각과 연상의 지평을 넓히고, 사건을 더 넓은 범위의 존재론적, 영적, 철학적 의미의 맥락에서 바라보도록 만드는 것이다. 그와 같이 더 큰 그림을 보는 사고방식은 시간이 흐르면서 우리가 사건에서 의미를 찾고 더 큰 내면의 평화에 도달하는 결과를 가져올 가능성이 높다.

맥신은 10년 전 남편을 잃은 이래로 한 번도 '왜 커트가 죽었는지?' 또는 '그를 떠나보낸 경험으로부터 어떤 의미나 목적을 찾을 수는 없는지?'와 같은 큰 질문을 스스로에게 던져 본 일이 없었다. 실제로 맥신에게 그런 의문은 너무나 낯선 것이어서 내가 처음 그런 질문을 던지자 어리둥절하고 혼란스러워했다. 그러나 일단 '왜 커트가 죽었을까?'라는 질문에 대해 생각하기 시작하자 맥신은 그동안 그가 떠나던 순간에 비해 그와 함께했던 마지막 몇 주나 몇 달간의 기억에 대해 덜 생각해 왔음을 깨달았다. '왜'라는 질문은 맥신에게 새로운 문을 열어 주었고, 지난 수년 동안 꼼짝도 하지 못하고 한 가지 생각에 갇혀 있던 맥신을 이끌어 내 애도의 새로운 단계로 나아가도록 이끌었다.

비극적 사건의 의미 깨닫기: 다른 가능성에 대해 묻기

상실과 외상의 경험 초기에 우리가 경험하는 강박적 사고의 또 다른 특징은 하필 그것이 아닌 다른 상황이었으면 어땠을까 하는 공상이다. 예를 들어 "교통사고를 당한 사랑하는 사람이 그 때 그 길이 아니라 다른 길로 갔다면?", "만일 암을 좀 더 일찍 발견했다면?", "만일 우릴 공격한 가해자가 우리 말고 다른 희생자를 택했다면?" 등이다. 어떤 사람들은 '만일 …했더라면'이라는 사고 과정은 사건의 임의성을 강조하고, 그 결과 실제로 일어난 현실을 받아들이기 어렵게 만든다고 생각할 수도 있다.

그러나 연구 결과는 반대였다. 실제로 우리가 경험한 현실과 다른 가능성을 고려하는 것은[13] 결과적으로 일어난 사건이 미리 예정된 것이라는 생각에 이르도록 하고, 그 결과 더 큰 의미를 부여하게 하는 것으로 나타났다.

'어떻게' 대신 '왜'라고 묻는 것과 마찬가지로, 일어난 사건이 아닌 다른 가능성을 고려함으로써 좀 더 추상적으로 생각하게 된다. 또한 우리 삶의 각기 다른 부분들을 서로 연결시키며, 우리의 분석적 능력을 활용하고, 더 큰 그림을 보게 한다. 이 모든 사고 과정은 의미를 찾는 절차에 꼭 필요한 측면들이다. 이 훈련들은 우리의 능력을 제한하는 단단하게 굳어 버린 관점을 깨뜨리고, 삶의 더 넓은 맥락을 고려하게 한다. 그리고 그 결과 우리는 새로운 관점과 깨달음에 도달하게 된다.

우리는 자연스럽게 '어떻게 했다면 상실이나 외상을 피할 수 있었을까?'라고 생각하는 경향이 있다. 그러나 한편으로 우리는 상황이 그보다 더 나쁠 수도 있었다는 쪽으로 생각해 볼 수도 있다. 어떤 전문가들은 비극적 사건에서 의미를 이끌어 내는 최선의 방법은(다시 강조하지만 우리가 충분히 회복된 후에!) 그 두 가지 종류의 '가능성에 대한 고려'를 적절히 결합하고, 그 사건이 일어나지 않았다면 우리 삶이 어땠을지, 그리고 더 나쁜 상황이 일어났다면 어땠을지 모두 고려해 보는 것이라고 조언한다.

사고 훈련 "만일 …했다면?"

이 훈련에는 주의점이 있다. 다른 가능성에 대한 사고 실험은 정서적으로 고통스러울 수 있음을 미리 알아 두어야 한다. 다음 문항들을 읽어 보고, 당신이 충분히 정서적으로 준비되어 있다고 느껴진다면 답을 적어 보자. 그리고 이 사고 훈련은 운명이나 삶의 경로가 미리 예정되어 있다는 이야기를 전혀 믿지 않는 사람들에게는 그런 믿음을 가진 사람들보다 도움이 되지 않을 수도 있다. 따라서 다음 문항에 답을 다는 것이 도움이 되지 않을 것이라고 느껴지거나 감정적으로 너무 고통스럽게 여겨진다면 하지 않는 것이 좋다. 준비가 되었다면 다음 질문들에 대해 한 번에 답을 하도록 한다. 반드시 직접 손으로 써 볼 것을 권한다.

1. 그 사건이 일어나지 않았다면 현재 당신의 삶은 어떤 모습일

것 같습니까?

2. 사건의 결과가 지금보다 더 나빴을 가능성이 있다면 어떤 식으로 더 나빴을까요?

3. 더 나빠지지 않도록 해 준 요소들은 무엇이 있을까요?

4. 더 나빠지지 않은 것에 대해 당신은 얼마나 감사합니까?

위의 사고 훈련을 마친 뒤 잠시 마음을 가라앉히고 훈련 도중 일어났을지도 모르는 새로운 생각, 통찰, 관점 등을 흡수하는 시간을 갖는다(적어도 하루 이상). 그 이후에 '좋은 점을 발견하기' 훈련으로 넘어가도록 한다. 만일 충분히 준비되었다는 느낌이 들지 않는다면 몇 주나 몇 달의 시간을 갖거나 아니면 '좋은 점 발견하기' 과정을 생략해도 좋다.

상실의 경험에서 '좋은 점' 발견하기

시간이 충분히 지난 다음 상실과 외상의 경험에서 무엇이든 '좋은 점'을 찾아내는 일은 그 사건에 의미와 중요성을 부여한다. 이 과정은 그 사건을 우리 인생의 적절한 위치에서 자리매김하고 또 다시 삶의 여정을 내딛게 하는 데 매우 중요하다. 비극적 사건의 '밝은 면'을 찾아내는 데에는 분명히 시간이 걸리지만, 일단 성공한다면 이후의 삶에서 의미와 만족의 원천이 될 기회의 길을 열어 준다. 나와 비슷한 경험을 하는 다른 이들을 돕거나, 사랑하는 사람을 잃게 한 질병이나 사회 문제나 그 밖의 위험에 대한 경각심을 높이거나, 사랑하는 사람을 기리는 재단을 건립하거나, 비극적 경험에 대해 글을 쓰는 등 예술로 승화시키거나, 장애인 운동선수가 되거나 하는 일 등이 모두 사람들이 비극적 사건으로부터 좋은 면과 대의를 이끌어 낸 사례들이다.

비극에서 좋은 점을 이끌어 낼 경로를 찾는 것 자체가 우리의 회복에 긍정적 효과를 갖지만,[14] 우리의 심리적, 정서적 회복에 가장 큰 혜택을 주는 것은 그 경로를 실제 삶에 적용하고 실행하는 것이다. 따라서 우리가 찾아낸 이점을 행동으로 옮길 방법을 모색해야 한다. 만일 당신이 비극적 사건에서 빠져나오면서 그 무엇보다 가족의 소중함을 느꼈다고 하자. 당신이 그 통찰을 행동으로 옮기지 않는다면 깨달음에서 얻는 이점은 제한적일 것이다. 그러나 그 통찰을 바탕으로 가족과 더욱 많은 시간을 보내거나 같은 시간이라도 더욱 의미 있고 진정성 있게 보내는 식으로 행동에 변화를 가져온다면, 당신은 상실의 경험으로부터 뭔가를 얻고 심리적으로 행복감을 얻을 가능성이 높아질 것이다.

좋은 점을 찾는 훈련

다음 질문에 대한 답을 작성할 때 시간적으로나 공간적으로 충분히 여유를 갖고 시작하도록 한다. 압박감이나 시간의 재촉 없이 다양한 가능성들을 충분히 탐색한다. 당신이 지금부터 10년 뒤의 미래에 와 있다고 상상하자. 당신은 그 10년 동안 의미 있고 중요한 뭔가를('노벨상'처럼 대단한 것일 필요는 없고 당신에게 의미 있는 것) 이루었다. 당신은 지금 조용한 시간에 지난 삶의 여정을 돌아보며 과거의 사건들이 어떻게 지금(미래)의 모습으로 당신을 이끌었는지 숙고한다. 다음 문장을 완성하자.

1. 나는 그날의 비극적 사건이 지금 _____ 한 나의 모습으로 이끌 것이라고는 상상도 못했다.
2. 내가 한 일은 매우 중요하고 의미 있었다. 왜냐하면 _____ _____ 기 때문이다.
3. 지금의 성취에 이르도록 한 여정의 첫 발걸음은 _____ _____ 이었다.
4. 내가 지금의 모습이 될 수 있었던 것은 삶의 우선순위를 ___ _____ 와 같이 바꾸었기 때문이다.
5. 삶의 우선순위를 바꾸자 _____ 와 같은 변화가 내 삶에 일어났다.
6. 그 과정에서 나는 삶의 목적이 _____ 임을 깨달았다.

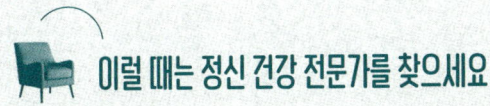

이럴 때는 정신 건강 전문가를 찾으세요

상실과 외상의 경험이 너무 심각하거나 극심하고 근본적인 방식으로 우리 삶에 영향을 준다면 반드시 정신 건강 전문가와 상담해야 한다. 만일 사건의 장면이 계속해서 머릿속에 되살아나고 떠오르는 것을 억제할 수 없다거나, 악몽을 꾸거나, 정서적으로 무감각해지거나, 불안과 초조를 느끼는 등의 PTSD 증상을 경험할 경우 외상 경험에 특화된 숙련된 정신 건강 전문가를 만나도록 한다. 그리고 만일 당신이 이 장에서 제시한 치료법을 적용했는데도 정서적 심적 상태가 나아지지 않는다면, 그리고 상황을 호전시키거나 당신의 삶을 다시 출발시키는 변화가 일어나지 않는 경우에도 경험 많은 정신 건강 전문가의 도움을 구하는 것이 좋다. 특히 상실, 외상, 사별의 경험을 전문으로 하는 상담자를 선택한다.

비극적 사건을 겪은 이후라면 어느 시점에서든 정서적 고통이 너무 커서 견디기 힘들거나, 당신 자신이나 다른 이들을 해치고 싶은 생각이 든다면, 즉시 정신 건강 전문가의 도움을 구하거나 근처의 응급실로 가야 한다.

4장

"얼음물에 오랫동안
손을 담가도
변하는 건 없어요"

아스피린이 필요한 심리적 두통, **죄책감**

**Emotional
First Aid**

우리가 매일 2시간씩
죄책감을 느끼는 이유

　　　　　　　　죄책감은 매우 흔히 나타나는 정서적 괴로움으로 뭔가 잘못했다거나 다른 사람에게 해를 주었다는 느낌이다. 우리는 모두 이따금씩 자신의 기준에 맞지 않는 행동을 한다. 나무랄 데 없는 좋은 사람도 때로는 자신도 모르게, 또는 고의로 누군가에게 공격적이거나 모욕적이거나 해가 되는 행동을 한다. 그렇다면 우리는 죄책감이란 감정을 얼마나 자주 느낄까?

　한 연구에 따르면, 사람들이 대개 하루에 두 시간 정도 약한 죄책감을[1] 느끼고, 일주일에 5시간 정도 중간 정도의 죄책감을 느끼며, 한 달에 30분 정도 심한 죄책감에 시달린다고 한다. 어떤 경우에 죄책감은 수년, 수십 년 동안 지속되기도 한다.

　그럼에도 죄책감에 짓눌려 몸부림치지 않는 이유는 대개 지속 시간이 짧기 때문이다. 실제로 죄책감의 일차적 기능은[2] 우리가 자신의 기준을 위반하는 행동(다이어트 중인데 폭식을 한다든지, 비싼 물건을 충동구매 한다든지, 숙제를 안 하고 비디오 게임을 한다든지)을 했거나 막 하려고 할 때, 또는 다른 사람에게 직·간접적 해를 주는 행동을 했거나 하려고 할 때 신호를 주는 것이다. 우리는 이 신호를 받으면 행동 계획을 다시 검토한다. 이미 저질러진 경우에는 최선을 다해 상황을 수습하고, 해를 입힌 사람에게 사과한다. 그러면 우리의 죄책감은 곧 사라진다.

　죄책감은 비록 불쾌한 감정이지만 우리가 스스로의 행동 기준을 유지하고 가족, 친구, 집단 내에서 우리의 인간관계를 보호하는 데 중요한 역할을 한다. 심한 말로 부부 싸움을 하는 중에 배우자의 눈에 눈물이 그렁그렁 맺히는걸 보면 곧 죄책감이 들면서 마음이 누그러져 먼저 화해의 손길을 내밀게 된다. 일이 너무 바쁘고 스트레스가 많아 엄마의 생일을 잊어버렸다면 죄책감이 재빨리 등장해 하던 일을 멈추고 엄마에게 사과의 전화나 이메일을 보내게 만든다. 만일 친구가 절대 다른 사람에게 말하지 말라고 한 비밀을 나도 모르게 발설해 버렸다면 죄책감이 밀려와 친구에게 맛있는 식사라도 사면서 진심어린 사과와 더불어 앞으로 그렇게 하지 않겠다고 약속하게 된다.

　이처럼 우리의 가장 소중한 관계들을 보호하는 데 중요한 역할을 하는 죄책감은 슈퍼히어로와 같은 대접을 받아야 마땅할 듯 보인다. 그러나 무조건 죄책감에 박수를 보내기 전에 모든 죄책감이 마음에 이롭지는 않다는 점을 생각해야 한다. 위의 사례에서 우리가 다른 이에게 입힌 해는 그리 대단한 것은 아니었다. 그리고 잘못을 사과하거나 뉘우치려는 노력은 성공적이었다. 그 결과, 죄책감은 즉시 사라지거나 적어도 큰 폭으로 줄어들었다. 마찬가지로 자신의 기준을 어기는 행위의 경우에도 잘못을 벌충하거나 교정하려는 노력만으로도 죄책감을 완전히, 또는 상당히 제거하는 데 큰 역할을 한다.

  그러나 찾아온 죄책감이 금방 떠나지 않고 눈치 없이 너무 오래 머무르다 아예 우리 마음의 무단 거주자가 되는 경우도 있다. 죄책감은 그 양이 적을 때는 영웅 대접을 받지만, 양이 너무 많을 경우에는 마음 세계의 악당이 되어 마음의 평화와 소중한 관계에 독을 풀어 놓을 수 있다. 그리고 일단 건강하지 못한 죄책감의 독이 마음에 퍼지면 제거하기란 여간 어려운 것이 아니다.

그 사고가 일어난 건
당신 탓이 아니다

우리는 자신의 기준을 스스로 위반하면 죄책감을 느끼지만, 이런 죄책감은 대개 오래 가지 않는다. 다이어트 중에 너무 많이 먹었거나, 돈을 너무 많이 썼거나, 해야 할 일을 미루고 하지 않았을 때 주로 죄책감을 느끼기 때문이다. 그 행위를 벌충하기 위해 더 노력하면 그만이지, 그것 때문에 심적 외상을 입지는 않는다. 크리스마스 저녁에 초콜릿 케이크를 왕창 먹었다고 한밤중에 일어나 머리털을 쥐어뜯으며 울부짖는 사람은 없다. 개인적 기준을 어긴 것에 대한 심적 괴로움이 오래 갈 경우라면 대개 죄책감보다는 후회이다.

그런데 건강하지 못한 죄책감은 대개 우리의 인간관계와 관련된 상황(다른 이의 안전과 행복에 영향을 줄 때)에서[3] 일어난다. 인간관계와 관련한 건강하지 못한 죄책감은 주로 다음 세 가지 형태로 드러나며, 이들은 모두 비슷한 상처를 마음에 남긴다. '미결 죄책감'은 가장 흔한 죄책감이고 많은 경우에 가장 해로운 죄책감이다. 나머지 둘은 '생존 죄책감'과 '분리 죄책감'(또는 그와 유사한 '배신 죄책감')이다.

죄책감을 이끌어 내는 행동은 무수히 많지만, 그 죄책감이 해결되지 않고 남아 있는 이유는[6] 대개 비슷하다. 그 이유 가운데 하나는 우리가 생각보다 효과적으로 사과할 줄 모르기 때문이다. 또 다른 이유는 사과를 하더라도 상대가 용서할 수 없다고 느끼기 때문인데, 우리가 그에게 입힌 해가 너무 크거나 또는 우리를 용서하고 싶어도 쉽게 할 수 없다고 느끼기 때문이다(결국 우리의 사과가 효과가 없었다는 신호이다). 때로는 상황이 사과를 할 수 없게 만들기도 한다. 이 모든 시나리오에서 우리의 죄책감은 해결되지 않은 채 끈질기게 남아서 곧 독소로 변할 수 있다.

　어떤 종류의 죄책감은 딱히 잘못을 하지 않았는데도 생겨난다. 전쟁, 사고, 질병, 그 밖에 비극적 사건의 생존자들은 자신의 삶을 완전하고 충만하게 살아갈 수 없다고 느낀다. 왜냐하면 그렇게 하는 것이 죽은 사람들의 기억이나 이미지를 불러일으키기 때문이다. '왜 그들은 죽었는데 나는 살아 있을까?'와 같은 질문이 끝없이 떠올라 생존자들을 소진시킨다.

　또는 비극적 사건을 미리 막기 위해 할 수 있는 일이 아무것도 없었음에도, 왠지 그 사건에 어떤 책임감을 느끼기도 한다. 이러한 생존 죄책감을 느끼는 사람 가운데 상당수는 죄책감과 더불어 PTSD를 겪는다. 그와 같은 경우 생존 죄책감은 더 복잡한 심리적 질환의 한 증상일 수 있는데 그렇다면 이 장에서 제시하는 치료 방법이 적절하지 않을 수도 있다. 생존 죄책감이 전쟁, 사고, 그밖에 정신적 외상을 초래할 정도의 사건에 의해 발생한 경우에는 PTSD를 전문으로 하는 정신 건강 전문가의 상담을 받는 것이 가장 좋다.

생존 죄책감은 주변 상황에 의해 한층 악화될 수도 있다. 예컨대 형이 사고로 목숨을 잃기 직전에 말다툼을 했다거나, 친구에게 전화를 하기로 하고 잊어버렸는데 직후에 자살을 했다거나, 직장 동료에게 기분 나쁜 소리를 했는데 그가 조금 후에 총기 사건의 희생자가 되었다거나 하는 경우이다. 상황이 생존 죄책감을 악화시킨 가장 불행한 사례 중 하나가 버디 홀리 밴드의 기타리스트였던 웨일런 제닝스에게 일어났다.

제닝스와 친구들은 공연 투어를 위해 비행기를 타고 이동할 예정이었다. 그러다 제닝스는 자신의 자리를 몸이 아픈 J. P. 리처드슨('빅 바퍼'라는 별명으로 더 유명한)에게 양보하고 버스를 탔다. 그런데 비행기가 추락하면서 탑승자 전원이 사망했다(당시 비행기에는 로큰롤계의 슈퍼스타였던 젊은 음악가 버디 홀리와 빅 바퍼, 리치 발렌스, 그리고 조종사가 타고 있었다. 발렌스의 삶은 〈라 밤바〉라는 영화로도 만들어졌다—옮긴이).

마치 그것만으로는 생존 죄책감을 일으키기에 부족하기라도 하듯 제닝스가 홀리와 마지막으로 주고받은 농담은 다음과 같았다. 버스를 타기로 된 제닝스에게 홀리가 "네가 타는 구닥다리 버스가 얼어붙기를 바라!"라고 말하자, 제닝스는 "네가 타는 구닥다리 비행기가 추락하기를 바라!"라고 맞받아쳤던 것이다. 제닝스는 나중에 그 자신만의 음악으로 스타가 되었다. 그러나 그는 평생 동안 리처드슨의 죽음 때문에, 그리고 그보다 더한 홀리에게 던진 마지막 말 때문에 엄청난 생존 죄책감을 겪어야 했다.

다행히 생존 죄책감을 일으키는 상황은 대부분 제닝스처럼 극적이고 참담하지는 않다. 우리 자신이 다른 사람들보다 운이 좋다고 느낄 때면(그것이 우리가 매우 잘 살아서든, 다른 이들이 우리에 비해 특히 못살아서든) 우리의 공감 능력과 양심이 결합하여 과장된 죄책감을 이끌어 낼 수 있다. 그 결과 우리는 아무것도 잘못한 것이 없는데도 심리적 혼란과 동요를 느낄 수 있다. 예를 들어서 당신이 회사에서 승진을 했는데 그 자리를 놓고 친구나 동료와 경쟁했던 터라면 마음 놓고 기뻐할 수가 없다. 또는 당신이 원하던 대학에 합격했지만 가장 친한 친구가 떨어졌다면 역시 마찬가지로 한껏 기뻐할 수 없을 것이다.

생존 죄책감을 떨쳐 버리기가 특히 어려운 이유는 속죄할 행동도, 다시 이어 붙어야 할 틀어진 관계도, 딱히 사과해야 할 대상도 없다는 점이다. 그렇기에 이 죄책감은 관계를 보호하는 기능도 없다. 이 죄책감의 경고 신호는 다만 귀를 먹먹하게 하는 가짜 알람 소리와 같이 우리 삶의 질을 해칠 뿐이다.

분리 죄책감은 우리가 다른 이를 뒤에 남겨 두고서 나 자신의 삶을 추구하기 위해 앞으로 나가는 상황에서 일어나는 미안한 마음이다. 예를 들어 밤에 아이들을 베이비시터에게 맡겨 놓고 남편과 데이트를 나가면서 죄책감을 느낄 수 있다. 사실 베이비시터가 친숙하고 믿을 수 있는 사람인데도 말이다. 또는 늙어 가는 부모님과 멀리 떨어져 살면서 죄책감을 느끼기도 한다. 부모님이 잘 계시다는 사실을 알면서도 말이다. 직장이나 유학을 위해 외국에 나가면서 가족들과 떨어질 때도, 가족들이 나를 얼마나 그리워할까 하는 생각에 느껴지는 죄책감도 이 범주에 속한다.

한편, 우리가 추구하는 목적이나 선택이 긴밀한 유대감을 느끼는 가족이나 가까운 친구들의 기준이나 기대를 벗어나 우리의 마음을 아프게 할 때 느껴지는 감정이 배신 죄책감이다. 가족들이 내 선택을 그들의 가치를 무시하거나 가족의 유대감에 대한 배신 행위로 받아들일까 봐 걱정하게 한다.

그와 같은 죄책감은 종종 종교적 관습이나 성적 취향을 둘러싸고 일어난다. 나의 상담자였던 한 어머니는 바로 얼마 전 사실을 고백한(그리고 엄마와 함께 나의 상담을 받기로 동의한) 레즈비언 딸을 향해 소리쳤다. "네가 어떻게 엄마한테 이럴 수 있니!" 딸은 대답했다. "난 엄마에게 아무 짓도 안 했어요. 나는 그저 행복해지고 싶을 뿐이에요!" 그러더니 곧 울음을 터뜨리며 엄마에게 소리 없이 입으로만 "엄마, 그래도 미안해! 미안해!"라고 말했다.

이런 경우 부모는 배신당했다고 느끼며, 불행히도 그 감정을 자녀에게 숨김없이 드러낸다. 물론 성인이 된 자녀 역시 부모가 지지나 공감을 보여 주지 않는 것에 배신감을 느낀다. 그러나 이런 상황에서 더 큰 죄책감을 느끼는 쪽은 부모나 주변 사람들보다는 대개 자녀 자신이다.

이런 상황이라면 자신의 결정이 인간관계에 미치는 영향을 고려해야 한다. 하지만 이 죄책감이 별로 도움이 되지 않는 이유는,

그 감정이 다른 면에서는 자율성을 표현하고, 자신의 삶을 살며, 자신의 의지대로 선택하고, 자신의 정서적, 심리적 욕구를 돌보고자 하는 '매우 건강한 욕망에 대한 죄책감'이기 때문이라는 점이다.

건강하지 못한 죄책감이 자신의 잘못으로 일어난 것이든 아니든, 그 감정이 과도하거나 오래 지속될수록 효과는 더욱 유독해질 것이다. 그러므로 인해 우리의 정신 건강에 남기는 상처가 더욱 커진다는 것은 분명하다.

건강한 죄책감과 건강하지 못한 죄책감은 무엇이 다를까

건강하지 못한 죄책감은 두 가지 종류의 심리적 상처를 남기는데, 이 두 상처 모두 우리의 삶의 질을 해치는 독소가 될 수 있다. 첫 번째 상처는 죄책감이 개인의 기능과 행복에 미치는 영향이다. 죄책감은 우리의 마음을 마비시킬 정도로 강한 정서적 고통을 일으킬 뿐 아니라, 스스로의 필요와 의무에 적절히 주의를 기울이는 능력을 저해하고, 자신을 심하게 질책하며, 심지어 비난하게 만든다.

두 번째 상처는 우리의 인간관계를 파괴한다는 것이다. 과도한 죄책감, 해결되지 않은 죄책감은 우리가 피해를 준 상대와의 소통을 저해하고, 상대에게 진실한 모습으로 다가가기 어렵게 만든다. 뿐만 아니라 죄책감의 유독한 효과는 종종 밖으로 퍼져 나가 가족 전체, 사람들의 무리, 심지어 공동체 전체를 긴장의 덫에 빠뜨리기도 한다.

지나치거나 해결되지 않은 죄책감을 해소하는 것이 시급한 이유는 그런 죄책감이 많은 경우에서 회한과 수치심으로 변모하기 때문이다. 그렇게 되면 단순히 자신의 행동을 자책하는 것을 넘어서 자기 자신을 나무라게 되고, 이것이 자기혐오나 낮은 자존감, 우울증 등으로 이어진다. 이 두 종류의 상처를 성공적으로 치료하기 위해서는 그 상처들이 우리 삶에 미치는 영향과 인간관계에 남기는 손상에 대해 명확하게 이해해야 한다. 이제 하나씩 자세히 살펴보도록 하자.

잘못한 일이 있더라도
행복하면 안 될 이유가 될 수 없다

　　　　　　　　　　죄책감의 강도는 다양하다. 별것 아닌 죄책감은 그저 끊임없이 귀찮게 달라붙는 모기나 파리와 비슷하게 우리에게 다가온다. 이런 죄책감은 할 일에 몰두해야 할 때 정신을 팔게 하거나, 일상 속의 할 일을 수행하는 것을 늦추는 정도이다. 그런데 매우 심한 죄책감은 우리를 완전히 소모시켜 기진맥진하게 만들고, 옴짝달싹 못하게 마비시키며, 우리 존재를 구성하는 중심 테마가 되어 버리기도 한다.

　요시는 졸업을 몇 달 앞둔 대학생으로, 방학을 이용해 심리 상담소를 찾았다. 부모는 둘 다 30대 초반에 일본에서 미국으로 이민을 온 의사였다. 두 사람은 임상의사로 일할 기회를 잡으려고 무진장 애를 썼지만 일자리를 얻지 못하고 결국 연구직에 만족해야 했다. "제 아버지는 종종 말씀하셨어요. 일생에서 가장 기뻤던 순간이 바로 제가 아이비리그 대학, 그중에서도 미국에서 제일 좋은 의대 예비 과정(premed)에 합격했다는 소식을 들은 순간이었다고요." 요시가 말했다. "부모님은 제가 학부를 마치고 곧장 하버드 의과대학에 진학해 성공적인 의사가 되고, 내 병원을 운영하기를 원하세요. 두 분이 이루지 못한 꿈을 대신 이루기를요."

부모의 기대가 요시에게 가하는 압력은 엄청났다. 그러나 요시의 이야기를 계속해서 듣다 보니 단순히 스트레스를 받는 정도가 아니었다. 그는 완전히 사로잡혀 있었다.

"저는 수업 첫날부터 의대 예비 과정이 싫었어요." 요시가 말을 이었다. "1학년 동안 싫어도 참고 해냈고, 성적도 잘 받았어요. 하지만 제 삶은 정말 끔찍했어요. 의대 예비 과정은 저에게 맞지 않았어요. 그래서 전공을 바꾸었어요. 그런데 그 얘기를 부모님께 어떻게 드려야 할지 모르겠어요. 부모님은 엄청나게 충격을 받고 속상해하실 거예요. 두 분은 저를 위해, 그러니까 저를 공부시키느라고 많이 희생하셨어요. 정말이지 도저히 부모님께는 얘기를 못하겠더라고요······. 그래서 저는 부모님께 거짓말을 해 왔어요. 그런데 이제 몇 달 뒤면 졸업을 하고······ 두 분도 그때는 아시게 될 거예요!" 요시는 두 손으로 얼굴을 감쌌다.

"죄책감 때문에 토할 것 같은 기분이 들곤 해요. 부모님이 이 사실을 알게 되셨을 때 어떤 표정을 지을지 머릿속에 계속해서 떠올라요." 요시는 훌쩍이며 울기 시작했다. 그는 몇 분 동안 말을 잇지 못했다. "아버지 어머니는 제 학비를 대기 위해 정말 열심히 일하셨어요. 제가 그냥 주립대에 갔더라면 부모님 돈을 엄청나게 절약할 수 있었을 텐데요. 부모님은 곧 하버드 의대에서 합격 통지서가 날아올 거라고 굳게 믿고 계세요. 만일 사실을 알면······ 부모님은 완전히 무너져 버리실 거예요. 완전히······." 요시는 다시 한번 울음을 터뜨렸다. "어떻게 해야 할지 모르겠어요.

공부에 집중도 안 되고 아무 생각도 할 수가 없어요. 눈만 뜨면 부모님을 어떻게 보나 하는 생각만 떠올라요."

지난 3년간 죄책감을 안고 살아온 요시는 더 이상 감당할 수 없는 지경에 이르렀다. 요시의 죄책감은 이제 그 자신을 집어삼키고 있었다. 그에게 소리를 지르고, 계속해서 잔소리를 퍼부어 이제 더 이상 그 존재를 무시할 수 없게 만들었다. 죄책감은 요시가 뭔가에 집중하고, 명확하게 사고하고, 공부해 나가는 능력마저 완전히 억눌러 버렸다. 죄책감은 사람을 정신적·지적으로 혼란에 빠뜨려[5] 기본적인 할 일을 처리하거나, 직장이나 학교에서 주어진 일을 제대로 수행하는 것마저 힘들게 만든다. 죄책감의 원인을 해결하거나 그 영향을 최소화하기 위해 어떤 조치를 취하기 전까지 계속해서 죄책감의 손아귀에서 놓아날 수밖에 없다.

불행히도 건강하지 못한 죄책감은 기분을 나쁘게 할 뿐 아니라, 기분이 좋아지는 것도 막는다. 대학생들을 대상으로 한(죄책감 문제를 지닌 피험자를 따로 선발한 것이 아니라) 어떤 연구에서[6] 과학자들은 학생들에게 '비난받을 만한(blameworthy)', '죄가 있는(culpable)', '죄책감에 찌든(guilt-ridden)' 등 죄책감과 관련된 단어들을 재빨리 보여 주었다. 스크린 위에 단어들을 빠른 속도로 흘려보내서 피험자들이 단어를 의식적으로 인지하지 못하게 했다. 하지만 그럼에도 사람들은 이에 반응했다. 이것을 '점화(priming)' 현상이라고 한다(점화는 시간적으로 먼저 제시된 자극이 나중에 제시된 자극의 처리에 영향을 주는 현상을 나타내는 심리학 용어이다—옮긴이).

두 번째 집단의 피험자들은 슬픔과 관련된 단어들로 점화시키고, 세 번째 집단의 피험자들에게는 중립적인 의미의 단어들을 제시했다. 그런 다음 피험자들에게 50달러 가치의 쿠폰을 주고 어디에 쓸지 물었다. 중립적 단어나 슬픈 단어로 점화된 피험자들은 음악이나 영화와 같이 자신을 기쁘게 하는 품목을 고른데 반해, 죄책감과 관련된 단어들로 점화된 피험자들은 문구류와 같은 품목을 골랐다. 이 실험이나 그 밖에 유사한 다른 실험들은 죄책감이 흥을 깨는 데 매우 효과적이라는 사실을 입증한다.

단순히 죄책감과 관련된 단어들을 무의식에 노출시키기만 해도 사람들은(죄책감을 느끼지도 않은 사람들이다) 스스로 즐거움을 억제했다. 그러니 무자비한 죄책감의 고통 속에 있는 사람들은 거의 매 순간 삶을 즐기기가 극도로 어려울 것이 분명하다. 과거에 우리에게 기쁨, 즐거움, 흥분을 가져다주던 것들이 이제는 더 이상 그 힘을 발휘하지 못한다. 더 이상 즐겁지 않아서가 아니라, 우리가 스스로 즐기는 것을 허락하지 않기 때문이다.

이는 특히 생존 죄책감으로 고통받는 사람들에게 문제가 될 수 있다. 예를 들어 사고나 만성질병 등으로 아이를 잃은 부모, 나치의 유대인 학살 때 부모(또는 조부모)를 잃은 사람, 그밖에 유사한 잔학 행위에서 살아남은 사람, 배우자를 잃은 사람들은 즐거움이나 기쁨을 누린다는 생각 자체에 죄책감을 느낀다. 그러나 그와 같이 장기간에 걸친 심각한 죄책감은 단순히 삶의 질을 감소시키는 것 외에 어떤 생산적인 목적도 없는 고통일 뿐이다.

우리는 왜 고통을
남에게 보여 주고 싶어 할까

　　　　　　　　　　과도한 죄책감의 또 다른 악영향은
우리가(의식적으로든 무의식적으로든) 자신의 잘못에 스스로를 벌을
주어 정서적 고통을 덜어 내려 한다는 점이다. 그 벌은 스스로를
돌보지 않거나 자신에게 파괴적인 행동을 하는 식으로 나타난다.
심지어 어떤 사람은 자신에게 육체적 벌을 주기도 한다.[7] 속죄의
한 형태로, 제 손으로 자신의 몸에 채찍질하는 전통은 긴 역사임
과 동시에 역겹다. 이 전통은 특히 13세기와 14세기 유럽에서 가
래톳페스트가 유행할 때 널리 퍼졌다. 사람들 앞에서 쇠줄로 자
신을 채찍질하거나 살갗을 벗겨 냄으로써 죄를 씻어 낼 수 있고,
그 결과 흑사병을 막을 수 있다는 믿음 때문이었다. 문명이 발달
함에 따라서 자신을 벌하는 방법도 변천해 왔다.

　이제 우리는 많은 사람 앞에서 공개적으로 자신의 몸을 핏덩어
리가 될 때까지 채찍질하는 방법 대신 아무도 없는 빈방에서 머
리를 벽에 쿵쿵 찧어대는 쪽을 택한다. 머리를 벽에 찧는 사람들
말고도 생각보다 많은 사람이 스스로를 벌주는 방법을 자주 이용
한다. 한 연구에서 같은 피험자인 동료 학생의 복권을 빼앗음으
로써 죄책감을 느끼게 된 학생들은[8] 곧이어 자신에게 전기 쇼크

를 주라고 하자 훨씬 더 높은 강도로 자신에게 고통을 가했다. 특히 '희생자'가 눈앞에 있을 때 더 그런 경향을 보였다.

다른 연구에서 죄책감을 갖도록 유도된 피험자들은[9] 고통스럽게 느껴질 정도로 오랫동안(그리고 죄책감이 없는 다른 피험자에 비해 훨씬 긴 시간 동안) 얼음물 속에 손을 담갔다. 이런 결과가 특히 놀라운 것은 이 피험자에게 흑사병을 막기 위해서와 같은 목적이 없었다는 사실이다. 단순히 복권 몇 장의 기회를 동료 학생에게서 빼앗은 일을 뉘우칠 뿐이었다.

누군가에게 해를 주었는데 그 행동을 보상할 수 없다고 느낄 때 자신에게 벌을 주고자 하는 충동을 '도비 효과(소설《해리포터》시리즈에 나오는 자신을 벌주는 습관이 있는 집 요정 도비의 이름을 따서)'라고 부른다.[10] 요정이 아닌 우리와 같은 사람들도 스스로를 벌주는 이유는, 특히 다른 이들이 보는 앞에서 벌을 주고자 하는 이유는 그와 같은 행위가 깊은 후회를 명확히 보여 주는 신호이기 때문이다. 우리가 정서적으로 고통스러워한다는 사실을 다른 사람들에게 보여 줌으로써 '희생자'가 겪었을 정서적(또는 육체적) 고통을 재분배하고, 도덕적 균형을 이루어 우리 자신이 주변 사람들, 가정, 사회 집단 앞에서 다시 일어설 수 있기를 희망하는 것이다.

죄책감과의 피구 게임에서
항상 지는 이유

　　　　　　　　심한 죄책감은 진정어린 의사소통, 그리고 우리와 우리가 해를 준(또는 사실과 상관없이 우리에게 해를 입었다고 생각하는) 상대를 연결하는 유대감의 혈관에 독을 퍼뜨린다. 해결되지 못한 죄책감은 부지불식간에 우리가 상대에게 하는 행동이나 상대가 우리에게 하는 행동에 영향을 준다. 많은 경우에 죄책감은 주변 사람들이나 가족들마저 엮어 넣게 되므로, 관련된 모든 사람 사이의 의사소통에 금방 독이 퍼진다. 그 결과 우리의 인간관계는 극도로 껄끄럽고 불편해진다. 해결되지 않은 죄책감의 독성이 오랫동안 계속 남아 있을 경우에는 원래 상대에게 가한 잘못보다도 더 심하게 관계를 손상시킬 수 있다.

　죄책감은 종종 우리에게 파도처럼 다가온다. 인간관계에서 보면, 특히 우리가 해를 입힌 상대와 상호 작용을 할 때 죄책감의 파도가 최고조에 이른다. 그때 죄책감은 극적으로 치솟아 마치 피구를 할 때 세게 날아온 공을 얼굴에 정통으로 맞는 것과 같은 기분이 든다. 그렇기 때문에 우리의 본성은 자연히 그 고통스러운 순간을 가능한 한 피하려고 든다. 또한 내가 상처 입힌 상대에게 또 다시 상처를 입힐 가능성을 최소화하기 위해서 상대나 다른 가족들과 상호 작용할 때 내 죄책감의 원인이 된 사건 자체를 상대 앞에서 언급하기를 피한다. 더 나아가 그 사건으로 이어질 가능성이 있는 화젯거리 자체를 피하게 되는데, 그런 주제의 가짓수는 시간이 갈수록 늘어난다. 심지어 우리의 잘못을 상기시킬 만한 사람이나 장소마저 피하고, 궁극적으로 내가 피해를 준 상대를 아예 피하려고 노력하게 된다.

그런 전략은 아무리 잘해도 효과적이지 못한 해결책이다. 게다가 만일 죄책감을 느끼는 상대가 배우자일 경우에는 아예 불가능한 해결책이다. 집에서 가사와 육아를 전담하는 남편 블레이크와 제약회사 영업 사원인 아내 주디는 처음에는 육아를 둘러싼 갈등으로 나의 부부 치료 프로그램을 찾았다. 그들은 자녀가 셋인데, 그 가운데 두 명이 주의력결핍 과다행동장애(ADHD) 진단을 받았고 세 명 모두 부모의 말을 지독히 안 듣는 아이들이었다. 그런데 어느 날 블레이크는 우연히 아내가 지난해 직장 동료와 바람을 피웠다는 정황을 보여 주는 문자 메시지를 발견하게 되었다. 그 이후로 육아 갈등은 멀찌감치 밀려났다.

블레이크가 먼저 부부치료 시간에 그 문제를 끄집어냈다. 주디는 남편의 급습에 까무러치게 놀랐지만, 금방 자신의 외도를 시인했다. "그건 그냥 한 번 스쳐 간 바람이었고, 그 이후로 저는 엄청나게 후회하고 뉘우쳤어요." 주디가 말했다. "그날 일이 끝나고 동료랑 한잔 하다가 얼떨결에 그렇게 된 거예요. 하지만 정말 그뿐이에요. 아무 의미 없는 일이었어요. 그건 그냥 바보 같은, 끔찍하게 바보 같은 실수였어요."

주디가 문자 메시지에 대해 설득력 있는 설명을 내놓기를 바랐던 블레이크는 완전히 무너져 내렸다. "당신이 다른 놈이랑 잤어." 그는 믿을 수 없다는 듯 고개를 흔들며 중얼거렸다. "당신이 다른 놈이랑 잤다고……." 주디의 얼굴이 죄책감과 고뇌로 굳어졌다. "미안해, 여보. 정말 미안해. 하지만 진짜 맹세하는데 그 일은 아무 것도 아니야. 그냥 실수였어. 그뿐이야. 그러니까 제발 나를 믿어줘."

주디는 블레이크가 결혼 생활을 유지하기로 마음을 먹었다고 하자 엄청나게 안도했다. 그러나 그렇다고 블레이크가 주디를 용서하겠다는 의미는 아니었다. 사실 블레이크는 다른 아무 것도 생각할 수 없을 만큼 깊이 상처 받았고, 그 상태는 변함없이 계속되었다. 주디는 블레이크를 볼 때마다 그의 눈을 통해 끔찍한 상처를 볼 수 있었고, 견딜 수 없는 죄책감을 느꼈다.

몇 주가 지나고 그들은 예전과 같은 일상으로 돌아갔지만, 블레이크의 고통은 지속되었고 주디의 죄책감 역시 계속되었다. 주디의 일은 영업직으로 활력 넘치고 긍정적인 태도가 필요했기에 직장에서는 그런 태도를 유지할 수 있었다. 그러나 집에서는 죄책감으로 한없이 움츠러들었다. 주디의 퇴근 시간은 점점 더 늦어졌고(30분마다 남편에게 전화를 걸어 딴짓하지 않고 사무실에 있음을 보여 주면서), 점점 남편의 친가나 자신의 친정 가족들과의 행사나 모임을 피할 구실을 찾았으며, 자녀들의 방과 후 활동에도 관여하지 않았다.

　나는 주디를 따로 만나서 점점 가족 일에 관여하지 않는 것을 이야기해 보기로 했다. "지금 당신이 피하는 것은 단순히 죄책감이 아닙니다." 내가 지적했다. "당신은 지금 결혼 생활 전체를 피하고 있어요." 주디는 조용히 고개를 끄덕였다. 그러나 죄책감에 너무나 압도된 주디가 이 상태를 더 이상 견딜 수 있을지 확신이 서지 않았다. 주디는 필사적으로 블레이크의 용서를 받고 싶어 했고, 블레이크 역시 필사적으로 용서하고 넘어가고 싶어 했다. 그러나 그렇게 되지 않았다. 두 사람은 상처와 죄책감과 회피라는 바큇살로 이루어진 쳇바퀴에 갇혀 진실하게 의사소통할 능력을 잃어버렸고, 이는 그들의 결혼 생활에 주디의 외도 자체보다 더 큰 위협이 되고 있었다. 죄책감을 상대로 피구 게임을 할 때 우리가 이기기는 몹시 힘들다.

잘못한 것이 없는데도
잘못한 것처럼 느끼게 된다면

　　　　　　　　　죄책감을 덮어씌우기는 가까운 사이에서 거의 항상 일어난다. 그리고 가장 흔한 주제는 어느 한 쪽이 관계에 소홀하다는 것이다.[11] "내가 여기서 죽어 자빠져 있어도 너는 모를 거다. 한 번 오지 않고 전화도 안 하니 말이다", "네가 몸에 그 문신을 하면 엄마 마음에도 지워지지 않는 상처가 남을 거야", "네 아버지는 지난주에 너랑 언쟁을 하시고 나서 완전히 폐인이 되셨어" 등은 대부분 가정의 일상에서 매우 흔하게 나타나는, 그리 독하지 않은 죄책감 덮어씌우기의 사례들이다.

　　우리가 상대에게 죄책감을 불러일으키고자 하는 주된 이유는 그렇게 함으로써 상대방의 의사 결정과 행동에 영향력을 미치려는 의도이다. 그런데 죄책감 덮어씌우기에는 우리가 종종 간과하는 부메랑 효과가 숨어있다. 그와 같은 시도는 죄책감과 더불어 상대에게 분노를 불러일으킨다는 사실이다.

　　한 조사에서 응답자의 33퍼센트가 자신에게 죄책감을 느끼게 한 상대에게 분노를 느꼈다고 대답했다.[12] 반면에 죄책감을 유도한 사람 가운데는 오직 2퍼센트만이 상대가 분노를 느낄 수도 있으리라 예상했다. 실제로 죄책감을 덮어씌우는 사람들 대부분은 자신의 행동이 이처럼 불리한 결과가 일어날 수 있다는 사실을 알지 못한다.

우리가 죄책감 뒤집어씌우기를 당하는 입장이라고 하자. 상대에게 소홀하다는 비난을 들으면 상대에게 다가가기는 하겠지만, 이때 느끼는 분노 때문에 향후에 그 상대와의 접촉을 더욱 피하고 싶어진다. 대부분 죄책감 뒤집어씌우기의 유독한 효과는 가벼운 편이지만, 장기적으로 그 독성이 축적될 경우 상대와의 상호작용과 소통은 더욱 표면적이고 형식적으로 되어 가고 관계의 질도 점점 나빠진다.

가족을 편가르기의 늪으로
빠뜨리는 독

우리가 저지른 잘못이 매우 심각하거나, 우리가 해를 준 상대가 용서하려 들지 않을 경우를 생각해 보자. 이때는 죄책감의 유독한 효과와 해를 입은 상대의 비난이 함께 가족 구성원이나 집단 구성원 전체로 퍼진다. 어느 한 사람이 공공연히 충성심을 들먹이며 한쪽 편을 들기 시작하면 금세 편 가르기가 퍼져 나간다. 다른 구성원들도 곧 어느 한쪽 편에 줄을 서고, 건강한 의사소통의 동맥에 독이 퍼져 나가면 가족 구성원 모두에게 어떤 방식으로든 영향을 끼치게 된다. 여러 세대로 이루어진 대가족의 반목이 탄생하는 것이다.

이처럼 유독한 가족 내의 역학이 두드러지는 가장 좋은 기회는 기념일이나 명절 등으로 가족 전체가 모이는 행사이다. 대가족 모임은 과거에 큰 히트를 쳤던 가족사의 비극을 재상연할 멋진 무대가 된다. 이런 상황은 잘못을 저지른 구성원에게 강력한 죄책감을 불러일으키는 것은 물론이고, 다른 구성원에게도 긴장과 분열을 초래해 선의로 계획된 가족 모임을 망친다.

스무 살 대학생인 안토니아는 딸 열 명과 아들 두 명으로 이루어진 열두 남매 가운데 셋째이다. 안토니아는 자녀 가운데 엄마와의 사이가 가장 격렬했다. "저희는 전형적인 이탈리아 가족이에요." 안토니아가 나와의 첫 상담 시간에 설명했다. "아시죠? 전형적인 이탈리아식 가족이 어떤지? 저는 늘 엄마를 존경했지만 한편으로 줄곧 엄마랑 싸웠어요. 어쨌든…… 엄마와 저 사이에 상황이 너무 나빠졌고, 뭔가 하지 않으면 안 될 것 같아서 왔어요." 나는 고개를 끄덕여 공감을 표현하며 말을 잇기를 기다렸다.

"이 얘기를 들으시면 정말 놀라실 거예요." 안토니아가 어렵게 말을 꺼냈다. "가족들이 모두 저에게 화를 내고 있는데…… 그 이유는…… 그러니까 제가…… 엄마를 차로 쳤어요." 나도 모르게 눈썹이 확 치켜 올라가 이마가 다 뻐근할 지경이었다. "엄마 발을 쳤다고요." 안토니아가 재빨리 덧붙였다. "제 차로 엄마 발을 깔아뭉갰어요. 그런데 그건 실수였어요. 진짜로 실수였다고요."

안토니아가 부모님을 방문했을 때 평소에 자주 그랬듯 엄마와 고래고래 소리를 질러대며 싸움을 한판 벌였다. 안토니아가 떠나기로 결심하고 차를 빼서 출발하려던 찰나, 엄마가 쫓아 나왔다. 안토니아의 말에 따르면 "아직도 뭔가 소리 지를 것이 남아 있으셨기 때문"이었다. 엄마는 차 앞으로 다가오며 안토니아가 자신을 무시하고 엄마 말이 끝나기도 전에 나가 버렸다고 마구 소리를 쳤다. 엄마의 고함 소리가 너무 크고 욕설이 너무 저속하다 보니 이웃들이 집 밖으로 나와 구경하기 시작했다. "저는 엄마가 그토록 화를 내는 것을 본 일이 없었어요." 안토니아가 말했다. "차의 유리창이 온통 침 범벅이 되었어요. 마구 침을 뱉으셨거든요."

소리 지르기로는 어디 가서도 지지 않을 안토니아 역시 큰소리로 엄마에게 차에서 물러나라고 소리쳤다. "엄마는 살짝 물러섰지만 여전히 불같이 화를 내셨어요. 그 순간 저는 정말 꼭지가 돌았어요. 제정신이 아니라서 핸들을 똑바로 할 생각도 못했고, 핸들이 돌아가 있는 것도 알아채지 못했어요." 안토니아가 힘겹게 침을 삼켰다. "저는 그냥 액셀을 밟았고, 미처 브레이크를 밟기 전에 엄마 발을 타고 넘어 버렸어요."

안토니아의 아랫입술이 떨리기 시작했다. "딱 죽고 싶더라고요. 정말 죽을 것만 같았어요. 차에서 내려 보니 엄마가 쭈그리고 앉아 왼쪽 발을 움켜쥐고 비명을 지르고 계셨어요. 제가 엄마를 치었다는 사실을 알고는 정말 심장이 멎는 것 같았어요. 엄마는 지난해에 그 발을 수술 받으셨어요. 저는 엄마에게 '죄송해요. 핸들이 돌아가 있는 걸 몰랐어요. 정말 죄송해요.'라고 말했지만 엄마는 저를 쳐다보지도 않으셨어요. 엄마는 그저 고통에 신음만 하셨어요."

안토니아는 곧장 엄마를 응급실로 모시고 가려고 했으나 엄마에게 거절당했다. 엄마는 안토니아의 언니에게 데려다 달라고 했다. "저는 집에서 밤새 엄마와 언니를 기다렸어요." 안토니아가 말을 이었다. "너무 심한 죄책감에 토할 것 같더라고요. 욕지기가 나왔어요. 그런데 마리아 언니가 오더니 엄마가 제가 고의로 엄마를 쳤다고 하시더래요! 세상에, 믿을 수 있으세요? 어쩌면 그렇게 생각하실 수가 있어요?"

엄마가 집에 올 무렵에 안토니아의 자매들은 이미 두 편으로 나누어져 있었다. 안토니아가 엄마의 발을 고의로 쳤다고 믿는 쪽과 그런 생각을 하는 것만으로도 끔찍하다고 여기는 쪽으로 말이다. 불행히도 엄마의 발이 회복되기까지 몇 달이 걸렸고, 그 기간 동안 가족뿐 아니라 친척들까지도 편 가르기에 가담했다. 그러는 와중에 안토니아는 계속 부모님을 방문하고 엄마와 소통하려 했다. 그러나 소통은 최소한에 그쳤다. 표면상으로는 아무 일도 없다는 듯 행동했지만 그 아래에서는 무언의 비난과 분노, 그리고 안토니아의 죄책감이 눈덩이처럼 불어나고 있었다. 추수감사절을 맞아 온 가족이 모일 무렵에는 긴장감이 너무나 고조되어 모든 가족 구성원들의 명절 기분을 망쳤다. 안토니아는 크리스마스마저 망치지 않기 위해 나를 찾았던 것이다.

그와 비슷한 충성에 대한 시험과 긴장은 직장, 친구들, 스포츠팀과 같은 모임에서도 흔히 일어난다. 죄책감이 심각하고 해결되지 않은 채로 남아 있을 때 그 독성은 건강한 소통을 손상시키고 당사자 사이의 관계에 긴장을 초래할 뿐만 아니라 곧 집단 전체로 퍼져 나간다.

죄책감이 일으키는
심리적 상처를 치료하는 방법

　　　　　　　　죄책감은 우리가 다른 사람에게 해를 입혔거나 또는 우리가 하려는 행동이 다른 이에게 해를 입힐 가능성이 있을 때 재빨리 경고해 주는 중요한 기능을 수행한다. 죄책감의 결과로 우리가 행동 계획을 수정하거나, 이미 저지른 잘못을 사과하거나, 다른 조치로 속죄할 경우 죄책감은 금방 누그러진다. 따라서 모든 상황에 대하여 정서적 응급 치료법을 적용할 필요는 없다.

　그러나 우리가 저지른 잘못이 심각하거나, 해를 입힌 상대에게 사과하고 잘못을 속죄하려는 노력을 충분히 기울였음에도 여전히 죄책감이 과도하게 남아 있을 경우, 또는 우리가 심각한 생존 죄책감, 분리 죄책감, 배신 죄책감 등에 시달리고 있는 경우에는 정서적 응급 처치법이 필요하다. 자, 이제 약장을 열고 가능한 치료법들을 끄집어내 보자.

일반적 치료 지침

해결되지 않은 죄책감을 치료하는 가장 효과적인 방법은[13] 우리가 해를 입힌 상대와의 관계를 복구함으로써 죄책감의 원천 자체를 없애 버리는 것이다. 인간관계의 벌어진 틈을 봉합하고 상대의 진실한 용서를 얻어 내면 죄책감은 크게 줄어들고, 시간이 조금 더 지나면 완전히 녹아 없어지게 마련이다. 〈미안하다는 한마디로는 부족하다: 치료법 A〉는 상대방이 품고 있던 악의를 중화시키고 관계를 회복시키는 데 심리적으로 효과적인 사과를 통해 손상된 관계를 복구하는 데 초점을 맞추고 있다.

〈나부터 나를 용서하라는 말의 진짜 의미: 치료법 B〉는 직접 상대에게 사과할 수 없거나 그밖에 다른 이유로 관계를 복구하는 것이 불가능한 상황에서 유용하다. 죄책감을 덜고 자신을 비난하거나 스스로에게 벌을 주고자 하는 마음을 줄이는 데 초점을 맞추고 있다. 〈나부터 나를 용서하라는 말의 진짜 의미: 치료법 B〉는 과도한 죄책감의 뿌리에 놓인 독소를 제거하는 데 있어서 〈미안하다는 한마디로는 부족하다: 치료법 A〉만큼 효과가 크지는 않지만, 죄책감에 시달리는 사람에게 절실하게 필요한 정서적 이완을 가져다줄 일종의 '심리적 해독제' 역할을 할 수 있다. 〈내 산소마스크부터 챙기자: 치료법 C〉는 (봉합해야 할 관계의 틈새가 존재하지 않는) 생존 죄책감, 분리 죄책감, 배신 죄책감 등에 초점을 맞추고 있다. 이 장의 마지막 부분에서는 정신 건강 전문가를 찾아야 할 상황에 대해 다룰 것이다.

미안하다는 한마디로는 부족하다
: 치료법 A

치료법 요약	효과적 사과.
용법 및 용량	당신이 잘못을 저지른 상대에게 위의 원칙들을 완전하고 사려 깊게 적용해서 주의 깊게 사과의 말을 준비하고 가장 적절한 시간과 장소를 골라 전달하도록 한다.
효과	죄책감과 스스로에 대한 비난의 감정을 누그러뜨리고 손상된 관계를 회복한다.

　이론적으로는 인간관계에서 불거지는 죄책감을 씻는 방법은 간단하다. 잘못을 저지른 상대에게 진실한 사과를 하는 것이다. 그렇게 엄청난 잘못이 아니고 진정성이 전달된다면, 모든 잘못은 용서받을 것이다. 시간이 조금 지난다면 말이다. 그러나 연구 결과에서도 나타나듯 실제로는 우리 삶의 어느 영역에서든[14] 이와 같은 사과와 용서의 주고받음이 빗나가는 경우가 생각보다 훨씬 더 많다. 더구나 심리적으로든 의사소통의 문제든 만약 상대가 당신의 사과를 진실하지 않다고 받아들일 경우 역효과를 낳아 오히려 상황을 악화시킬 수 있다. 그리하여 이미 유독한 인간관계의 역학에 더 많은 독소를 퍼뜨리는 결과를 낳을 수 있다.

이런 일이 자주 일어나는 이유는 상대로부터 진정한 용서를 이끌어 낼 만큼 충분히 효과적인 사과를 하는 것이 실제로 우리가 생각하는 것보다 훨씬 어렵기 때문이다. 최근까지 대부분 심리학자들이 생각했던 것보다도 훨씬 더 어려운 일이다. 사과와 같은 기초적인 행동이 우리를 그토록 애먹이는 까닭은 무엇일까? 우리는 말을 배우자마자 "죄송합니다"나 "미안합니다"라고 말하도록 가르침을 받지 않았던가? 하물며 어른이 된 지금 효과적인 사과를 하는 것쯤은 능숙해져 있어야 마땅하지 않을까?

그러나 실제로는 그렇지 못하다. "죄송합니다"라는 말을 언제 해야 하는지는 배웠는지 몰라도 어떻게 해야 하는지, 어떻게 효과적으로 표현해야 할지는 배우지 못했기 때문이다. 심리학자들은 오랫동안 이 사실을 간과했다. 사과와 용서에 대한 수백 건의 연구가 진행되었지만, 대부분은 사과를 하는 경우와 하지 않는 경우, 또는 언제 사과를 하는지에 초점을 맞추었을 뿐이다. 사과를 어떻게 하는지, 성공적인 사과와 그렇지 못한 사과가 어떻게 구분되는지는 다루지 않았다. 다행히도 이제는 인간관계 전문가들과 연구자들이 상대로부터 진정한 용서를 이끌어 낼 가능성이 높은 효과적인 사과를 구성하는 필수 요소를 연구하기 시작했다.

효과적인 사과 비법

우리는 대부분 사과에 세 가지 기본 요소가 들어 있음을 알고 있다. 첫째는 일어난 일에 대한 뉘우침이다. 둘째는 명확하게 '미안하다'라는 의사 표현이며, 셋째는 용서를 구하는 말이다. 누군가에게 사과할 때는 이 세 가지 요소를 진정성을 가지고 전달해야 한다("오늘 데이트 약속을 완전히 잊어버렸네! 정말 잘못했어. 용서해 주길 바라."와 "헉, 오늘밤이었어?"를 비교해 보라). 사과를 구성하는 세 가지 요소는 너무 당연해 보이지만 정작 누군가에게 사과할 때 이 요소들을 얼마나 자주 빼먹는지 알면 놀랄 것이다. 상담자들에게 그 점을 지적하면 내가 너무 '세부 사항'에 얽매여 까다롭게 군다고 불평한다. "내가 사과를 하고 있잖아요? 그렇다면 '미안하다'라는 말은 굳이 안 해도 당연히 함축되어 있는 것 아니겠어요?"

나는 "케이크를 구울 때 밀가루라는 재료는 말을 안 해도 당연히 포함되어 있죠. 그러나 만에 하나 그 당연한 밀가루를 넣는 것을 잊어버린다면 결국 케이크 비슷한 것도 만들어지지 않을 겁니다."라고 답한다 이 비유가 중요한 이유는 효과적인 사과를 하려면 케이크를 만들 때처럼 명확한 요리법을 따라야 하기 때문이다. 그런데 효과적 사과를 위한 재료는 이 세 가지가 전부가 아니다. 과학자들은 사과를 효과적으로 하는 데 중요한 역할을 하는 세 가지 요소들을 발견했다.[15] '상대방의 감정 인정하기', '잘못에 보상하거나 값을 치르기', '상대방의 기대를 어겼음을 인정하기'이다. 이 세 가지 요소들을 살펴본 뒤 안토니아, 주디, 요시의 사과에서 필수적인 여섯 요소 가운데 무엇이 빠졌는지 검토해 보겠다. 그들의 사과가 어떻게 받아들여졌을지도 생각해 보자.

상대의 감정을 인정하기

일반적으로 우리는 상처를 주거나, 화나게 하거나, 실망시킨 사람을 쉽게 용서하기 힘들다. 내가 어떤 느낌을 경험했는지 상대가 진정으로 깨닫기 전까지는 말이다. 만일 상대가 사과하면서 나에게 일으킨 정서적 고통을 명확하게 이해하고 있음을 보여 주고, 전적으로 책임질 자세를 취하고 있다면 우리는 상당한 정도로 정서적 위안을 얻고 분노를 떨쳐 버리기 쉬워질 것이다. 왜냐하면 나의 감정이 인정받았다는 느낌을 얻기 때문이다.

상대방의 감정을 인정하는 것은 정확하게 사용할 경우 매우 강력한 도구가 될 수 있다. 그리고 사과에 적용하면 탁월한 해독제 역할을 한다. 따라서 우리는 자신을 상대 입장에 놓고서 나의 행동이 일으킨 결과를 이해하고, 상대에게 어떤 영향을 주었을지, 어떤 느낌을 불러일으켰을지 생각해 볼 필요가 있다. 상대가 어떤 느낌이었을지 이해한다고 표현하는 것이, 상대의 감정을 인정하는 것이 상대방에게 그런 느낌을 주려고 의도했다는 뜻이 되는 것은 아니다. 다만 나의 의도와 관계없이 상대가 그와 같은 괴로운 느낌을 받았다는 사실을 단순히 인정하는 것일 뿐이다.

그런데 사과를 할 때 이 중요한 재료를 종종 빼먹는 이유는 우리가 누군가에게 해를 입혔을 때 그가 얼마나 화가 났을지 인정하는 것이 위험하고 불리한 진술로 느껴지기 때문이다. 나에게 화가 나고, 절망하고, 극도로 실망한 상대에게 과연 화가 나고, 절망하고, 실망할 만하다고 말해 주는 것은 마치 불길에 기름을 붓는 것처럼 보인다. 그렇기에 우리는 본능적으로 상대의 감정적 상태에 대해서는 아예 언급하기를 회피한다. 그런데 직관에 반하는 것처럼 보이겠지만, 누군가의 감정을 '있는 그대로' 인정해 주면 마법과 같은 일이 일어난다. 상대의 감정을 인정해 주는 것은 불 난 집에 기름을 퍼붓듯 상대의 화를 더 돋우는 대신 실제로는 타오르는 불길을 잡는 효과가 있다.

  우리는 생각보다 자신의 감정을 인정받는 것을 추구하고 갈망한다. 많은 사람이 흥분하거나, 화가 나거나, 좌절감을 느끼거나, 실망하거나, 상처받은 느낌이 들 때 자신의 감정을 누군가에게 털어놓고 싶어 하는 이유이다. 그와 같은 감정을 가슴에서 끄집어내고 털어 냄으로써 내면의 고통을 덜고자 하기 때문이다. 그런데 진정으로 고통을 덜기 위해서는 상대가 나의 감정 상태가 어떤 것인지 '깨달아야' 한다. 나에게 무슨 일이 일어났고 내가 왜 지금 이런 감정을 느끼는지 이해받아야 한다. 우리는 상대가 넉넉한 공감과 더불어 우리의 감정을 이해한다는 메시지를 주어 자신의 감정을 인정해 주기를 바란다. 우리가 친구에게 속을 털어 놨을 때 친구는 "어머나!", "저런!", "세상에!", "어쩜 좋아?" 등의 반응을 보이기를 바란다. 내 마음을 쥐어짜는 이야기를 털어놓았더니 친구가 시큰둥하게 "그럴 수도 있지, 뭐."라고 말한다면 혹을 떼려다 붙인 기분이 들 것이다.

진실하게 상대의 감정을 인정하는 방법

진심을 담아 상대의 감정을 인정하는 다섯 단계가 있다. 가장 중요한 요소는 정확성이다. 상대가 부당하다고 느끼는 감정을 정확히 이해할수록 관계에 형성된 독소를 더 많이 제거할 수 있다.

1. 상대방으로 하여금 일어난 일에 대해 자세히 끝까지 이야기하도록 해서 당신이 모든 사실을 전달받도록 한다.
2. 상대방의 관점에서 바라보는 사건에 대한 당신의 이해를 전달한다(당신이 그 관점에 동의하든 동의하지 않든, 심지어 상대방의 관점이 명백하게 비뚤어진 것이라고 하더라도).
3. (상대방의 관점에서 보는)그 사건 때문에 상대가 어떤 감정을 느끼고 있는지 당신이 이해하고 있음을 전달하라.
4. 상대의 느낌이 합리적인 것임을 인정하라(적어도 상대의 관점에서는 합리적인 것이다).
5. 상대의 감정 상태에 대한 공감과 당신의 뉘우침을 전달하라.

어떻게 다른 이의 감정에 공감하는지, 그리고 어떻게 다른 사람의 감정을 정확하게 평가하는지에 대한 더 상세한 지침은 2장의 〈할아버지는 양말 대신 태블릿을 원한다: 치료법 C〉와 〈꽃을 싱크대에 올려두지 마라: 치료법 D〉 부분을 참조한다.

잘못에 대해 보상하라

모든 상황에서 적절하거나 필요하거나 가능하지는 않지만, 저지른 잘못을 보상하고 값을 치르겠다고 제안하는 것은 우리의 잘못으로 해를 입은 상대에게 매우 큰 의미를 지닐 수 있다. 설사 상대가 그 제안을 거절한다고 하더라도 말이다. 상대와 나의 관계에서 균형이 깨져 있다는 것을 인지하고 있음을 전달하고, 공평함과 공정함을 되찾으려는 행동을 제안함으로써 우리는 한층 더 깊은 차원의 후회와 반성의 모습을 보여 줄 수 있다. 더불어 불균형을 해소하고 상황을 올바르게 되돌려놓겠다는 강한 의지도 보여줄 수 있다("정말 미안해. 내가 술을 너무 많이 마셔서 네 파티를 완전히 망쳤어. 네가 얼마나 성심껏 파티를 준비했는지 알아. 파티를 망친 것에 대한 보상으로 다시 한번 모임을 주최할게. 물론 너를 위한 파티로 말야").

사회적 기준과 기대를 어겼음을 인정하라

우리가 상처를 준 상대로부터 진정한 용서를 얻어 내지 못하는 커다란 이유 중 하나는 우리가 과연 일어난 사건을 통해 진심으로 반성하고 교훈을 얻었는지 상대가 확신하지 못하기 때문이다. 이 자가 반성하고 새 사람이 되었을까? 아니면 앞으로도 여전히 똑같은 잘못을 저지르고 또 저지를 것인가? 따라서 우리는 자신이 저지른 행동이 특정 사회적 기준, 규범, 기대를 어겼음을 분명하게 인정하고, 앞으로는 다시 어기지 않을 것임을 약속하고 보증해야 한다. 한 걸음 더 나아가서 우리는 그 '잘못'을 반복하지 않기 위해 취할 조치나 계획을 구체적이고 명확하게 전달할 필요가 있다("이제부터 당신 생일을 내 폰의 일정 알람 기능에 저장해 놓을게. 내년부터는 절대로 잊어버리지 않도록 말야").

효과적인 사과 실천편

내가 이 사과의 여섯 가지 필수 요소를 주디, 안토니아, 요시에게 설명하자 그들은 각각 자신이 이미 했던 사과에서 어떤 부분들이 빠졌는지 찾아낼 수 있었다. 예를 들어 안토니아의 사과에는 세 가지 기본적 요소가 들어 있었다. 안토니아는 엄마의 발을 다치게 한 것에 대해 깊고 깊은 후회를 표현했고, 수도 없이 "죄송하다"라고 말했으며, 반복해서 용서해 달라고 청했다. 뿐만 아니라 안토니아는 자신의 잘못을 보상하려는 노력을 보였다(엄마를 병원으로 모시고 가려고 했고, 이후에도 계속 집에 머물며 집안일 등을 돕고자 했다). 또한 엄마의 육체적 고통에 공감을 표시하기도 했다. 그러나 엄마가 가장 바랐던 한 가지 요소를 빼먹었다.

안토니아는 불손하게도 부모에게 등을 돌리고 쌩하니 집을 나가 버리는(이 경우 그에 더해 핸들을 돌린 채로 쌩하니 차를 출발시켜 버리는) 싸가지 없는 짓을 해서는 안 된다는 집안의 규범을 어겼다는 점을 인정하는 것을 잊었다. 안토니아가 앞으로 그와 같은 집안의 규범을 어기지 않겠다고 명백히 약속하기 전까지 엄마는 딸을 용서할 수 없을 것이다.

요시가 마침내 자신은 하버드 의과대학으로 진학할 예정이 아니며 사실 1학년 때부터 의대 예비 코스를 듣지 않았다는 사실을 털어놓았다. 그의 부모님은 요시가 두려워했던 그대로 엄청난 충격에 빠졌다.

"어머니는 깜짝 놀라시더니 곧바로 울음을 터뜨리셨고, 아버지는 그 옆에서 감정이 폭발하려는 것을 꾹 참고 아무 말도 없이 가만히 서 계셨어요. 저는 부모님께 너무 죄송하다고 했어요. 저의 행동이 두 분께 얼마나 큰 고통과 실망을 안겨 드리고 마음을 아프게 해 드렸을지 잘 안다고요. 그래도 아버지는 아무 말씀도 안 하셨어요. 저는 부모님을 속인 것이 얼마나 잘못된 것인지, 얼마나 큰 불효인지 알고 있다고 말씀드렸고 용서해 달라고 빌었어요. 그러나 아버지는 역시 묵묵부답이셨어요. 아버지는 저와 눈도 마주치지 않으셨어요. 아버지의 침묵이 마치 저의 가슴을 찌르는 단도같이 날카롭게 느껴졌어요. 결국 제가 더 이상 말씀드릴 것이 아무것도 남지 않게 되자 아버지는 엄마의 어깨에 팔을 두르더니 나가 버리셨어요. 그 이후로 저는 아직 부모님과 아무 얘기도 하지 못하고 있는 상태예요."

요시의 사과는 진정성을 담고 있었고 다른 면에서도 훌륭한 사과였다. 그는 부모님의 감정에 극도로 민감했고 여러 차례에 걸쳐 공감을 표시했다. 또한 가정과 사회의 기준과 규범을 어겼다는 사실도 인정했다. 그러나 그의 사과에는 부모님을 속인 탓에 쓸데없이 낭비하게 된 부모님의 돈에 대해 보상하고자 하는 의지를 빠뜨렸다. 만일 그가 자신이 원하는 것을 솔직하게 털어놓고 좀 더 학비가 저렴한 학교로 옮겼다면 부모님은 막대한 돈을 절약할 수 있었을 것이다. 요시가 그 점에 대해 자신이 대가를 치르겠다는 의지를 보였다면 부모님은 그의 뉘우침이 더욱 진지하고 진실한 것이라고 받아들였을 것이다.

뿐만 아니라 부모님은 친척이나 친구들에게도 체면을 세울 수 있었을 것이다. 의대에 대한 아들의 마음이 바뀌어 새로운 진로를 계획하고 있으며, 자신의 결정에 스스로 완전히 책임을 질 의지가 있다고 말이다. 그리고 지금까지 의대 준비 과정에 투자했던 학비를 되갚는 것이 그 증거라고 말할 수 있을 테니까 말이다. 물론 그가 그렇게 말했다고 해도 부모와 요시 사이의 관계의 균열은 매우 깊을 것이고, 상처가 회복되어 새로운 유대가 형성되기까지는 시간이 필요할 것이다. 그러나 잠정적인 용서라도 받아내고 관계 회복의 길에 들어서고 있다는 느낌이라도 얻는 것만으로도 요시의 죄책감은 크게 누그러졌을 것이다.

남편 몰래 바람을 피웠던 주디는 남편에게 분명히 '미안하다'라는 의사를 전달했고 자신의 잘못을 후회하고 있다는 사실도 여러 차례 밝혔다("그건 그냥 한 번 스쳐 가는 바람이었고 그 이후로 저는 엄청나게 후회하고 뉘우쳤어요"). 그러나 주디는 남편에게 자신을 "용서해 달라"라고 말하는 대신 반복해서 "믿어 달라"라고 말했을 뿐이다. 너무 단순하게 들릴지 모르지만 상대에게 용서해 달라고 청하지 않으면 용서를 받을 가능성은 낮아진다. 주디의 사과에는 또 다른 요소도 결핍되어 있다. 주디는 자신의 행동이 잘못된 것임을 인정하기는 했지만("그건 끔찍한 실수였어!"), 자신이 배우자에게 충실하기로 한 결혼 서약을 어겼음을 분명하게 표현하지 않았다.

내가 이 점을 지적하자 주디는 이미 남편도 너무나 잘 알고 있는 사실을 다시 시인할 필요는 없다고 고집을 피웠다. 그 점을 언급하면 남편은 또다시 화가 날 것이라고 생각했다. 그러나 결혼 서약을 어겼다는 사실을 입 밖에 내서 시인하지 못하는 진짜 이유는 그것이 마치 얼굴 한가운데에 감정적 직격탄을 맞는 것과 같이 죄책감의 폭발과 심리적 고통을 불러일으키기 때문이다.

꺼리는 마음은 이해할 만하지만, 주디는 구체적 시인을 회피함으로써 자신의 행동에 완전히 책임을 지겠다는 자세를 보이지 못하고 있다. 무엇보다 중요한 것은 자신의 잘못을 보상하기 위해 여러 가지 제안을 했지만(회사에서 30분마다 남편에게 전화하기로 한다든지), 정작 남편이 어떤 느낌일지 충분한 공감을 표현하지 않았고 남편의 감정 상태에 대한 통찰도 보여 주지 못했다는 점이다. 그 결과 주디는 블레이크의 감정을 어떤 식으로든 인정해 주지 못했다. 예를 들어 블레이크가 앞으로 주디를 믿는 것이 얼마나 힘든 일일지, 결혼에 대한 과거의 감정을 다시 불러일으키는 것이 얼마나 어려운 일일지를 인정하는 말을 한 번도 하지 않았다. 어렵고 힘들기는 해도 불가능한 일은 아닌데 말이다.

나부터 나를 용서하라는 말의 진짜 의미
: 치료법 B

치료법 요약	자신을 용서하기.
용법 및 용량	여하간의 이유로 치료법 A를 적용할 수 없거나 이미 치료법 A를 적용했으나 진실한 용서를 이끌어 내는 데 실패했다면 이 방법을 전체적으로 실시한다.
효과	죄책감과 자신에 대한 비난을 감소시킨다.

 우리가 해를 입힌 사람에게 사과를 하고 상대로부터 진정어린 용서를 받으면 죄책감은 눈에 띄게 줄어들고 더 이상 주눅 들거나 회피할 필요가 없어진다. 그러나 용서받을 확률이 100퍼센트 보장되어 있지는 않다. 상황에 따라 상대가 우리를 용서할 수가 없거나(예를 들어 우리가 해를 입힌 상대가 더 이상 이 세상에 존재하지 않는다든지), 이미 용서를 구하기 위해 최선의 노력을 시도했으나 받아들여지지 않았을 수도 있다. 그와 같은 상황에서는 죄의식이 계속해서 삶의 질을 저하시키고 스스로에 대한 비난도 멈출 수 없다.
 물론 해를 입힌 상대로부터 직접 용서를 받는 것이 가장 좋기는 하지만, 그럴 수 없을 경우에 고통을 완화시킬 유일한 방법은

내가 나 자신을 용서하는 것뿐이다. 스스로를 용서하는 것은 결정이 아니라 절차이다(물론 결정에서 비롯된 절차이기는 하다). 우리가 먼저 우리 자신을 충분히 채찍질했으며, 과도한 죄책감이 더 이상 우리 삶에서 생산적인 역할을 하지 못한다는 점을 인식한다면 그 상태를 마무리 짓기 위해 감정적 노력을 기울여야 한다.

스스로를 용서하는 과정은 감정적으로 힘든 일이지만, 그 결과는 분명히 가치가 있다. 연구에 따르면 자신을 용서할 경우 죄책감이 줄어들고,[16] 해를 입힌 상대를 피하고자 하는 욕구도 줄어든다. 뿐만 아니라 삶을 즐기는 능력이 증가하고 파괴적인 방식으로 스스로를 벌주고자 하는 경향은 줄어든다. 한 사례에서 해야 할 공부를 뒤로 미룬 피험자들이 스스로를 용서한 경우[17] 그렇지 않은 피험자에 비해 향후에 공부를 미루는 경향이 상당한 정도로 줄어들었다.

자신을 용서하는 단계

자신을 용서한다는 것이 나의 행동이 받아들일 만하다거나, 용납할 만하다고 생각하거나, 잊어버리자는 의미는 아니다. 자신을 용서하는 일은 오히려 자신의 잘못된 행동과 평화로운 공존을 모색하고자 하는 노력, 의식적 절차의 결과물이어야 한다. 자신을 용서하는 행위의 위험성은 우리가 앞으로 그와 같은 잘못을 반복하지 않기 위해 필요한 변화, 의식적 노력, 경고를 실행하지 못할 수도 있다는 데 있다. 자신을 너무 쉽게, 너무 빨리 용서해 버리는 것이다. 따라서 자신을 용서하기 전에 먼저 자신의 행동에 완전히 책임을 지고 죄책감을 일으키는 사건을 스스로에게 정직하고 정확하게 인식시킬 필요가 있다. 또한 나의 잘못과, 그것이 상대에게 실질적·감정적으로 미친 해로운 영향을 모두 명확하게 인정해야 한다.

자신의 행동과 그 결과를 직시하는 일은 정서적으로 고통스럽고 불편한 일이다. 그러나 그렇게 스스로 면밀히 검토하는 과정을 거치지 않고서는 스스로를 진실로 용서할 수가 없다. 우리의 잘못이 매우 심각한 피해를 일으켜서(예를 들어 음주 운전을 하다가 사고를 내서 사람을 죽이거나 심각한 장애를 유발한 경우) 과연 용서할 수 있을지, 아니면 용서해야 하는지 확신이 들지 않을 경우 정신 건강 전문가의 상담을 받는 것을 추천한다.

일단 자신의 행동과 그 결과에 완전히 책임을 진 다음이라야 두 번째 단계를 밟아 스스로를 용서하는 절차에 들어설 수 있다. 자신의 잘못된 행동과 평화로운 타협을 이루어 내기 위해서 우리는 어떤 식으로든 잘못을 고치거나 보상하고자 하는 노력을 기울이고, 앞으로 그와 비슷한 행위를 저지를 가능성을 최소화할 방법을 찾아야 한다.

자신을 용서하는 훈련 제1부: 책임지기

잘못에 대해 책임을 지는 것과 보상하는 것의 차이를 명확하게 구분 짓기 위해 다음에 제시하는 글쓰기 훈련 과정을 두 부분을 나누었다. 제1부 훈련을 통해 일어난 사건에서 당신에게 책임이 있는 부분이 어느 정도인지를 정확하게 평가해 봄으로써, 제2부 훈련에서 잘못에 대해 스스로를 용서하는 방법을 찾는 데 도움을 준다. 제1부와 제2부의 훈련을 한꺼번에 실행해도 좋다.

1. 상대방이 그로 인해 피해를 받았다고 생각하는 당신의 행동, 또는 태만(행동하지 않음)이 무엇이었는지 묘사해 보자.
2. 당신의 진술을 살펴보면서 군더더기나 변명은 모두 지워 나간다. 예컨대 "그는 내가 자신을 모욕했다고 주장한다"는 "그는 모욕당했다고 느꼈다"로 읽어야 한다. "하지만 그도 나에게 그런 행동을 한 일이 있다"라든지 "그는 상황을 실제보다 과장하고 있다" 따위의 문장은 완전히 빼버려야 한다.
3. 상대가 받은 피해를 구체적이고 감정적으로 요약한다. 예를 들어, 만일 당신이 동료 직원을 부당하게 비판했는데 그 결과로 그가 해고당했다면 그 사람의 경제적 고통, 다른 직장을 찾기 위해 투자해야 할 시간과 노력, 그의 자존감에 입은 타격, 수치심, 분노, 사기 저하와 같은 측면들을 언급해야 한다.
4. 위와 같이 작성한, 당신이 저지른 잘못에 대한 진술을 읽어 보고 이것이 최대한 현실적이고 정확한지 재확인한다. 당신

의 잘못을 너무 가볍게 취급해도 안 되겠지만, 그렇다고 당신 자신을 지나칠 정도로 채찍질해서도 안 된다. 자신의 잘못에 따른 결과를 최소화하려고 드는 사람들도 분명히 있지만, 상당히 많은 사람이 자신의 잘못을 과장한다. 예컨대 안토니아가 처음 나에게 어머니와의 사이에 있었던 사건에 이야기할 때 "차로 엄마의 발을 깔아뭉갰어요."라고 표현하는 대신 "이 얘기를 들으시면 정말 놀라실 거예요······. 제가······ 엄마를 차로 쳤어요."라고 말했다. 그 말을 듣고 내가 즉각 떠올린 것은 미친 듯이 액셀을 밟아 시속 100킬로미터쯤으로 돌진해 어머니를 쓰러뜨리는 모습이었다.

물론 안토니아의 행동은 어머니에게 엄청난 통증, 정서적 고통, 긴 시간 동안의 불편을 안겨 주었지만, 그렇다고 하더라도 "차로 쳤다"라고 할 때 대부분이 떠올리는 행동과는 크게 다르다. 현실성 있는 진술을 작성하는 한 가지 방법은 객관적인 제3자가 당신이 쓴 진술을 대본으로 삼아 영화를 찍는다고 상상해 보는 것이다. 과연 그 영화가 당신이 겪은 현실을 있는 그대로 표현할 것인가? 만일 그렇지 않다면 어떤 식으로든 진술을 수정할 필요가 있다.

5. 사건에 대한 정확하고 현실적인 진술을 작성했고 묘사된 사건에 당신의 책임이 존재한다면, 이제 정상을 참작할 여지가 있는지 살펴보는 것이 공정하다. 당신은 과연 사건이 그렇게 흘러가기를 의도했던가? 만일 그렇다면 왜 그랬나? 그렇지

않았다면 애초에 당신이 품었던 의도는 무엇이었나? 예를 들어 안토니아는 차로 엄마의 발을 깔아뭉갤 의도가 전혀 없었다. 그리고 요시 역시 자신이 의대에 가지 않을 것이라는 사실을 3년이나 부모님에게 숨길 의도는 없었다. 그는 단순히 고통스러운 대면을 피하고 미루다가 결국 졸업식이 다가와 더 이상 숨길 수 없어졌던 것이다. 만일 당신이 애초에 상대를 해할 의도가 있었다면 무엇 때문에 그런 마음을 품었는지 설명하는 것이 중요하고, 제2부에 제시된 성격의 결점과 관련된 훈련을 실시할 필요가 있다. 당신의 의도가 나쁜 것이 아니었다면 대체 무엇이 잘못된 것일까?

6. 정상을 참작할 만한 상황이었다면 그 가운데 무엇이 당신의 행위 또는 그 결과에 영향을 주었나? 예를 들어 주디는 업무 스트레스가 특히 심했고, 한편으로 가정에서는 세 자녀의 육아를 둘러싸고 남편과 갈등을 빚던 시기에 동료와 술을 마시러 갔다. 자신도 모르게 술을 너무 많이 마셨기 때문에 동료의 유혹에 평소보다 쉽게 넘어갔던 것이다. 그와 같은 상황을 고려하라는 것은 당신의 행위를 변명하라는 의미가 아니라, 사건이 일어난 배경을 이해하고 그렇게 함으로써 궁극적으로 당신을 용서할 길을 찾기 위해서이다.

자신을 용서하는 훈련 제2부: 보상하기

지금까지 사건과 관련된 당신의 행위, 결과, 원인의 식을 세웠으니 이제 당신 자신을 용서하는 데 초점을 맞출 차례이다. 당신이 피해를 입힌 상대에게 보상을 할 수 없다면 과도한 죄책감을 떨어낼 차선의 방법은 다시는 그와 같은 잘못을 반복하지 않도록 하는 것이다. 또한 어떤 식으로든 당신의 행동에 대한 값을 치러서 양심의 장부에 남은 부채를 청산하는 것이다. 심리학 연구에서 속죄나 보상은, 당사자가 그 방법이 저울의 균형을 잡는 데 효과적인 것이라고 느끼기만 한다면,[18] 죄책감을 덜어 내는 데 효과적인 것으로 나타났다.

7. 당신이 저지른 잘못을 앞으로 반복하지 않기 위해서 생각, 습관, 행동, 생활 방식에서 무엇을 고쳐야 할까? 예를 들어, 아이와 농구 게임을 하기로 한 약속이나 학교 연주회에 가기로 한 약속 따위를 연속으로 대여섯 번쯤 어겨서 심한 죄책감을 느끼고 있는 부모라면 일의 우선순위를 정한 뒤 정리할 것을 정리해서 아이의 삶에 좀 더 참여할 수 있도록 변화를 가져와야 할 것이다(직장을 옮기든지, 직장 내에서 역할을 바꾸든지, 아니면 단순히 일의 스케줄을 재배치하든지 하는 방식으로 말이다).

8. 일단 우리가 미래에 같은 잘못을 되풀이할 가능성을 최소화했다면, 다음에는 자신의 잘못을 보상하거나 그 값을 치름으로써 남은 죄책감을 씻어야 한다. 한 가지 방법은 자신과 협

상을 통해 스스로를 용서할 명분이 될 만한 일을 찾아 수행하는 것이다. 예를 들어 나는 반복해서 부모의 지갑에서 돈을 훔쳐 왔던 15세 소녀와 상담한 일이 있다. 그 아이는 부모님이 마침 경제적으로 곤경을 겪고 있다는 사실을 알아채고 큰 죄책감에 빠졌다. 아이는 자신의 잘못에 값을 치르고 싶었다. 그러나 단순히 돈을 훔친 것을 시인할 경우 부모님이 자신에게 갖고 있던 '착한 딸'이라는 이미지가 산산조각 날 것이고, 그것은 이미 힘든 시기를 겪는 부모님께 커다란 고통이 될 터였다. 아이의 부모는 애초에 딸이 자신들의 지갑에 손을 댄 사실을 전혀 모르고 있었다. 그래서 소녀는 아기를 돌보는 아르바이트를 더 해서 돈을 더 많이 벌고, 그 돈을 엄마 지갑에 몰래 찔러 넣었다. 부모 지갑에서 돈을 훔치는 10대 청소년 대부분은 스스로 일을 더 많이 해 잘못의 값을 치르기는커녕 애초에 죄책감 따위를 느끼지 않는다는 사실을 기억하자.

또 다른 예로는 내가 상담했던 한 젊은이 이야기가 있다. 그는 늦은 밤 '가난한 동네'에 차를 몰고 지나가다가 우회전을 하면서 잘못해서 주차된 차 두 대를 긁고 찌그러뜨렸다. 그는 당황해서 메모도 남겨 놓지 않고 황급히 그 자리를 빠져나왔다. 그러나 이후에 자신의 잘못에 극도의 죄책감을 느꼈다. 특히 그 차들의 주인이 가난해서 그가 남긴 자동차의 손상을 수리도 못했을 것이라는 생각이 그를 괴롭혔다. 결국 속죄의 의미로 그 동네의 복지관과 청소년 시설에(그가 찌그러뜨리거나 긁은 차들을 수리하는 데 드는 것보다 훨씬 큰 액수의) 돈을 기부하기로 결정했다. 자, 이 가운데 당신이 스스로의 잘못에 대해 스스로를 용서하기에 충분하다고 느낄 만한 속죄나 보상에는 무엇이 있을까?

9. 속죄나 보상을 마무리하는 것을 기념하는 작은 의식을 거행하자. 예를 들어서 앞서 엄마 지갑에서 자신이 가져간 돈을 몰래 갚아 나가던 소녀는 마지막 만 원 짜리 한 장을 엄마 지갑에 찔러 넣었을 때 부모님을 위해 저녁을 손수 준비하기로 했다. 죄책감 없이 부모님과 함께하는 첫 번째 저녁 식사를 스스로 축하하기 위해서였다. 당신이 누군가에게 저지른 잘못을 갚아 나간다고 하자. 그렇다면 그 사람의 사진을 앨범에서 꺼낸 다음 당신이 계획한 속죄의 행위를 끝마친 뒤 그 사진을 다시 앨범에 끼워 넣으면 어떨까? 앨범을 덮으면서 동시에 죄책감의 책을 덮을 수 있을 것이다. 또는 당신의 돈을 자선 기관에 기부하거나 봉사를 통해 잘못을 보상했다면, 계획을 완수한 것을 기념할 방법을 찾아보자. 그렇게 함으로써 당신 자신에게 잘못한 것에 대한 값을 다 치렀다는 신호를 줄 수 있다.

내 산소마스크부터 챙기자
: 치료법 C

치료법 요약	삶에 다시 뛰어들기.
용법 및 용량	당신의 삶을 다시 살아가고자 할 때마다 죄책감이 밀려온다면 이 치료법을 완전히, 그리고 반복해서 실행한다.
효과	죄책감과 스스로에 대한 비난을 감소시킨다.

생존 죄책감, 그리고 분리 죄책감이나 배신 죄책감을 치료하는 일은 쉽지 않다. 왜냐하면 이 경우에는 책임질 것도 속죄할 것도 없기 때문이다. 아이러니하지만 우리가 뭔가 잘못을 저지른 편이 아무 것도 잘못하지 않고 실제로 자신을 용서할 필요조차 없는 경우보다 용서를 이끌어 내기가 더 쉽다. 우리가 다른 이의 고통과 상실을 돌이킬 수는 없지만, 적어도 우리 자신의 고통과 상실을 끝내기 위한 조치를 취할 수는 있다.

잘못한 것이 없음에도 느껴지는 죄책감을 극복하는 가장 좋은 길은 죄책감을 극복하는 것이 중요한 이유들을 계속해서 자신에게 상기시키는 것이다. 다음 세 가지 훈련은 나의 상담자들이 수년에 걸쳐 생존, 분리, 배신 죄책감을 떨쳐 버리는 과정에서 표현한 느낌들로 구성되어 있다. 그들의 진술을 살펴보면 다시 삶에 뛰어들게 된 강력한 근거가 담겨 있고, 그들의 경험은 우리 각자가 선택할 수 있는 수많은 경로를 제시하고 있다.

생존 죄책감을 극복하는 훈련

다음의 훈련은 생존 죄책감에 시달렸으나 그것을 관리하고 극복해 내는 방법을 찾았던 사람들이 표현한 감정들을 포함하고 있다. 당신의 상황에 적용될 수 있는 이와 유사한 감정에 대해 짧은 글을 써 보자.

1. 모리스는 72세 때 52세의 아내를 심장마비로 잃었다. "너무나 오랫동안 아내의 죽음을 슬퍼하는 것이 공정한 일이 아니라는 것을 깨달았습니다. 아내도 아마 내가 남은 삶을 즐기기를 바랐을 거라는 생각이 들었죠."
2. 실비아는 유방암과 투병해 이겨 냈지만, 가장 친한 친구는 같은 질병으로 죽었다. "만일 내가 하루하루의 삶을 충실하게 살지 않는다면 나 또한 친구처럼 암의 희생자가 되는 셈이지요. 친구 하나를 잃은 것으로도 족한데 내 인생까지 암에게 희생되고 싶지는 않아요."
3. 세 아이를 키우는 아빠인 조이는 자동차 사고로 아내를 잃었다. 더구나 그것은 아내가 그를 대신해서 어딘가를 다녀오다가 일어난 사고였다. "몇 달 동안 제 내면은 완전히 죽어 있

었어요. 하지만 마침내 슬픔을 극복해야 한다는 생각이 들더군요. 제가 계속 그런 상태로 있으면 우리 아이들은 부모를 모두 잃은 느낌이 들 테니까요."

4. 제레미아는 그가 속한 풋볼 팀에서 유일하게 전액 장학금을 받으며 최고 수준의 대학에 입학 제의를 받았다. 그는 몇 달 동안 그 사실에 대해 동료들에게 미안함을 느끼다가 목사님과 이야기를 나눴다. "목사님은 제가 받은 은혜와 기회를 부정하는 것이 감사할 줄 모르는 행위임을 일깨워 주셨어요. 동료들에게도 감사함을 보여 주는 최선의 방법은 저에게 주어진 기회를 가장 잘 활용하는 것임을 깨달았어요."

5. 샌드라는 직장의 가혹한 구조정리 바람 속에서 부서에서 유일하게 해고되지 않고 남은 직원이 되었다. "저는 더 열심히 일하고 승진해서 높은 자리에 올라 더 이상 좋은 직원이 해고되지 않는 회사를 만들기로 결심했어요."

분리 죄책감을 극복하는 훈련

다음의 훈련은 자신의 삶에 좀 더 초점을 맞추다 보니 사랑하는 사람의 요구에 소홀하게 되었다는 생각으로 분리 죄책감을 느꼈다가, 그것을 극복하거나 관리하는 법을 배운 사람들이 표현한 감정들을 포함하고 있다. 당신의 상황에 적용될 수 있는 이와 유사한 감정에 대해 짧은 글을 써 보자.

1. 빌리는 심한 장애를 가진 아이를 두고 있다. "아이를 돌보는 일은 감정적으로 스트레스가 크고 극도로 힘을 소진시키는 일입니다. 나는 시간을 내서 나에게 만족감을 주는, 더 나아가 즐거움을 주는 일을 하는 것이 오히려 내가 아이를 더 잘 돌볼 수 있게 해 준다는 것을 깨달았어요."
2. 완다는 늙은 부모님을 모시고 있다. "저는 항상 비행기를 탈 때 스튜어디스가 비상대피 시범을 보이며 하는 말을 떠올립니다. 긴급 상황이 벌어지면 일단 나 자신부터 산소마스크를 착용한 다음 주변 사람을 도우라는 얘기요. 자신을 돌보지 않으면 다른 사람도 돌볼 수가 없습니다."
3. 마샤의 남편은 중증 우울증을 앓고 있는데, 아내가 친구를 만나러 나가면 울음을 터뜨리곤 한다. "저는 한동안 몇 달씩 외출도 안 하고 집안에 틀어박혀 지내기도 했어요. 그러다가 내가 밖에 나가 내 삶을 즐기는 것이 남편에게 냉정하게 구는 것이 아니라 남편에게 삶의 긍정적인 면을 보여 주는 것임을 깨달았어요."
4. 캠과 비브는 어린 쌍둥이를 베이비시터에게 맡기고 외출하는 것에 죄책감을 느꼈다. "처음 저희가 외출할 때 아이들이 마치 도살장에 끌려가는 송아지처럼 울어대더군요. 하지만 우리는 응석을 받아주면 줄수록 아이들이 나약하고 독립적이지 못한 사람으로 성장할 거라고 생각했어요. 아이들을 두고 나가는 게 고통스러울 때도 많지만 우리 부부를 위해서,

또 아이들을 위해서 가끔은 부부만의 저녁 데이트를 갖는 게 좋다고 생각합니다."

배신 죄책감을 극복하는 훈련

다음의 훈련은 배신 죄책감을 느꼈다가 그것을 극복하거나 관리하는 법을 배운 사람들이 표현한 감정들을 포함하고 있다. 당신의 상황에 적용될 수 있는 이와 유사한 감정에 대해 짧은 글을 써 보자.

1. 회계사인 레비는 정통파 유대교도인데 유대인이 아닌 여성과 사랑에 빠져 결혼까지 했다. 그의 가족 전체가 그에게 배신감을 느꼈고, 특히 그의 아버지의 상심이 가장 컸다. "아버지의 감정을 이해는 합니다. 하지만 제가 아버지가 하라는 대로만 살아간다면, 결과적으로 아버지는 두 개의 인생을 사시는 거고 저는 하나의 인생도 살지 못하는 셈입니다. 그것은 불공평한 일 아닌가요?"

2. 후앙의 아버지는 독실한 천주교 신자로 아들이 동성애자라는 사실을 받아들이지 못했다. "제가 어릴 때 아버지가 실직을 하셨어요. 저는 아직 아이였는데도 돈을 벌어 소년가장 역할을 했습니다. 힘든 시간이었죠. 그 사실을 생각하면 제가 아버지를 부양했듯 이제 아버지가 저를 지지해 주셔야 마

땅하다고 생각해요. 그래서 저는 아버지에게 사과할 생각이 없습니다. 제가 제 신념대로 솔직하게 살아가는 것을 아버지가 존중해 주시길 바라요."

3. 루카스는 대대로 홈스쿨링을 하는 집안에서 자라났다. 그런데 그가 자신의 딸을 사립학교에 보내자 홈스쿨링의 신봉자인 그의 어머니가 그것을 개인적 거부로 받아들였다. "제가 아무리 설명해도 엄마는 이해하지 못하시네요. 하지만 엄마의 마음을 상하지 않게 하기 위해 제 딸을 위해 제가 옳다고 믿는 것을 접을 생각은 없어요."

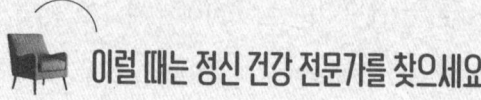
이럴 때는 정신 건강 전문가를 찾으세요

이 장에서 소개한 치료법을 적용했으나 여전히 과도한 죄책감에 시달리거나 여하간의 이유로 치료법을 적용할 수 없는 경우, 또는 아직도 죄책감이 당신의 삶의 질이나 인간관계를 좀먹고 있는 경우에는 정신 건강 전문가를 찾아 죄책감 외에 우울증, 불안장애, PTSD 등 다른 심리적 요소가 관련된 것은 아닌지 검토해 볼 필요가 있다.

만일 앞에 제시한 치료법을 실시하는 것이 너무 고통스럽다거나 스스로 사건에 대한 당신의 책임을 정확히 평가할 수 있을지 자신이 없다면 숙련된 정신 건강 전문가와 그 사건과 당신의 감정에 대해 이야기를 나눠 보면 도움이 될 것이다. 만일 죄책감이 너무 커서 자신이나 다른 사람을 해치고 싶은 생각이 들곤 한다면, 즉각 정신 건강 전문가와 상담하거나 가까운 병원의 응급실을 찾도록 하라.

5장

"곱씹기와 슬픔을 절교시키세요"

계속 덧나서 연고가 필요한 상처, **반추**

8
**Emotional
First Aid**

우리는 왜 자꾸 상처를 긁어서 덧나게 하는 걸까

우리는 고통스러운 경험을 마주하면 대개 그 경험을 계속해서 곱씹고 돌아보는 경향이 있다. 그렇게 함으로써 일종의 통찰과 깨달음에 도달해 마음의 고통을 누그러뜨리고 삶을 살아가기 위해서이다. 그러나 많은 경우에 이와 같은 반성적 사고를 하는 동안 일이 잘못된 방향으로 흘러가 버린다. 고통스러운 감정에서 해방되는 것이 아니라 오히려 애초의 고통스러운 장면, 기억, 감정을 계속해서 반복적으로 머릿속에서 되풀이하는 악순환의 고리에 사로잡혀 버리는 것이다.

반복하면 할수록 기분은 더욱 더 나빠진다. 정서적 고통의 쳇바퀴에 갇힌 다람쥐처럼 쉬지 않고 빨빨거리며 달리지만, 제자리에서 조금도 벗어나지 못한다. 이와 같은 곱씹는 경향, 반추 사고를 마음의 상해의 범주에 넣은 이유는, 이것이 우리의 상처를 치유할 새로운 이해를 주는 대신 상처에 앉은 딱지를 긁고 떼어 내 새로운 감염을 일으키기 때문이다.

불행히도 곱씹는 경향은 거의 항상 즐겁고 긍정적인 감정이나 경험이 아니라 고통스러운 감정과 경험에서 비롯된다. 밤새 한잠도 못 자고 저녁 파티에서 얼마나 많은 사람과 환담을 나누었는지를 되새겨 곱씹는 사람은 별로 없다. 직장 상사가 최근 내 업적을 칭찬하는 장면을 하나하나 세부적으로 되돌아보고, 뜯어보고, 곱씹어 보는 사람도 별로 없을 것이다. 그러나 만일 파티에서 사람들과 환담을 나눈 대신 사람들이 나를 비웃었다면, 만일 상사가 나를 칭찬한 것이 아니라 동료들 앞에서 나에게 소리를 고래고래 지르며 비난하고 야단을 쳤다면 우리는 몇 주 동안 그 고통스러운 경험을 곱씹고 또 곱씹을 것이다.

이런 반추 사고의 위험성은 이미 지나간 사건에 느끼는 정서적 고통을 심화시킬 뿐만 아니라,[1] 우리의 마음과 몸의 건강에 광범위한 위협이 되기 때문이다. 특히 우울증에 걸릴 가능성을 높이고, 이미 우울증을 앓는 경우라면 우울한 기간을 더 늘릴 수 있다. 또한 반추 사고는 알코올 남용과 섭식 장애의 위험을 높이고, 부정적 사고 경향을 조성하며, 문제 해결 능력을 손상하고, 심리적·생리적 스트레스 반응을 증가 시켜 심혈관계 질환의 위험성 역시 증가 시킨다.

이런 위험성이 알려진 지 수십 년 되었지만, 심리 치료사들은 상담자들의 반추 사고 경향을 치료하는 데 어려움을 겪어 왔다. 왜냐하면 부정적 생각이나 집착을 떨쳐 버리는 최선의 방법은 그것을 털어놓고 이야기하는 것이라는 전제에 기초하여 심리 치료가 이루어지기 때문이다. 그런데 상담자가 반추 사고 경향을 갖고 있다면 심리 치료사와 대화를 나누는 일마저도 어렵다. 부정적 감정을 불러일으키는 고통스러운 생각을 곱씹고 싶은 충동을 증가시키고 상태를 악화시킬 수도 있기 때문이다.

　내가 명확히 해 두고 싶은 것은, 고통스러운 감정을 불러일으키는 경험을 분석하려는 모든 시도가 득보다 실을 가져온다는 이야기는 절대 아니다. 반성적 사고나 자기성찰이 완벽하게 유용하고 적응성 있는 경우가 많이 있다. 문제는 이와 같은 적응성 있는 형태의 자기성찰과 오히려 적응에 해가 되는 반추 사고 사이에 어떻게 명확한 금을 긋는가 하는 것이다. 뿐만 아니라 곱씹는 경향을 갖고 있는 사람들이 상처 위에 앉은 딱지를 헤집고 떼어 내 상처가 아무는 것을 방해하지 않으면서 자신의 감정과 문제에 대해 좀 더 생산적으로 생각할 방법이 과연 있을까?

　이 질문은 새로운 세대의 심리학 연구자들을 사로잡아 왔다. 다행히 그들이 반추 경향에 대해 반추하고 또 반추한 결과, 괄목할 만한 연구와 전망 밝은 새로운 접근 방법들이 나타났다. 그 결과, 마침내 비적응적인 반추 사고와 유용한 자기반성의 근간에 있는 메커니즘을 발견했다. 그것을 통해 반추 사고를 마음에 덜 유해하고 오히려 유익하도록 수정하는 방법을 알아내기 시작했다. 이 새로운 발견을 활용하기 위해 일단 우리는 반추 사고가 일으키는 심리적 상처를 이해할 필요가 있다.

왜 곱씹기와 슬픔은
영원한 단짝 친구일까

　　　　　　어떤 문제나 감정을 곱씹는 행위는 마음의 상처에 앉은 딱지를 긁어 떼어 내는 것과 같으며 다음 네 가지 심리적 상해를 일으킨다. 먼저 반추 사고는 슬픔을 더 크게 하고 더 오래 머물게 한다. 마찬가지로 분노 역시 더 크게, 더 오래 지속되게 한다. 또한 정서적, 지적 자원을 독점해 다른 활동에 대한 동기 유발, 주도성, 생산적으로 생각하고 집중하는 능력 등을 방해한다. 마지막으로 같은 사건과 감정을 끊임없이 되풀이해서 이야기하고자 하는 욕구는 우리를 지지해 주는 주변 사람들의 참을성과 공감 능력을 고갈시켜 인간관계마저 위태롭게 만든다. 이 각각의 상처들을 좀 더 자세히 살펴보자.

　반추 사고를 치료하기 어려운 이유 중 하나는 이것이 '자기강화적' 속성을 지니고 있기 때문이다. 문제를 곱씹어 생각하다 보면 더욱 심란해지게 마련이다. 그리고 심란하면 할수록 우리는 그 문제를 더 곰곰이 생각하고 싶어진다. 바로 이와 같은 역학 때문에 반추 사고는 임상우울증을 일으키는 주된 이유로 꼽힌다. 고통스러운 감정과 경험에 고도로 집중하는 일은 기분을 저하시키고 지각을 왜곡시켜 우리의 삶을 더 부정적으로 바라보게 하며,

그 결과 더 무력하고 절망적인 느낌에 빠져든다. 뿐만 아니라 일단 곱씹는 경향에 사로잡히면 스스로를 반성적으로 생각하려고 들 때마다 곱씹기의 쳇바퀴에 사로잡히게 될 가능성이 높다. 심지어 지금 현재 우리의 삶에 특별히 고통스러운 것이 없는데도 말이다.

이 역학을 완벽하게 설명하는 간단한 연구 결과가 있다. 과학자들이 보통 사람들에게 특별할 것이 없는 일상 중[2] 어느 한 순간 8분 동안 자신의 감정에 대해 돌아보라고 주문했다. 대부분의 사람들에게는 8분 동안 내 감정에 대해 생각하는 일이 기분에 아무런 영향을 주지 않을 것이다. 대체 왜 영향을 줄지 궁금해 할 수도 있다. 그런데 처음에 약간 슬픈 느낌을 갖고 있었으며 평소에 생각을 곱씹는 경향을 갖고 있는 사람들은 8분 동안 자신의 감정을 돌아보고 나서 그 이전보다 훨씬 더 슬픔을 느낀다고 했다. 다시 강조하지만 이 실험에서는 어떤 식으로든 사람들의 감정을 조작하지 않았으며, 단순히 자신의 감정에 대해 생각해 보라고 주문했을 뿐이다.

기업 변호사인 린다와의 상담은 지속적 반추 사고가 어떤 것인지 보여 주는 좋은 예이다. 린다는 명문 로스쿨을 수석으로 졸업했다. 그리고 졸업하자마자 뉴욕의 가장 저명한 법률회사에서 낚아채듯 데려갔다. 입사 한 뒤 몇 년이 지나자 회사의 고위 파트너 가운데 한 사람이 린다에게 자신의 부서로 들어오라고 제안했다. 린다의 직업 경력 중 가장 흥분되는 순간이었다. 그러나 그것은 또한 추락의 시작이기도 했다.

새로운 상사는 알고 보니 끔찍한 인물이었다. 비판적이고, 사람을 무시하고, 매사에 가르치려 들며, 거들먹거리고, 수동공격성(passive-aggressive, 사회적·직업적 상황에서 요구되는 행동에 수동적으로 저항하고 거부하는 성격. 꾸물거리거나 딴청을 하고 참을성이 없고 짜증내며 비판적이고 따지기 좋아하는 특성을 보인다―옮긴이) 인간형인데 동시에 시간과 노력을 엄청나게 요구하는 상사였다. 그는 또한 툭하면 소리를 고래고래 질러대는 버릇을 갖고 있었는데, 린다 입장에서는 누군가가 자신에게 그렇게 소리를 지르는 것은 일생 처음 겪는 경험이었다.

일 년이 흘러 갔고, 린다는 완전히 낙담한 상태였다. 린다는 예전 부서로 다시 돌아갈 것을 고려했다. 그런데 상사가 파트너 승진이라는 매혹적인 당근을 눈앞에 내밀었다. 조금만 더 노력하고 열심히 일하면 몇 년 안에 파트너 승진 후보자로 선정하겠다는 암시를 주었다. 실제로 그해 인사고과에 평균 이상의 점수를 주기도 했다. 그러나 동시에 그는 여전히 계속해서 린다를 깔보고, 업적을 과소평가하고, 공개적으로 창피를 주고, 업무 회의 때 소리를 질렀다. 린다는 종종 화장실에서 울곤 했다. 남편의 부추김에 힘입어 상사에게 언제 파트너 후보에 올릴지 단도직입적으로 물어보기도 했다. 상사는 지금처럼만 계속하면 이듬해 말에 파트너 승진 명단에 올리겠다고 약속했다. 린다는 그에게 그 약속을 글로 써 달라고 요구했고, 기쁘게도 그는 순순히 써 주었다.

린다는 두 배로 더 열심히 일했다. 마침내 상사가 앞날에 대해 논의하기 위해 부르자 린다는 기대감을 감추기 어려웠다. 그러나 그는 승진을 발표하기는커녕 끔찍한 인사고과 결과를 내밀었다. 예전보다 더욱 열심히 일한 린다에게 "점점 태만해진다"라는 평가를 내렸고, 이 회사에서 파트너 자리에 오를 기회는 없다고 잘라 말했다. 린다는 엄청난 충격을 받았다. 린다는 곧 다른 회사로 옮겼지만 그 과정에서 상당한 감봉을 감수해야 했다.

린다가 나를 찾아온 것은 새 직장으로 옮기고 1년이 지난 뒤였다. 새로운 상사에 대해서는 만족했지만, 린다는 과거의 상사에게 겪었던 경험을 떨쳐 버릴 수가 없었다. "저는 내내 불행했어요." 린다가 말했다. "제가 회의에서 발표를 할 때마다 그 사람이 저에게 눈을 희번덕거리던 모습, 그 사람이 제 업무에 흠을 잡을 때 짓던 혐오스럽다는 듯한 표정, 동료들 앞에서 저에게 소리를 지를 때의 화난 모습이 계속해서 떠오르고 또 떠올라요." 이 경험이나 또 다른 경험들이 린다에게 불러일으킨 정서적 고통은 얼굴에 생생하게 아로새겨져 있었다. 린다는 나를 만나기 전에도 심리 치료를 받은 일이 있지만 고통스러운 반추 사고와 슬픔을 감소시키는 데 별 효과를 얻지 못했다.

전통적 심리 치료법 대다수가 환자로 하여금 자신의 경험을 매우 상세하게, 모든 각도에서 검토하도록 하한다. 하지만 그것은 실제로 반추 사고 경향을 증폭시킬 수 있다. 인지 치료와 같은 또 다른 접근 방법은 고통스러운 경험을 그토록 상세하고 집요하게 검토하는 대신 자신의 부정적 생각을 찾아내 그것에 반박하도록 가르친다. 그러나 반추 사고 경향에 있어서는 이 방법 역시 문제가 될 수 있다. 왜냐하면 부정적인 생각에 반박하는 것을 연습하려면 일단 그 생각을 마음에 불러내야 하기 때문이다.

  최근 한 연구에서 우울증 위험이 있는 대학생들에게[3] 인지치료용 문제집과 일반적인 학문 분야의 문제집 중 하나를 주고 그 안의 문제에 답을 작성하도록 했다. 피험자들이 문제집을 다 푼 다음 즉시 우울증 정도를 측정하고, 또 4개월이 지난 후에 다시 한 번 우울증 수준을 측정했다. 그 결과 반추 사고의 경향을 가진 피험자들은 인지 치료용 문제집을 풀었을 때 학문 분야의 문제집을 푼 경우보다 우울 경향이 훨씬 더 심해졌다. 반추 사고 경향을 가진 사람들에게 자신의 부정적 생각과 감정을 찾아내라고 요구하는 것은, 설사 그것에 반박하려는 목표를 위해서라고 하더라도, 그들의 곱씹는 경향을 오히려 부추겨 그 결과 더 슬픔에 빠지게 만든다. 그들의 슬픈 감정이 4개월이 지나도 남아 있었다는 것은 일단 생각을 반추하는 경향이 자리 잡으면 끈질기게 오래 간다는 것을 보여 준다.

우리가 반복해서
분노에 기름을 붓는 이유

강력한 반추 경향을 이끌어 내는 또 다른 감정은 바로 분노이다. 많은 사람이 자신을 화나게 한 경험을 되풀이해서 머릿속에 떠올린다. 슬픔을 강화시키는 자가발전의 바퀴와 마찬가지로 분노 역시 곱씹으면 곱씹을수록 분노를 불러일으킨 생각과 경험에 대해 더 많이 떠올리고 이야기하게 되고, 그 결과 더 화가 나게 되며, 이 감정과 문제를 곱씹고자 하는 충동은 더욱 더 커진다.

내가 몇 년 전 상담했던 칼튼이라는 젊은이는 바로 이 역학의 희생자였다. 칼튼의 아버지는 가난한 집안에서 성장했으나 주식시장에서 큰 재산을 모은 사람이었다. 그는 자신의 아들을 부족함 없이 키우고자 했다. 예를 들어 칼튼이 대학을 졸업한 후 뉴욕에서 사는 것에 관심을 비치자, 아버지는 즉각 고급 아파트의 최고층(펜트하우스)을 구입해 아들이 살 수 있게 해 주고 매달 두둑한 생활비도 보내 주었다. 입버릇처럼 "내 아들은 뭐든 최고로 해 주겠어."라고 말하면서 말이다.

칼튼은 아버지의 연줄로 좋은 일자리들을 전전했다. 그러나 그는 그런 자리에서 성공을 거두는 데 필요한 경험도, 자격도 없었다. 그래서 대개 1년도 채 안 되어 상사에게 "다른 일을 해 보는 것이 어떻겠냐?"나 "당신에게 맞는 길을 찾으라"라는 얘기를 듣고 그만두어야 했다. 그가 일을 제대로 수행하지 못한다는 암시는 칼튼을 여러 차례 충격에 빠뜨렸다.

"그 회사들이 애초에 저 정도의 스펙을 가진 사람에게는 기회를 주지 않았을 거라고 생각해요. 단지 아버지에게 호의를 베풀어 저를 고용했던 거죠." 칼튼이 처음 나를 만났을 때 설명했다. "그 사람들은 어차피 내가 오래 버티지 못할 거라 예상했기 때문에 내가 일을 잘 한다, 못 한다 소리도 하지 않고 어떻게 해야 더 잘 할 수 있는지도 가르쳐 주지 않았어요. 그저 시간이 조금 지난 다음에 나가 달라고 했을 뿐이죠. 그런 일이 되풀이될 때마다 내가 얼마나 수치스러웠을지 선생님은 결코 모르실 거예요." 고통스러운 기억을 떠올리는 칼튼의 콧구멍이 벌름거렸다.

"저는 아버지에게 아파트를 사 달라고 한 적이 없어요. 생활비를 달라고도 하지 않았고, 일자리를 주선해 달라고도 하지 않았어요. 단 한 번도요. 그저 제가 어떤 일에 관심이 있다고 말만 한마디 하면 바로 며칠 뒤에 일자리를 제안하는 전화가 걸려오는 식이었죠. 그 일자리들이 저의 분수에 맞지 않는다고 말해 준 사람이 하나도 없었어요. 저를 누구보다 사랑하는 제 아버지는 그저 계속해서 제가 실패할 길만 열어 주셨던 셈이죠. '내 아들은 뭐든 최고로 해 주겠어!'" 칼튼은 마지막으로 그의 아버지의 목소리를 씁쓸하게 흉내 냈다.

칼튼은 25세가 되던 해에 마케팅 관련 직업을 가진 솔라나라는 여성을 만났다. 그들은 만난 지 1년 뒤에 결혼했다. 그런데 2008년 가을, 그들이 결혼하고 몇 달 지나지 않아서 경기 불황이 전 세계를 덮쳤고, 칼튼의 아버지도 큰 타격을 입었다. 그는 칼튼과 솔라나가 살던 아파트를 팔아야 했고, 아들에게 보내던 생활비도 더 이상 보내 주지 못했다. 칼튼은 당시 실업 상태였기에, 부부는 솔라나의 월급과 칼튼의 계좌에 남아 있던 얼마 되지 않는 돈으로 생계를 이어 나가야 했다.

"저는 미친 듯이 일자리를 찾아 나섰어요." 칼튼이 말했다. "그 후 6개월 동안 저는 100군데가 넘는 직장에 지원했지만, 몽땅 다 거절당했어요. 그럴 만도 하죠. 저의 이력서는 연달은 실패로 가득했으니까요. 제 아버지는 저에게 영웅이 되는 데 열중하느라 제가 경제적으로 완전히 의존적인 인간이 되거나 말거나 신경 쓰지 않으셨어요. 아버지는 연줄로 저를 좋은 직장에 앉히는 것이 제 이력을 망칠 수 있다는 것도 신경 쓰지 않으셨어요. 그러다 결국 제가 오갈 데가 없어질 것이라는 사실도 생각하지 못하셨어요!" 칼튼의 얼굴이 분노로 시뻘게졌다.

"저는 스물일곱 살인데 기술도 없고, 스펙도 없고, 아무 전망도 없어요! 아버지가 제 인생을 망쳐 버렸어요! 저는 항상 화가 치밀어 오르고, 불쌍한 솔라나가 그 화를 다 받아 냈어요. 아내는 저에게 아버지 생각 좀 그만하라고 하지만, 제가 직장을 구하려다 거절당할 때마다 제 귓가에서 아버지 목소리가 울려 퍼져요. '내

아들에겐 뭐든 최고로 해 주겠어!' 그리고 그럴 때마다 저는 돌아 버릴 것 같아요! 제가 솔라나에게 소리 질러 대는 것을 그만두지 않으면 아마 아내도 저를 떠나 버릴 거예요. 그런다고 했어요. 아내마저 절 떠나 버리면 저는 아무것도 없어요. 아무것도!"

화나는 생각을 곱씹고 또 곱씹는 쳇바퀴에 갇히게 되면 우리는 늘 분노에 휩싸여 작은 일에도 발끈하며 성내기 쉬운 상태가 된다. 화는 우리의 스트레스 반응을 활성화시켜 심혈관계에 영향을 미친다.[4] 그래서 오랜 기간 동안 지속적으로 강한 분노의 반추 사고를 거듭할 경우 심혈관계 질환에 걸릴 가능성이 높아진다. 분노의 반추 사고의 더욱 비밀스러운 해악은 이것이다. 화를 곱씹으며 항상 성이 나 있으면, 아주 작은 도발에도 과잉 반응을 하게 마련이다. 그 결과 우리는 주변의 친구나 가족에게 분풀이를 하곤 한다. 주변 사람들의 별것 아닌 작은 꼬투리에도 달려들어 물어뜯고 화를 내야 직성이 풀린다.

우리가 얼마나 쉽게 죄 없는 사람들에게 화풀이를 하는지 보여 주는 예시가 있다. 한 연구에서 피험자들에게 좌절감을 주는 경험을 하게 한 뒤,[5] 일부에게만 그 경험을 반추하도록 요구했다. 그런 다음 피험자들에게 연구에서 설정한, 그들과 아무 관련 없는 사람들이 낸 지원서를 검토하고 점수를 매기도록 했다. 지원자들은 좀 서투를 뿐 피험자들이 겪은 불쾌한 상황과 아무 관련도 없었지만, 분노를 곱씹은 피험자들은 그들에게 훨씬 더 공격적인 태도를 보였다. 그 일자리가 지원자들의 생계와 경력에 절실하게 필요한 기회였는데도 일자리를 구할 수 있는 기회를 무산시켜 버렸던 것이다.

  우리가 우울한 반추 사고의 쳇바퀴에 갇히게 되면 배우자나 가족, 주변의 친구들이 그 상황에 전혀 잘못한 것이 없어도 그들의 (그리고 나의) 삶의 질에 커다란 타격을 준다. 특히 우리를 인질로 잡고 있는 반추 사고의 주제가 분노일 경우에 더욱 더 그렇다.

반복된 생각이 오히려
주의력을 떨어뜨리는 이유

반추 사고는 우리의 사고 활동에서 엄청나게 큰 몫을 차지함으로써[6] 정신적 에너지의 상당 부분을 소모한다. 불쾌한 경험을 곱씹는 행위는 주의력과 집중력, 문제 해결 능력을 손상시키고 뭔가 생산적인 일을 하려는 동기와 주도적 노력을 꺾어 버린다. 뿐만 아니라, 그러다 보면 잘못된 의사결정을 내리는 경우도 많아 우리의 마음과 몸의 건강에 해를 끼친다. 예를 들어서 반추 사고 경향이 강한 여성들은 그렇지 않은 여성에 비해 가슴에 멍울이 만져졌을 때(잠재적으로 생명을 위협하는 질병의 징후일 수 있는데) 두 달 정도 더 늦게 병원을 찾는 것으로 드러났다.[7] 또 다른 연구에서 암이나 관상동맥 질환을 가진 환자 가운데[8] 불쾌한 생각을 곱씹는 경향을 가진 환자들은 그렇지 않은 환자들에 비해 치료에 잘 반응하지 않는 것으로 나타났다.

반추 사고는 우리를 부정적 감정 속에 가두고 삶 전체, 과거와 미래를 암담하고 침울하게 바라보게 한다. 그러면 그 부정적 전망 때문에 당면한 문제를 다루기 힘들다고 생각하고, 문제의 해법을 잘 찾아내지 못하게 되며, 어쩌다 해법을 찾아내더라도 실행하는 일을 미루고 회피하게 된다. 기분을 바꿔 줄 만한 행동을 취하는 것이 도움이 될 것임을 알면서도 그런 행동을 추구할 마음이 점점 없어진다.

이런 상황에서 어떤 사람들은 알코올이나 다른 물질을 통해 고통을 누그러뜨리려 든다. 수년간 내가 상담해 온 반추 사고 경향을 가진 사람들 가운데 상당수는 술을 마시면 화가 누그러지고 주변 사람들도 자신과 지내기가 좀 편해진다고 주장했다. 술이 날카롭게 곤두선 신경을 다독이고 주변 사람들에게 좀 더 너그럽게 만들 수는 있다. 그러나 문제는 술 한잔에서 그칠 수 있느냐이다. 대개 한 잔이 두 잔 되고, 두 잔이 석 잔 되는 식으로 주량이 계속 늘어나기 십상이다. 특히 기분을 달래기 위해 술을 마시는 경우에는 주량을 적절한 정도로 계속 유지하기 어렵다. 또한 술에 취하면 충동 조절 능력이 약해져 분노와 공격성을 파괴적인 형태로 표현할 가능성이 더 높아진다.

알코올 남용이나 중독에 이르는 첫 계단은 반추 사고가 불러일으키는 정서적 고통과 분노를 삭이기 위한 잘못된 노력에서 시작하는 경우가 많다. 어떤 사람들은 폭식을 하거나 약물을 써서 섭취한 음식을 배설하거나 토하는 섭식 장애를 보이기도 한다. 그러나 감정을 조절하기 위해 음식이나 술이나 그밖에 다른 약물에 의존하더라도, 고통스러운 감정을 불러일으킨 반추 사고 자체는 해결하지 못하고 장기적인 심리적 손상을 입을 위험성만 증가하게 된다.

했던 말을
하고 또 하는 친구

생각을 곱씹는 일은 매우 소모적이다. 그렇기에 우리가 곱씹는 주제에 대해 이야기하고 싶은 욕구가 주변의 친구나 가족 들에게 악영향을 주고, 가장 중요한 인간관계에 긴장을 발생시킨다는 사실을 간과하기 쉽다. 뿐만 아니라 대개 여러 사람과 골고루 자신의 문제에 대해 이야기하기보다는 과거에 나에게 가장 큰 공감을 표현해 주고 의지가 되었던 사람에게 집중적으로 괴로움을 토로한다. 그 결과 그 사람 혼자서 당신에게 심리적 지지를 베풀어 주는 의무를 과도하게 짊어지는 꼴이 된다.

설사 그 사람이 당신을 엄청나게 좋아하고 아낀다고 하더라도 똑같은 얘기를 듣고 또 듣다 보면 궁극적으로 인내심과 공감 능력이 고갈되고 만다. 그렇게 되면 그는 당신에게 분노를 느낄 가능성이 높다. 내가 상담자들에게 이 점을 지적하자 그들은 상대가 참을성을 잃을 수 있다는 점은 마지못해 시인했지만 그들이 분노를 느낄 것이라는 사실은 이해하지 못했다.

왜 그들이 분노를 느끼는지 이해하기 위해서, 먼저 우리는 가까운 사람들에게 정서적 지지와 조력을 나눠 주는 일이 우정이나 긴밀한 인간관계의 매우 소중하고 보람 있는 측면이라는 점을 고려해야 한다. 아끼는 누군가를 도울 때 우리는 자신에 대해 더 기분 좋게 느끼고, 둘 사이의 관계가 더욱 긴밀해지며, 양쪽 모두 서로에 대한 신뢰와 충성도가 높아지고, 스스로를 세상에서 가치 있고 의미 있는 존재로 느낀다.

만일 당신이 과거에 여러 차례 이야기했던 감정과 생각을 또 다시 되풀이해서 화제에 올린다면, 상대는 그들이 과거에 우리를 돕기 위해 기울였던 노력이 부족하다고 느낄 수밖에 없다. 당신이 상대에게 그 노력을 다시 해 달라고 요청하는 셈이니 말이다. 과거에 그 사람이 당신에게 베풀었던 노력이 약간의 위안을 주었을 뿐이고 그 효과가 그리 오래 가지 않았기에 지금 또 다시 위로를 요청하는 것이 아닌가? 당신의 충성스러운 친구나 가족이 이것을 의식적으로 모욕이라 받아들이지는 않을지 몰라도, 적어도 뭔가 짜증나고 화나는 느낌을 가질 수 있다.

뿐만 아니라 우리는 어떤 사건에 대해 얼마나 오래 고통을 느끼는 것이 적당한지, 그 한계에 대한 내면의 기준을 가지고 있다. 그 기간이 지났는데도 계속해서 들어 달라고, 위로해 달라고 징징댄다면 의무감이나 죄책감에서 지지와 공감을 베풀지 모르지만, 마음 한구석에서는 그 상황에 짜증과 분노를 느낄 것이다.

한 번은 결혼식 올리기 몇 주 전에 약혼자가 떠나 버려 큰 상처를 입은 젊은 남자와 상담을 한 일이 있다. 그 일이 있은 뒤 1년 동안 그는 친구들에게 내내 그 이야기를 했다. 그의 이야기를 듣다 보니 전 여자 친구에 대한 끊임없는 집착과 넋두리에 그의 친구들이 참을성을 잃어가는 징후를 느낄 수 있었다. 친구들은 차츰 모임의 성격을 바꾸기 시작했다. 골프나 저녁 모임, 술집에서의 만남과 같이 대화를 주고받기에 좋은 활동보다는 영화를 본다든지 농구나 축구를 하자고 제안하곤 했다. 그런데 불행히도 내 상담자인 젊은이는 친구들의 이와 같은 암시나 점점 차오르는 분노의 경고를 조금도 눈치 채지 못했다. 어느 날 농구 시합 중에 그가 몇 번째인지도 알 수 없을 이야기를 다시 꺼내자 친구 가운데 한 사람이 화가 치밀어 소리쳤다. "야, 이 찌질한 새끼야, 니가 그러고도 남자냐?" 그런 다음 느닷없이 농구공을 내 상담자의 얼굴 한가운데로 던져 그의 코뼈를 부러뜨려 버렸다.

친구의 분노는 몇 개월 동안 부글부글 쌓여 와서 그날 마침내 끓는점에 도달한 것이 분명하다. 그러나 그동안 한 번도 짜증나는 감정을 내색하지 않았다. 다른 친구들도 마찬가지였다. 어쨌든 공격적인 행동을 한 친구는 마땅한 벌을 받았다. 공을 던진 사건 뒤 다섯 시간 동안 응급실에서 내 상담자의 이별 이야기를 코맹맹이 소리로 들어 주어야 했으니 말이다. 이따금씩 콧구멍에서 튀어나오는 피 묻은 거즈를 피해 가면서 말이다.

물론 반복해서 같은 얘기를 늘어놓더라도 모든 친구가 화가 치밀어 물건을 던지지는 않는다. 그렇다고 해서 그들이 그러고 싶지 않다는 얘기는 아니다. 강력한 반추 사고에 빠지면 자신의 감정적 요구에 지나치게 초점을 맞추게 되고, 주변 사람의 감정을 돌아보지 못하게 된다. 그 결과, 인간관계에서도 대가를 치러야 한다.

반추로 인한
심리적 상처를 치료하는 방법

마음을 어지럽힌 사건을 돌아보고 곱씹어 보는 것은 매우 자연스러운 일이다. 그러나 정상적인 경우 시간이 흐름에 따라 집착의 강도와 빈도가 점차로 줄어들고, 이런 경우에는 치료할 필요가 없다. 그러나 시간이 많이 지났는데도 집착의 빈도와 정서적 강도가 감소하지 않고 그대로인 경우에는 반추 사고의 악순환의 고리를 끊고 정서적 응급 처치를 실행하도록 해야 한다. 우리의 마음의 약장을 열고 가능한 치료 방법을 찾아보자.

일반적 치료 지침

상처가 아물도록 하기 위해서 우리는 생각을 곱씹고 또 곱씹는 악순환의 고리를 끊어 반추 사고의 자기강화적 특성을 와해시켜야 한다. 그러려면 곱씹고자 하는 충동 자체를 약하게 해야 하는데, 그렇기 위해서는 충동의 연료 역할을 하는 감정의 강도를 낮출 필요가 있다. 또한 주변 사람들과의 인간관계를 돌아보고 사랑하는 사람들에게 너무 무거운 감정적 짐을 지운 것은 아닌지 살펴보아야 한다. 만약 그렇다면 그 짐의 무게를 덜도록 노력해야 한다.

다음 치료 방법들은 제시된 순서대로 적용한다. 〈기억을 3인칭으로 바꾸어 회상하자: 치료법 A〉는 생각을 곱씹게 만드는 충동의 강도를 줄이는 데 초점을 맞추고 있다. 〈"흰곰을 생각하지 마세요": 치료법 B〉는 반추 사고의 빈도를 줄이는 데 초점을 맞추고 있다(일단 생각을 곱씹고자 하는 충동이 누그러져야 쉽게 할 수 있다). 〈분노를 공격으로 풀지 말자: 치료법 C〉는 반추 사고가 불러일으키는 분노와 공격적 충동을 목표물로 삼는다. 〈친구를 감정 쓰레기통으로 쓰지 마라: 치료법 D〉는 우리에게 정서적으로 지지해 주는 사람들과의 관계를 돌아보는 데 유용하다.

기억을 3인칭으로 바꾸어 회상하자
: 치료법 A

치료법 요약	관점 바꾸기.
용법 및 용량	방해받지 않고 실행할 수 있을 때마다 위의 치료 방법을 연습해 보고, 괴로운 경험이 떠오를 때마다 이 방법을 적용한다. 반추 사고를 불러일으킨 감정의 강도가 약해지고 거듭해서 곱씹고자 하는 충동이 누그러들면, 치료법 B에 집중해서 아예 생각이 떠오르자마자 차단해 버린다.
효과	우울감과 화를 불러일으키는 반추 사고를 감소시키고 손상된 지적, 정신적 기능을 복구한다.
간접 효과	생리적 스트레스 반응을 감소시킨다.

과학자들은 우리가 고통스러운 감정과 경험을 돌아보고 되짚어 생각하는 과정에서 적응적인 반성과 부적응적인 곱씹기의 차이를 만드는 것이 무엇인지 알아내려고 조사하기 시작했다. 그 결과 매우 중요한 차이를 가져오는 한 가지 요소가 드러났다. 그것은 바로 우리가 고통스러운 경험을 마음속에서 되돌아볼 때[9] 사용하는 시각적 관점이다.

고통스러운 경험을 마음속으로 분석할 때 자신 내면의 관점으로 사건을 바라보는 것이 자연스러운 경향이다. 그러니까 자신의 눈을 통해 일어난 사건을 바라보는 것이다(이것은 또한 일인칭 시점이라고도 한다). 그런데 그런 방식으로 자신의 감정을 분석하다 보면 기억은 서술적 형태로(내가 직접 보고 듣고 겪은 장면 하나하나가 그대로 재생되는 형태로) 전개되고, 그 결과 사건을 겪을 때와 비슷한 수준의 강도로 감정이 다시 일어난다.

그러나 연구자들이 사람들에게 고통스러운 경험을 자신으로부터 떨어진 관점(삼인칭 시점)으로 바라보라고, 즉 장면 안에 자신까지 포함해서 사건 밖에 위치한 관찰자의 눈으로 바라보라고 요구하자 놀라운 일이 벌어졌다. 사람들은 단순히 일어난 사건과 그때의 느낌을 다시 경험하는 대신 자신의 경험을 새롭게 이해하고 전과 다른 통찰과 마무리하는 감정을 일으키는 방식으로 재해석하는 경향을 보였다. 연구자들이 사람들에게 삼인칭적 시점을 유지하면서 그 사건이 '어떻게' 일어났는지보다 '왜' 일어났는지를 되돌아보라고 주문하자 그 변화는 한층 더 두드러졌다.

수많은 연구에서 고통스러운 경험을 이런 방식으로 분석해 보도록 한 피험자들은 자기 안에 갇힌 일인칭적 시점으로 경험을 되돌아본 피험자들에 비해 훨씬 정서적 고통을 덜 느꼈다. 뿐만 아니라 혈압도 덜 반응했다(혈압의 상승폭이 적고 상승했다가도 더 빠르게 정상 수준으로 되돌아갔다).[10] 이것은 자기로부터 떨어져 제3자의 관점으로 사건을 바라보는 것이 스트레스 반응을 낮추고 심혈관계에 무리를 덜 준다는 의미이다. 좋은 소식은 여기에서 끝나지 않는다. 일주일 뒤 실시된 조사에서 자기로부터 떨어진 관점을 사용했던 피험자들은 자기 안에 갇힌 관점으로 되돌아본 피험자들보다 고통스러운 경험을 떠올리는 빈도가 유의미하게 줄어들었고, 설사 떠올리더라도 정서적 고통이 훨씬 덜한 것으로 보고했다. 이러한 발견은 우울한 곱씹기나 분노의 곱씹기 모두에 유효한 것으로 나타났다.

내가 이 연구 결과를 처음 읽었을 때 가장 먼저 떠오른 사람은 성질 더러운 전 상사와의 경험을 고통스럽게 되새기는 변호사, 린다였다. 린다가 상사의 얼굴을 묘사한 방식("제가 회의에서 발표를 할 때마다 저에게 눈을 희번덕거리던 모습……" 등)은 자신의 경험을 일인칭적으로, 자기 안에 갇힌 관점으로 바라보고 있음을 분명히 보여 주었다. 나는 린다가 과거를 돌아보는 관점을 바꾸는 것이 반추 사고에 영향을 줄 수 있을지 궁금해졌다. 나는 린다에게 과거를 회상하는 방식을 바꾸어 볼 것을 제안했고, 2주 뒤 다시 만날 때까지 아주 신중하게 그 방법을 실행해 보라고 주문했다.

린다는 다음 상담 시간에 얼굴에 미소를 활짝 띠고서 나타났다. "선생님, 효과가 있었어요!" 린다는 자리에 채 앉기도 전에 큰 소리로 말했다. 린다는 이전 상담 시간 후 일주일 동안 과거의 상사가 머릿속에 떠오를 때마다 자신으로부터 떨어진 관점에서 기억 속의 장면을 바라보려고 노력했다고 한다. "그런데 얼마 지나지 않아서 뭔가가 바뀌었어요. 그걸 깨닫는 데 며칠 걸렸는데…… 일단 저는 예전보다 과거 상사 생각을 훨씬 드물게 떠올리게 됐어요." 더 기쁜 일은 린다가 전 상사 생각을 할 때에도 예전보다 마음의 동요가 훨씬 덜했고, 훨씬 더 쉽게 그 생각을 치워

버릴 수 있게 되었다. 생각이 지속될 때에도 '주의 돌리기(치료법 B)'를 더 쉽게 적용할 수 있었다. 관점 바꾸기와 주의 돌리기라는 두 가지 치료 방법의 조합은 린다의 고통스러운 반추 사고를 짧은 시간 안에 크게 감소시켰다.

관점 바꾸기 훈련

끊임없이 되새김질하는 주제로부터 심리적 거리를 둘 수 있도록 사건을 바라보는 시점을 옮기는 데에는 연습이 필요하다. 방해받지 않을 만한 시간과 공간의 여유가 있을 때마다 비생산적인 생각 곱씹기를 이끌어 내는 주제나 경험에 이 훈련을 적용한다.

편안하게 앉거나 누워서 눈을 감는다. 문제가 되는 경험의 첫 장면을 떠올린다. 마치 카메라의 줌 렌즈로 화면을 축소시키듯 시점을 장면으로부터 멀리 떨어뜨린다. 만일 사건이 두 장소에서 일어난 것이라면(누군가와 통화를 한다든지) 영화나 드라마의 분할 스크린처럼 당신과 상대방의 모습을 한 화면에 나누어 배치한다. 일단 머릿속의 화면에 자신이 나타나게 하는 데 성공하면, 다음에는 카메라 렌즈를 더욱 줌 아웃해서 더욱 먼 거리에서 장면이 전개되는 것을 바라보도록 한다. 멀찍감치 떨어진 시선을 유지한 채, 마치 지나가는 제3자처럼 사건이 흘러가는 것을 관찰하라. 괴로운 기억이 떠오를 때마다 반드시 이 시점을 유지하도록 한다!

"흰곰을 생각하지 마세요"
: 치료법 B

치료법 요약	주의 돌리기.
용법 및 용량	당신에게 효과가 있는 주의 돌리기 활동의 목록을 만들고 반추 사고가 나타나기 시작할 때마다 즉시 활동을 실행한다.
효과	우울감이나 분노를 일으키는 반추 사고의 영향을 최소화하고 손상된 지적, 정신적 기능을 복구한다.

생각을 곱씹고자 하는 충동이 약해지더라도 그 생각의 고리를 완전히 끊어 버리는 것은 여전히 어려운 일이다. 괴로운 기억을 되새김질 하는 것이 해롭다는 것을 알면서도 자꾸만 곱씹는 이유는 일단 감정의 소용돌이가 돌아가기 시작하면 자신도 모르게 같은 생각을 되풀이해서 떠올리고 곱씹게 되기 때문이다. 단순히 떠오르는 생각을 억제하려고 하는 것은 어려울 뿐만 아니라 바람직하지 않다. 생각 억제에 대한 수십 년에 걸친 연구 결과, 어떤 대상을 생각하지 않으려고 노력하는 것보다 더 그 대상을 생각하게 만드는 것은 없는 것으로 밝혀졌다.

이제 고전이 된 한 실험에서[11] 연구자들이 피험자들에게 5분 동안 흰곰을 생각하지 말라고 요구했다. 자기도 모르게 흰곰이 마음에 떠오르면 벨을 울리라고 지시했다. 왜 하필 흰곰이냐는 문제는 여기에서 중요하지 않다. 그저 사람들이 평소에 자주 떠올리지 않는 대상(아마 연구를 진행한 곳이 텍사스이기 때문에?) 가운데 임의로 정한 것일 뿐이다. 대부분 피험자는 몇 초도 지나지 않아 벨을 울렸다. 그리고 그 이후에도 계속해서 끊임없이 벨이 울렸다.

더욱 흥미로운 결과는 5분이 지나고 피험자들에게 뭐든지 원하는 대로 생각해도 좋다고 하자 일종의 반동 효과(rebound effect, 예를 들어 에너지를 절약하는 기술을 발명하자 사람들이 그걸 믿고 오히려 더 많이 에너지를 사용해 결과적으로 에너지 소비가 늘어난 것처럼 어떤 의도를 가지고 추진한 일이 오히려 의도와 반대의 결과를 가져오는 현상을 말한다—옮긴이)로 클론다이크 아이스크림(로고에 북극곰이 그려져 있는 아이스크림 브랜드—옮긴이) 트럭 운전사보다도 더 흰곰을 많이 생각하는 것으로 나타났다. 최초의 흰곰 실험 이후에 수행된 수많은 실험에서 원하지 않는 생각을 억제하는 것이 이와 비슷한 반동 효과를 일으킬 가능성이 높은 것으로 나타났다. 쫓아버리려고 하는 생각거리가 일단 집중력이 다하면 더욱 맹렬하게 되돌아오는 것이다.

반추 사고와의 전쟁에서 생각을 억제하는 것이 쓸모없는 전술로 드러난 반면, 주의를 돌리는 방법은 훨씬 유용한 무기로 드러났다.[12] 수십 편의 연구에서 몰입할 수 있는 과제를 수행하면서 스스로의 주의를 다른 곳으로 돌리는 것이 반추 사고의 쳇바퀴를 멈출 수 있음을 보여 주었다. 그 과제의 예로서 심장 박동 수를 상당 정도로 높이는 운동, 다른 사람들과의 교류, 퍼즐 풀기, 컴퓨터 게임 등이 있다. 또한 저하된 사고의 질과 문제 해결 능력을 복구하는 데에도 효과가 있는 것으로 나타났다. 일단 곱씹기를 멈추기만 하면 지적 기술을 효과적으로 적용하는 능력을 비교적 빨리 회복할 수 있기 때문이다.

사람들과 교류하거나 영화를 보는 활동은 반추 사고의 쳇바퀴를 멈추는 데 효과적이지만, 그렇게 시간이 많이 걸리는 활동을 아무 때나 실행하기 어렵다. 그러나 짧지만 고도의 집중을 요하는 활동들도 반추 사고를 차단하는 데 효과를 발휘한다. 예를 들어 몇 분 동안 핸드폰으로 간단한 스도쿠 퍼즐을 푼다든지, 우리 동네 슈퍼마켓의 배치도를 머릿속에 되살려 본다든지(2번 진열대에는 세제와 목욕 용품, 5번 진열대에는 아이스크림……)[13] 하는 행동은 피험자의 반추 사고를 멈출 뿐만 아니라 기분도 더 나아지게 하는 것으로 드러났다.

특정 상황(집에 있을 때나 직장에 있을 때, 공부를 하려고 할 때나 지하철을 타고 있을 때 등)과 자신의 반추 사고의 특성에 따라 주의를 돌리는 행동 중 어떤 것이 가장 효과가 있는지 확인하는 데에는 시행착오가 있을 수 있다. 왜냐하면 다양한 활동이나 사고 훈련이 얼마나 몰입을 이끌어 낼지에 대한 예측이 항상 정확하지만은 않기 때문이다. 일찌감치 가능할 때마다 주의를 돌리는 활동들을 시도하고 시험해 보아서, 반추 사고가 가장 많이 떠오르는 상황에서 어떤 행위가 가장 효과가 있는지 알아놓는 것이 좋다. 선택할 수 있는 활동이 많으면 많을수록 멈추지 않고 달리며 우리를 괴롭히는 반추 사고의 열차를 무한궤도로부터 성공적으로 이탈시킬 수 있다.

주의를 돌리는 활동 찾기

당신이 비생산적으로 곱씹고 되새김질하는 생각의 주제마다 다음 글쓰기 훈련을 실시한다.

1. 가장 반추 사고에 빠지기 쉬운 상황과 장소를 열거한다.
   _____

2. 각 상황과 장소마다 짧은 시간 동안 실시할 수 있는 주의 돌리기 활동들(스도쿠 게임이나 마음속에 슈퍼마켓 배치도 그려 보기 등)과 비교적 긴 시간 동안 몰입할 수 있는 활동들(유산소운동이나 영화 관람 등)을 되도록 많이 열거해 본다.
   _____

일단 목록을 완성하면 비록 당신이 주의 돌리기 활동 거리들을 기억하는 데 어려움이 없을 것이라고 자신하더라도 목록을 항상 지니고 다니면서 필요할 때마다 참조하도록 한다. 강력한 반추 사고가 진행되는 동안에는 우리의 인지 능력이 평소와 같이 명료하지 않다는 점을 기억하라.

분노를 공격으로 풀지 말자
: 치료법 C

치료법 요약	분노를 재구성하라.
용법 및 용량	분노와 슬픔을 일으키고 반복되는 반추 사고의 대상이 되는 상황, 기억, 사건에 적용한다. 당신이 겪은 상황, 기억, 사건을 재구성해서 글로 적고 반추 사고가 떠오를 때마다 다시 읽어 본다.
효과	분노 및 분노를 일으키는 반추 사고를(그리고 다른 정서적으로 고통스러운 반추 사고의 강도도) 감소시키고 손상된 지적, 심적 기능을 복구하며 생리적 스트레스 반응을 감소시킨다.

〈애널라이즈 디스〉라는 영화에서(빌리 크리스털이 연기한) 정신과 의사가 분노 문제를 갖고 있는 상담자에게 '쿠션을 쳐서' 화풀이를 하라고 권유한다. 그러자 상담자(로버트 드니로)는 갑자기 권총을 꺼내들고 쿠션에 탄환 세례를 퍼붓는다. 그 상담자가 마침 갱단의 일원이었던 것이다. 깜짝 놀란 정신과 의사는 가까스로 침착함을 되찾고 상담자에게 묻는다. "기분이 낳아졌나요?" 그러자 조폭 상담자는 잠시 생각하더니 대답한다. "그런 것 같군요."

쌓인 분노를 터뜨려 배출하는 것이 마음을 정화시켜 격노한 감정을 가라앉히고 심적 상태를 개선한다는 개념은 심지어 정신 건강 전문가들 사이에서도 매우 널리 퍼져 있다. 몇 십 년 전에는 빌리 크리스털과 같은 심리 치료사들이 해 없는 물건에 화풀이를 해서 분노를 배출시키는 방법을 크게 지지했고, 그 결과 정신과 병원이나 상담소의 쿠션이 남아나지 않았다.

실제로 화를 배출해 버리는 '정화 모델' 덕분에 엄청나게 다양한 '심리 치료용' 장난감 제품이 쏟아져 나왔다. 예를 들어 한 장난감 제품 시리즈는 실물과 비슷하게 생긴 플라스틱 인형이 플라스틱 방망이와 세트로 묶여 있었다. 아이들이 방망이로 사람 인형의 얼굴과 머리를 마구 때려서 분노를 '생산적으로' 표출하라는 취지였다. 내가 마지막으로 목격한, 이런 종류의 인형을 사용하는 심리 치료사의 치료 과정은 이랬다. 일곱 살짜리 거친 사내아이가 사람 모양의 인형을 가차 없이 두들겨 패고, 옆에서 치료사가 "그래, 너희 아빠에게 무지 화가 났다 이거지?"라고 응원을 하고 있었다. 내 눈에는 가정의 평화에 도움이 될 만한 방법과는 거리가 멀어 보였다.

분노의 증기를 배출해서 화를 가라앉히는 방법의 효과에 대해서 많은 연구가 진행되었다. 그와 같은 연구에서 사실상 만장일치로 내려진 판결은 정화 모델은 틀릴 뿐 아니라 실제로 해롭다는 것이다![14] 최근 한 연구에서 화가 난 피험자를 세 집단으로 나누었다. 그런 다음 한 집단의 피험자들에게는 그들을 화나게 한 상대를 생각하며 모래 주머니를 치라고 했고, 또 한 집단에는 다른 중립적인 대상을 생각하며 모래 주머니를 치라고 했고, 나머지 한 집단은 아무 것도 하지 않게 놔 두었다. 그러자 자신을 화나게 한 상대를 떠올리며 모래 주머니를 쳤던 집단의 피험자들이 다른 두 집단에 비해 실험 뒤에 훨씬 더 큰 분노를 느꼈고, 공격적이고 보복적인 행동을 보이는 정도도 유의미하게 더 많이 나타났다(일곱 살짜리 거친 꼬마의 아빠에게는 진정 나쁜 소식이 아닐 수 없다!). 실험 뒤 가장 분노가 덜하고 공격적인 행동도 덜 보인 집단은 아무 것도 하지 않은 집단이었다.

무해한 사물을 공격함으로써 화풀이를 하는 방법은 분노에 따라오는 공격적 충동을 강화할 뿐이다. 우리는 이 문제에 특별히 관심을 가질 필요가 있다. 왜냐하면 수많은 가정에서 별생각 없이 휘두르는 방망이나 베개에 가하는 주먹의 일격으로 자녀들의 공격 충동이 강화되고 있기 때문이다.

그렇다면 우리는 어떻게 분노를 관리해야 할까? 분노와 같은 감정을 조절하는 가장 효과적인 방법은 마음속에서 일어난 사건을 재구성해서[15] 분노를 덜 불러일으키는 방식으로 사건의 의미를 바꾸는 것이다. 사건을 좀 더 긍정적인 방향으로 새롭게 해석함으로써 그 사건에 대해 화가 덜 나도록 만드는 것이다. 예를 들어 수영 역사상 가장 메달을 많이 받은 선수인 마이클 펠프스는 종종 주요 대회를 앞두고 경쟁 선수들의 조롱과 야유에 시달리곤 했다. 펠프스는 몇몇 인터뷰에서 그와 같은 상황에서 느끼는 분노를 어떻게 다루는지에 이야기한 일이 있다. 그의 코치가 "저 독일 선수 때문에 진짜 빡치지?"라고 귀에 속삭일 때마다 펠프스는 수영장의 레인을 가르는 플라스틱 줄을 쳐서 화풀이하는 대신 경쟁자의 조롱을 더 열심히 훈련하고 실제 경기에서 더욱 혼신을 다해 집중하도록 하는 연료로 삼는 쪽으로 재구성했다.

재구성하는 것이 효과가 있음에도 사람들은 이 방법을 사용하는 데 어려움을 느낀다. 왜냐하면 분노를 일으키는 사건을 온화한 방향으로 재해석하는 것이 언제나 쉽지는 않기 때문이다. 예를 들어 아버지가 파산해서 경제적 지원이 끊긴 칼튼은 아버지가 과거에 자신의 직업 경력에 끼어들어 도움을 준 것에 너무나 큰 분노를 느껴 이 생각에서 벗어나지 못하고 있었다. 그는 이 생각에 너무나 사로잡힌 나머지 분노가 점점 커져서 작은 일도 그냥 넘기지 못하고 불같이 화를 내곤 했다. 그리고 그의 분노와 공격을 아내인 솔라나가 부당하게 받는 상황이었다. 칼튼은 화가 덜 나는 방식으로 자신의 상황을 바라볼 필요가 있다. 그러나 그 노력이 얼마나 중요한지 내가 설명한 뒤에도 칼튼은 자신의 상황을 좀 더 긍정적이거나 온화한 방식으로 재구성하는 데 어려움을 느꼈다. 나는 옳은 방향을 가리켜 보여 주기 위해 애를 썼다.

"칼튼, 당신은 좋은 대학에서 받은 졸업장도 있고 지난 오 년 동안 관심을 가졌던 모든 분야에서 일해 본 경험도 가지고 있어요. 비록 각 직장에서 일한 기간은 짧다고 하더라도 적어도 여러 분야를 맛보았다는 것은 좋은 경험이 아닙니까? 그 경험은 분명히 당신이 직업 경력을 추구하는 데 어떤 방향이 가장 내게 잘 맞을지 판단하는 데 큰 도움을 주었을 겁니다."

"네, 그렇긴 해요. 하지만 그게 무슨 소용이 있나요? 아빠의 영향력 없이 나는 결코 그런 종류의 일자리를 다시 얻을 수 없을 텐데요?"

"그렇죠. 그런 직장을 다시 얻을 수는 없겠죠. 그게 바로 당신이 아버지에게 분노하는 이유에요. 아버지는 당신이 자신의 힘으로 얻을 수 없는 일자리들을 구해 주셨어요. 당신이 자신에게 필요한 경험을 쌓아 나갈 기회를 주지 않고 말입니다. 현실 세상에서 보통 사람들은 당신이 시작했던 것과 같은 자리에서 경력을 시작하지 못하죠. 다들 바닥에서 시작해서 조금씩, 조금씩 위로 올라갑니다."

"하지만 저는 지난 오 년을 완전히 낭비했어요! 그 사실이 저는 죽도록 괴롭고요!"

"꼭 그렇지만은 않아요. 그 시간 동안의 경험은 당신이 뭘 추구하고 싶은지 발견하는 데 도움이 되었어요. 지난 오 년의 시간을 일종의 인턴 경험이라고 생각하고 당신의 길을 찾는 데 필요한 시간이었다고 생각한다면, 그 시간을 의미 있게 쓴 것으로 생각할 수도 있어요. 이제 당신이 뭘 하고 싶은지 알았다면 맨 아래의 바닥부터 시작해서 차근차근 위로 오르도록 노력하면 어떨까요?"

"제 마음을 모르시겠어요? 저는 바닥부터 시작하고 싶지 않다고요!"

"알아요. 당신의 아버지도 당신이 바닥부터 시작하기를 바라지 않으셨죠. 지금 당신이 하고 싶지 않은 것을, 마찬가지로 아들이 하지 않도록 해 주고 싶었던 것뿐인데도 나쁜 아버지인가요?"

갑자기 칼튼의 얼굴에서 핏빛 흥분기가 사라졌다. 그는 충격을 받은 것처럼 보였다. 칼튼은 자신의 아버지의 바람과 의도가 자신의 바람과 의도를 거울로 비춘 것처럼 똑같았다는 사실을 처음으로 깨달은 듯했다. 칼튼이 아버지의 개입을 제멋대로 휘두르는 것이 아니라 아들을 위한 배려라고, 그리고 지금까지의 그의 직업 경력을 시간 낭비가 아니라 길을 찾기 위한 배움의 과정이었다고 과거를 재구성할 수 있게 되자 그 변화는 엄청난 영향을 미쳤다. 칼튼의 괴로운 반추 사고의 빈도가 급격히 줄어들었고, 그에 따라 분노와 성내는 성격도 누그러졌다. 칼튼은 자신의 숙련도와 부족한 경험에 좀 더 어울리는 일자리를 찾기 시작했고, 몇 달만에 오직 자신만의 힘으로 첫 번째 일자리를 구했다. 그것은 경력 사다리의 가장 바닥에 있는 경력 없는 신입을 위한 일자리였지만, 칼튼은 그 어느 때보다 행복했다.

재구성은 우리의 관점을 바꾸어 일어난 사건을 다른 의미로 받아들이게 하고, 그 결과 사건에 대한 느낌도 변화시킨다. 비록 여기에서는 분노를 감소시키는 데 초점을 맞추고 있지만, 재구성은 슬픔과 실망, 억울한 감정도 감소시킬 수 있다. 예를 들어서 만일 린다가 전 직장에서 승진했더라면 여전히 성질 나쁜 상사 밑에서 일하고 있을 것이다. 경력의 길에서 한 발 뒤로 물러나는 것은 괴로운 일이지만, 그 결과 린다의 삶의 질은 놀라운 정도로 개선되었다. 린다는 상사의 행동을 '파괴적'인 것으로 보는 대신 '이로운' 것으로 봄으로써 억울하다는 느낌을 훨씬 덜 느낄 수 있었다.

재구성 훈련

비록 당신이 반추하는 생각은 당신 특유의 상황에 따른 고유한 것이겠지만 재구성 상황에는 공통적인 특정 주제나 원칙이 존재한다. 다음 네 가지 지침을 따라 당신의 상황을 분노(또는 슬픔)를 덜 끌어내도록 재구성할 방법을 찾아보자.

1. 좋은 의도를 찾자. 칼튼의 아버지가 좋은 의도를 품고 있었듯, 우리로 하여금 분노를 곱씹게 만든 사람들 역시 결함을 보완할 만한 특성을 가지고 있을 수 있다. 아니면 그들의 말과 행동이 우리에게 준 영향과 상관없이 의도만은 선했을 수도 있다. 이처럼 좋은 면의 아주 작은 싹이라도 찾아내는 일은 우리가 상황을 다른 관점에서 바라보고 그 결과 감정의 강도를 누그러뜨리는 데 도움이 된다.
2. 기회를 찾자. 오늘날 많은 기업이 관리자들에게 직원의 업무를 평가할 때 각 개인의 약점을 '기회'로 재구성하라고 주문한다. 그렇게 함으로써 직원들은 사기가 저하되지 않으면서 부정적인 평가를 받아들이기 쉬워진다. 이 기법이 매우 성공적인 이유는 보편적인 진리를 품고 있기 때문이다. 수많은 고통스러운 상황 역시 자신을 향상시키거나, 주변의 사람과 사물, 상황을 재평가하거나, 새로운 방향을 모색하거나 반드시 고쳐야 할 문제점에 달려들도록 하는 기회를 제공한다.
3. 배움의 순간을 환영하라. 대개 곱씹어 생각하는 상황으로부

터 우리는 많은 것을 배울 수 있다. 우리가 저지른 실수를 발견해 미래에는 같은 실수를 하지 않도록 할 수 있고, 부정적인 상황을 창의적 해법을 필요로 하는 전략적 퍼즐로 바라볼 수도 있다. 우리 주변 사람들 중 누가 믿을 만하고 누가 믿을 수 없는지 알게 되고, 자신의 강점과 약점을 파악하게 된다. 이러한 경험은 값진 교훈을 제공하고, 자신감을 높이며, 미래에 마음 아픔이나 감정적 고통을 겪는 것을 예방한다.

4. 우리를 화나게 한 상대를 영적 도움이 필요한 사람으로 바라보자. 강한 종교적 신념을 가진 사람들은 남들을 정서적 고통을 유발한 대상을 영적 도움을 절실히 필요로 하는 가련한 영혼으로 재구성한다. 그런 시각으로 보면 그들은 우리의 분노가 아니라 기도가 필요한 사람들이다. 최근 엄격한 과학적 원칙과 맹검 방식의 동료 검토 절차(맹검 방식의 동료 검토 절차(blind peer review)란 저널에 투고된 논문을 자격을 갖춘 다른 연구자들이 검토할 때 저자가 누구인지 모르는 채로 논문의 내용만으로 검토하는 방법을 말한다—옮긴이)를 거친 일련의 연구에서는 기도가 분노를 누그러뜨리는 힘이 있으며[16] 감정을 조절하는 데 매우 효과적인 방법인 것으로 나타났다. 단, 기도가 '긍정적인' 경우에 한하여! 비록 그러고 싶은 유혹이 강할지라도, 우리를 화나게 한 상대가 길 가다 깡패를 만나 흠씬 두들겨 맞게 해달라고 기도하는 것은 분노를 누그러뜨리는 데 효과가 없을 것이다. 이것은 쿠션에 탄환 세례를 퍼붓는 행위의 종교적

버전일 뿐이다.

이와 같은 접근법을 비종교적으로 응용하자면(비록 과학적으로 입증되지는 않았지만) 우리를 화나게 한 사람이 큰 곤란을 겪고 있다거나 마음의 병이 있어 심리 치료가 필요한 사람으로 간주하는 것이다.

친구를 감정 쓰레기통으로 쓰지 마라
: 치료법 D

치료법 요약	친구와의 대화에서 여유를 갖자.
용법 및 용량	당신을 지지하는 인간관계를 평가하기 위해 주기적으로 적용한다. 필요한 경우에 인간관계의 손상을 복구하기 위한 행동을 취하라.
효과	긴장된 관계를 평가하고 복구한다.

우리가 같은 문제를 친구나 가족들에게 되풀이해서 이야기하다 보면 그들의 인내심과 공감 능력이 고갈될 위험이 있다. 뿐만 아니라 그들에게 분노를 일으킬 수도 있다. 우리는 주변 사람들과의 관계를 지키기 위해서 정서적으로 나를 지지해 주는 사람들에게 과도한 짐을 지우고 있지는 않은지 살펴볼 필요가 있다.

관계의 긴장도를 평가하는 훈련

당신에게 사회적 지지를 제공해 주는 사람들 하나하나를 놓고 다음 질문들에 답을 해 본다. 그런 다음 해당되는 경우 권고하는 처방을 따른다.

1. "당신을 괴롭히는 사건이 일어난 지 시간이 얼마나 흘렀나?" 분명 우리가 살면서 겪는 사건 가운데 어떤 것은 너무나 큰 외상을 주어 몇 달이고 몇 년이고 생각과 느낌을 완전히 사로잡아 점령해 버리는 수가 있다. 그러나 우리가 되풀이해서 반추하는 대부분의 생각 거리는 이런 범주에 속하지 않는다. 주변 사람들은 어느 정도 시간이 흐르면 그것을 극복하고 떨쳐 버리기를 기대한다. '이별'이라는 경험을 예로 들자면, 아픔을 극복하는 데 걸리는 시간을 대개 사귀었던 기간 1년 당 한두 달 정도로 본다. 만일 누군가와 3년을 사귀었다면 그 사람과 헤어진 다음 이별을 되새기고 또 되새기며 반추하는 시간은 석 달에서 여섯 달 정도로 족하다는 얘기다. 그 이후에도 계속해서 친구들에게 왜, 어떻게 헤어졌는지에 대한 이야기를 늘어놓는 일은 다시 생각해 봐야 한다. 설사 1년이 지난 다음에도 여전히 그 생각이 뇌리를 가득 채우고 있다고 하더라도 말이다.

2. "당신은 그 문제에 대해 특정 상대와 얼마나 자주 이야기를 나눴는가?" 우리들 모두 사회적 지지를 필요로 할 때 누구보다 먼저 찾고 기대는 사람이 따로 있다. 그러나 바로 그렇기에 그 사람은 우리가 집착하는 생각, 사건, 느낌을 너무 자주 되풀이해서 이야기하는 것에 '피로'를 느끼고 있을 가능성이 높다. 털어놓고 의지하는 대상의 범위를 좀 더 확대하고 다른 원천으로부터 사회적 지지를 얻도록 해서 한 사람에게 너

무 무거운 짐을 지우지 않도록 하자.

3. "주된 대화 상대인 친구가 자신의 문제에 대해 편하게 이야기 꺼내는가?" 만일 당신이 친구와 나누는 대화가 너무 일방적이고 온통 당신의 문제에만 초점을 맞추고 있으며 친구의 문제를 화제로 삼는 일이 드물다면, 당신과 친구의 우정은 위험에 처해 있을 수도 있다. 인간관계의 균형을 잡기 위해 친구들과 대화할 때 그들의 삶에 대해서도 질문을 던지고 이따금 대화의 주제를 전적으로 상대에 맞추어 진행해 보자. 만일 그렇게 대화를 나누는 도중 친구가 당신에 대해 질문을 하더라도 간단하게 대답하고 다시 대화의 초점을 상대에게 맞추도록 한다.

4. "친구와의 대화에서 당신이 곱씹는 주제에 할애하는 시간이 대략 몇 퍼센트쯤 되나?" 우리는 많은 경우에 친구와 이야기를 나눌 때 화제의 상당 부분이 내가 곱씹어 생각하는 주제에 대한 것이었음을 뒤늦게 깨닫곤 한다. 우리의 정서적 고통이 친구와의 관계를 지배하고 우정의 성격을 규정하게 하는 것은 건강한 친구 관계를 유지하는 데 좋지 못하다. 자신을 희생자인 것처럼 규정하는 것은 나 자신의 정신 건강에도 해로운 일이다. 친구와 대화할 때 가능한 한 가벼운 대화, 즐거운 순간, 재미 등의 요소와 균형을 이루도록 노력하라.

이럴 때는 정신 건강 전문가를 찾으세요

만일 당신이 위의 치료법을 적용했는데도 계속해서 같은 생각을 곱씹고자 하는 충동이 강하게 남아 있다면, 반추 사고 빈도가 과거와 비슷하게 유지된다면, 또는 생각을 반추하는 정도가 너무 심하고 마음을 온통 사로잡아 직장 생활이나 가정생활에 지장을 줄 정도라면 정신 건강 전문가의 조언을 구하도록 하라. 만일 끈질기게 떠오르는 생각이 정서적으로 고통스러운 경험에 대한 것이 아니라 병균에 옮을까봐 걱정이 든다든지, 외출한 뒤 집의 현관문을 잠그지 않았다거나 가스를 끄지 않고 나온 것 같아 불안하다든지 하는 것이라면 강박신경증의 증상이 아닌지 평가를 받아볼 필요가 있다.

반추 사고는 또한 우울증과도 매우 관련이 깊다. 만일 당신이 우울증이 아닌가 하는 생각이 든다면, 지속적으로 기분이 저하되어 있거나, 상황을 바꾸는 데 무기력하거나, 상황이 나아질 것이라는 희망이 들지 않는다거나 식사 및 수면 패턴이 불규칙해졌다면 정신 건강 전문가를 찾아 전문적 치료가 필요한지 진단 받아 볼 필요가 있다. 만일 정서적으로 우울한 느낌, 슬픔, 분노가 너무 커서 자신이나 다른 사람을 해치고 싶은 충동이 든다면, 즉각 전문가의 도움을 구하거나 가까운 병원의 응급실을 찾도록 한다.

"불안할 때는 휘파람을 부세요"

해열제가 필요한 마음의 감기, **실패**

8
**Emotional
First Aid**

폐렴으로 진행될 수 있는
마음의 감기

사람은 누구나 셀 수 없이 많은 실패를 맛보며 성인기에 도달한다. 그리고 성인이 된 이후에도 또 무수히 많은 실패의 경험이 우리를 기다리고 있다. 실패는 인간의 경험 가운데 너무나 흔한 것이어서 실패 유무가 아니라 실패에 어떻게 대처하는지가 사람들 사이의 차이를 만든다. 그와 같은 차이는 누구보다도 자주, 쉴 새 없이 실패하는 집단에서 두드러지게 드러나는데, 그 집단은 다름 아닌 유아들이다. 시도하고, 실패하고, 다시 시도하는 것은 바로 유아들이 뭔가를 배워 나가는 방식이다. 다행히도 유아들은 대개 실패에 굴하지 않는 끈질기고 집요한 성격을 갖고 있다(그렇지 않다면 결코 걷기, 말하기, 그밖에 어떤 것도 배우지 못할 것이다). 그러나 유아들조차 한 명, 한 명 실패의 경험에 극명하게 다른 방식으로 반응한다.

네 명의 유아가 똑같은 장난감을 가지고 논다고 상상해 보자. 상자 모양의 이 장난감은 정면의 왼쪽 면에 버튼이 달려 있는데, 이 버튼을 밀면 윗면의 뚜껑이 열리고 귀여운 곰 인형이 튀어나온다. 아기들은 버튼이 마법의 핵심이라는 사실은 간파했다. 그러나 버튼을 미는 동작은 이들에게 복잡한 기술이다.

1번 아기는 버튼을 잡아당긴다. 그러나 움직이지 않는다. 아기는 버튼을 세게 쳐서 눌렀다. 그러자 상자가 멀찌감치 굴러가 버렸다. 손을 뻗어 보지만 닿지 않는다. 곧 1번 아기는 상자를 외면하고 자신의 기저귀를 만지작거리며 논다.

2번 아기는 한동안 버튼을 만지작거렸으나 성과가 없다. 아기는 가만히 앉아서 상자를 노려본다. 아기의 아랫입술이 바르르 떨린다. 하지만 더 이상의 노력은 기울이지 않는다.

3번 아기는 힘으로 상자 윗면을 열어 보려고 시도한다. 그런 다음 버튼을 잡아당겨 본다. 모두 성과가 없지만 굴하지 않고 이리저리 다양한 시도를 해 본 끝에 10분 만에 성공을 거둔다! 버튼을 밀자 상자 윗면이 활짝 열리고 뻑 소리를 내며 곰 인형이 튀어나온다! 아기는 기쁨의 소리를 지르고는 곰 인형을 다시 상자에 밀어 넣고 처음부터 다시 되풀이한다.

4번 아기는 3번 아기가 상자를 여는 것을 지켜보다가 갑자기 얼굴이 새빨개지더니 자신의 상자를 주먹으로 치고는 울음을 터뜨린다.

우리가 어른이 되어 실패를 마주할 때도 이와 유사한 방식으로 반응한다(물론 기저귀를 만지작거리며 노는 사람은 거의 없겠지만). 실패를 겪으면 우리는 목표물이 손에 닿지 않는 곳에 있다고 느끼고 재빨리 포기하고 싶어진다(상자가 멀리 굴러가 버린 1번 아기처럼). 어떤 사람은 실패를 겪고 사기가 저하되어 얼어붙은 듯 수동적이고 무기력해진다(포기해 버린 2번 아기처럼). 또 어떤 사람은 너무나 스

트레스를 받고 자의식이 강해져서 명확하게 사고할 수 없어진다
(울음을 터뜨린 4번 아기처럼).

실패를 어떻게 다루는지는 인생의 성공을 좌우하는 결정적 요소이자, 우리의 행복과 건강에도 커다란 영향을 미친다. 어떤 사람은 실패에 제대로 반응하지만, 많은 사람이 그렇지 못하다. 실패는 항상 우리를 아프게 하고 실망시킨다. 하지만 한편으로 우리가 실패를 대범하고 침착하게 받아들이고 다음번에 실패하지 않으려면 무엇을 어떻게 시도해야 할지를 깨닫고 목표를 끈질기게 추구한다면, 실패는 많은 가르침을 주는 성장의 경험이 될 수 있다. 그러나 일상에서 겪는 수많은 심리적 상처와 마찬가지로 실패가 남긴 상처를 무시하고 그대로 둘 경우 상황은 악화될 수 있다. 경우에 따라 매우, 매우 나빠질 수 있다.

비록 실패에 대처하는 다양한 방식들은 상당 부분 어린 시절에 이미 확립되지만, 우리가 반드시 유아기의 발자취를 그대로 따라가도록 운명 지어지지는 않았다. 가장 비생산적이고 해로운 방식으로 실패에 반응했던 사람도 훨씬 유익하고 심리적으로 건강한 방식으로 대처하는 방식을 배울 수 있다. 그러나 그렇게 하기 위해서 일단 실패가 우리에게 미치는 영향, 실패가 남기는 심리적 상처, 그리고 그것을 치유하는 과정에서 마주하는 정서적 도전을 이해할 필요가 있다.

실패의 경험이 남기는
수많은 심리적 상처

우리 모두 툭하면 걸리고 매우 고통스럽다는 점에서 실패는 감기에 비유할 만하다. 일단 감기에 걸리면 푹 쉬고, 따뜻한 음료를 많이 마시고, 옷을 따뜻하게 입는 등 행동 방식을 수정하면 곧 회복된다. 그러나 감기를 완전히 무시하고 방치할 경우 증상이 악화되어 어떤 때는 폐렴으로 발전하기도 한다. 우리가 실패의 경험을 마주할 때 마음의 건강에는 이와 비슷한 위험이 도사리고 있다.

그러나 실패의 경험을 겪은 뒤에도 마음이 회복되도록 푹 쉬고, 따뜻한 음료를 많이 마시고, 옷을 따뜻하게 입는 것에 해당하는 노력을 해야 한다는 사실을 아는 사람은 거의 없다. 그 결과 우리의 실패 경험 가운데 상당수가 불필요한 심리적 손상을 가져온다. 그리고 그 결과 애초의 실패 경험을 훨씬 넘어서는 정도로 정서적 건강에 해를 준다.

실패는 세 가지 종류의 심리적 상처를 만드는데, 이 각각의 상처는 정서적 응급 처치를 필요로 한다. 먼저 우리가 실패를 겪으면 자신의 기술, 능력, 잠재력에 대해 스스로 매우 부정확하고 왜곡된 결론을 내림으로써 자존감이 낮아진다. 또한 실패의 경험은 자신감, 동기, 낙관주의를 침식하고 무너뜨려 무기력하고 덫에 갇힌 듯한 느낌에 사로잡힌다. 마지막으로 실패의 경험은 무의식적 스트레스와 공포를 촉발해 부지불식간에 점점 노력하고 싶지 않도록 한다.

많은 사람이 실패한 뒤에 심리적 손상을 입는 이유 가운데 하나는 한두 번의 사건만으로도 악순환의 고리가 형성되어 다람쥐 쳇바퀴 굴리듯 계속 굴러가기 때문이다. 뿐만 아니라 특히 중요하거나 의미 있는 일에서 실패한 경우(많은 경우에 그렇다), 그 상처를 치료하지 않고 방치할 때 수치심, 심한 무력감, 심지어 임상 우울증과 같은 심리적 합병증을 일으킬 위험이 커진다. 따라서 단순한 일회성 실패 경험(사소한 마음의 감기)으로 시작한 것이 심리적 폐렴으로 진행되어 우리의 전반적 기능과 정신 건강에 커다란 해를 줄 수 있다.

왜 목표물은 더 크게 보이고
나는 더 작게 느껴질까

오랫동안 야구 선수들은 연속으로 공이 잘 맞을 때면 진짜로 날아오는 공이 더 크게 보인다고(그러므로 더 잘 칠 수 있다고) 이야기했다. 반면 슬럼프에 빠질 때는 공이 더 작게 보이고 따라서 더 치기 어려워진다고 말한다. 대부분 심리학자는 그런 현상을 진지하게 검토해 보지 않았다. 아무래도 야구 선수들은 미신적인 사람들로 악명 높기 때문이 아니었을까? 어떤 야구 선수는 승리를 거둔 다음에는 그 시합에서 입었던 속옷을 빨지 않고 시즌 내내 계속 입는다. 또 어떤 선수는 공이 잘 맞지 않는 슬럼프에서 벗어나기 위해 잘 때 야구 배트를 안고 자기도 한다. 선수의 부인들이 소파에서 자는 빈도가 둘 중 어느 쪽이 더 높을지 궁금하다.

마침내 심리학자들이 야구 선수들의 주장을 과학적으로 검토해 보려고 할 때 생각지 못한 문제에 봉착했다. 메이저리그 야구 심판들은 선수가 경기를 중단하고 심리학자들의 설문에 응한다는 아이디어에 난색을 표했다. 결국 과학자들은 보통 사람들을 대상으로, 그리고 풋볼 게임을 이용해서 시험해 보기로 했다.

연구자들은 피험자들에게 미식축구 경기장의 10야드(약 9미터—옮긴이) 선상에서 필드골을 차게 했다.¹ 각 피험자들에게 공을 찰 기회를 10회씩 주었다. 공을 차기 전에 각 피험자들은 골대의 폭과 높이를 모두 비슷비슷하게 어림했다. 그러나 공을 10회씩 찬 뒤에 임무에 실패한(골을 넣은 회수가 2번 이하) 피험자들은 골대의 높이를 약 10퍼센트 정도 더 좁고 높게 어림했다. 반면 임무에 성공한 피험자들은 10퍼센트 정도 더 넓고 낮게 어림했다. 그러니까 결국은 야구 선수들의 주장이 맞았던 것이다! 실패를 겪으면 목표가 이전보다 더 어렵고 위압적으로 느껴진다.

  실패는 목표물을 더 위압적으로 만들뿐만 아니라 우리 자신을 더 '작게' 느껴지게 한다. 실패를 겪으면 우리는 자신을 덜 똑똑하고, 덜 매력적이고, 덜 유능하고, 덜 숙련되고, 덜 경쟁력 있다고 느끼는 경향이 있다. 이 모든 느낌은 우리의 자신감과 향후의 노력에 막대한 부정적 영향을 미친다. 예를 들어 대학생이 중간고사를 망치면 자신을 평소보다 능력 없는 사람으로 생각하고, 수업은 더 어렵게 느끼며, 기말고사를 잘 볼 것이란 자신감이 줄어들고, 걱정은 늘어난다. 그 결과 일부 학생은 자극을 받아 열심히 공부하기도 하지만, 어떤 학생은 지레 겁을 집어먹고 자신이 그 수업을 끝까지 듣고 통과할 수 있을지 고민하기 시작한다.

  그런데 만일 망친 중간고사가 마침 그 학생들이 대학에 들어가 처음 치른 시험이었다면 어떨까? 만일 그 학생들이 단순히 그 수업뿐만 아니라 대학 생활 전체를 실제보다 훨씬 견디기 힘든 도전이라고 생각하게 된다면? 그들은 중간고사를 망친 것이 자신의 지각을 왜곡시키고 있다는 사실을(수업과 대학 생활이 실제보다 훨씬 더 어렵고 힘든 것으로 받아들이도록) 알지 못하기 때문에 성급하고 적절치 못한 의사결정에 이를 수도 있다. 실제로 많은 학생이 바로 이런 이유로 1학년 때 학교를 그만두고 있다(그리고 1번 아기 역시 그럴 위험성이 다분하다).

실패는 우리의 자존감에 더 큰 영향을 준다. 많은 사람이 실패를 경험한 뒤에 자신의 성격과 능력에 스스로 큰 손상을 입히는 결론을 내린다. 그렇게 하는 것이 아무런 도움이 되지 않는데도 그렇게 하려는 충동을 억제하기 어렵다. 많은 사람이 실패에 대한 반응으로 "나는 실패자야", "나는 뭐 하나 제대로 하는 게 없어", "나는 멍청하니까", "나는 바보천치야", "난 수치 덩어리야", "나는 실패해도 싸", "나 같은 놈은 결국 아무것도 할 수 없을 거야", "어떤 회사가 나 같은 사람을 뽑겠어?", "누가 나 같은 여자랑 사귀고 싶겠어?" 등과 같이 자신의 인격에 큰 손상을 입히는 생각이나 말을 한다.

그와 같이 사기를 저하시키고 비생산적인 생각은 아무 소용이 없다. 그러나 우리는 너무나 자주 그런 생각을 서슴없이 떠올리고, 소리 내어 말하고, 사실이라고 인정한다. 만일 학교에서 받아쓰기 시험을 망친 1학년 꼬마가 "나는 멍청한 실패자이고 아무것도 제대로 할 수 없을 거야"라고 말한다면 우리는 당장 아이의 말을 반박하고 다시는 그런 말을 하지 말라고 야단을 칠 것이다. 우리는 그런 부정적인 생각이 지금 당장 아이의 기분을 더 나쁘게 할 뿐 아니라 앞으로 아이가 하는 일에서 성공을 거두기 더 어렵게 만들 것이라는 사실을 의심하지 않는다. 그런데 많은 경우에, 그와 똑같은 논리를 자신의 상황에 적용하지 못한다.

우리는 종종 어떤 일에 실패한 뒤 만사를 부정적으로 일반화한다. 그런데 이것은 사실에 부합하지 않을 뿐 아니라 우리 자신의 전반적 가치나, 미래에 어떤 일을 수행하는 데 있어서 애초의 실패 경험보다도 더 치명적인 손상을 입힌다. 자신의 특성을 그토록 광범위하게 싸잡아 비판할 경우 우리는 미래의 실패에 더욱 예민해지고, 매우 깊은 수치심을 느낄 수 있으며, 전반적인 안정과 건강을 해칠 수 있다.

뿐만 아니라 부정적 일반화를 하다 보면 자신의 실패의 원인을 정확하게 평가하기 어렵다. 그런데 미래에 같은 실패를 반복하지 않으려면 실패의 원인을 정확히 파악하는 일이 매우 중요하다. 예를 들어 만일 우리가 자기계발 목표를 달성하지 못한 것을 놓고 성격의 단점만을 탓한다면 아마도 실패에 더 많은 책임이 있을 것으로 보이는 계획과 목표 설정 전략의 결정적 오류를 찾아내고 바로잡을 기회를 놓치게 된다.

왜 새해의 결심은 우리의 자존감을 안 좋은 쪽으로 밀어붙일까?

새해가 돌아올 때마다 우리는 삶을 더 낫게 만들고 자신에 대해 더 기분 좋게 느끼기 위한 결심의 목록을 작성한다. 그러나 늦어도 2월이면(보통 1월 2일에) 모든 노력을 다 내려놓는다. 그 결과 성취로 인해 자존감이 강화되기보다는 실패와 실망으로 기분만 나빠지기 십상이다. 우리는 즉각 그 원인을 동기 부여가 덜 되었거나 능력이 부족하기 때문으로 돌린다. 우리는 자신에게 "바꾸긴 뭘 바꿔. 이대로 살래"라든지 "나는 너무 게을러서 아무것도 할 수가 없어"라고 말하고는 지난해 12월 31일에 느꼈던 것보다 자신을 더 나쁘게 말한다.

그런데 그와 같은 결론은 부정확할 뿐 아니라 부당하다. 우리가 새해 결심을 거의 지키지 못하는 주된 이유는 목표를 이루기 위해 어떻게 계획해야 할지를 꼼꼼하게 생각하지 않기 때문이다. 주의 깊게 작성된 계획 없이는 아무리 동기가 충만하고 실행 능력이 출중하더라도 제대로 시작조차 할 수 없다. 실제로 목표 세우기의 가장 흔한 실수 가운데 하나는 언제 시작할지 날짜를 정하지 않는 것이다.

새해 결심의 또 다른 문제점은 지나치게 많은 목표이다.[2] 만일 당신의 결심 목록의 길이가 아이의 '산타 할아버지에게 받고 싶은 선물'의 목록보다 길면 목록의 군살을 뺄 필요가 있다. 최근 이혼해 학교 다니는 두 자녀를 혼자서 키우는 폴린이 새해 첫 월요일 내 사무실로 뛰어 들어오며 자랑스럽게 한 장의 종이를 내 앞으로 내밀었다. "제 결심들이에요." 폴린이 말했다. "선생님이 저에게 이제 슬슬 제 인생에 시동을 걸고 옳은 방향으로 핸들을 돌리라고 말씀하셨잖아요. 선생님 조언대로 해 보려구고요!" 나는 폴린의 목록을 흘낏 보고는 움찔했다. 목록에는 다음과 같은 항목들이 나열되어 있었다. '일주일에 네 번 운동하고 살을 10킬로그램 빼기, 직장에서 더욱 열심히 일하기, 옷장을 정리정돈하기, 침실을 새로 칠하기, 다섯 명의 새 친구를 사귀기, 이성 만남 사이트에 가입해 한 달에 적어도 두 번 남자와 데이트하기, 독서토론 모임에 가입하기, 한 달에 한 번 반나절 동안 자원봉사하기, 와인 감별 수업 수강하기, 독학으로 피아노 연주 배우기, 아이들과 더 많은 시간을 보내기'

"어떻게 생각하세요?" 폴린이 기대에 찬 표정으로 물었다. "음, 제가 이전 시간에 얘기한 자동차 시동 걸기에 비유하자면 나스카(NASCAR, 미국의 대표적인 자동차경주 대회로 F1, 카트와 더불어 세계 3대 자동차경주 대회. 세단 형태의 겉모습에 내부를 개조한 차량들이 출전하기 때문에 미국 개조자동차 경주대회라고도 한다—옮긴이) 선수 수준이군요. 미니밴에 아이들 태우고 다니는 엄마의 시동 걸기로는 너무 과한 것 같은데요?"

나는 폴린에게 너무 많은 목표를 세우면 어떤 것도 달성하기 힘들다고 설명했다. 폴린의 목록은 목표 설정 오류를 죄다 그러모은 표본과 같았다. 그 목록에 있는 항목 가운데 일부는 서로 충돌을 일으킨다(예를 들자면, 일주일에 네 번 운동하러 가기와 아이들과 좀 더 많은 시간을 보내기 항목). 또 어떤 항목들은 너무 모호하다(예, 직장에서 더욱 열심히 일하기 항목). 또 일부 항목들은 달성하기가 너무 어렵다(예, 다섯 명의 새 친구를 사귀기, 한 달에 한 번 반나절 동안 자원봉사하기, 한 달에 적어도 두 번 남자와 데이트하기와 같은 목표들은 독신녀라고 하더라도 다 실행하기 어려운 계획들이다. 하물며 직장을 다니며 아이를 둘 키우는 어머니가?).

　목표를 한꺼번에 여러 개 설정하는 것은 우리가 시간을 들여 현 상황에서 어떤 목표가 가장 시급한지, 어떤 목표가 가장 달성하기 쉬운지를 살펴본 후 각 목표들의 우선순위를 정하기만 한다면 크게 문제가 되지 않는다. 우리는 또한 장기적 목표를 좀 더 작고 현실적인 목표들로 세분화하는 과정을 곧잘 잊어버린다. 그런 과정 없다면 우리가 세운 목표들은 너무 크고 위압적으로 느껴진다. 마지막으로 목표를 달성하는 길에 놓인 장애물이나 문제들을 어떻게 다루어 나갈지 행동 계획을 세우는 데 소홀한 경향이 있다. 그럴 경우 목표를 향해 다가가다가 어려움을 마주할 때 제대로 대처하기 어렵다.

　간단히 말해서 우리가 종종 새해 결심(및 다른 목표들)을 완수하지 못하는 것은 애초에 잘못된 목표를 세웠기 때문이고, 그 결과 우리의 자존감만 점점 떨어지게 된 것이다.

왜 한 번 실패했다고
영원히 포기하는 걸까

실패는 우리의 자신감, 동기, 희망을 서서히 침식해 무너뜨린다.³ 실패를 겪으면 향후에 어떤 노력이나 성공의 가능성도 포기해 버리고 싶어진다. 일반적으로 우리가 자신의 특성과 능력에 부정적인 가정을 품을수록 뭔가를 해 보려는 동기는 작아진다. 손에 닿을 것 같지 않은 목표를 위해 노력해 보려는 사람은 별로 없기 때문이다. 만일 자신이 똑똑하지도 못하고, 능력도 충분하지 못하고, 운도 없어서 실패했다고 생각한다면 대체 무엇 때문에 끈질기게 도전하고 노력하겠는가?

그런데 실패의 아픔이 아직 생생하고 자존감에 아직 시퍼런 멍이 남아있을 때 우리가 간과하게 마련인 부분이 있다. 우리로 하여금 두 손 들고 항복하고 싶게 만드는 충동의 기초를 형성하는 가정과 지각이 근본적으로 틀린 것일 수도 있다는 점이다.

레니는 막 서른 살이 된 청년으로, 한 유통 기업의 사무 관리직에서 일하고 있다. 그가 심리치료를 받으러 온 이유는 자신의 경력에 대한 좌절로 점점 우울감이 심해졌기 때문이었다. 그가 낮에 회사를 다니며 버는 수입으로 아내와 갓난아기를 부양할 수 있었지만, 진짜로 열정을 품은 경력은 마술이었다. 레니는 마른 체격과 각진 얼굴에 콧수염을 두툼하게 기르고(오랫동안 상담을 하면서 마술사들을 제법 만나 볼 기회가 있었는데 왜 그들이 하나같이 콧수염을 기르고 있는지가 나에게는 수수께끼였다), 헐렁헐렁한 바지와 재킷을 입고 있었다. 나는 상담을 하는 도중 레니가 헐렁한 옷에서 흰 비둘기나 귀여운 토끼, 아니면 하다못해 손수건이라도 줄줄이 꺼내지 않을까 하고 나도 모르게 기대하곤 했다. 그러나 슬프게도 레니가 재킷에서 꺼낸 가장 흥미로운 물건은 목사탕이었다.

레니는 고등학생 시절부터 마술을 배웠다. 그러나 아직까지 낮에 다니는 회사를 그만두어도 좋을 만큼 마술에서 성공을 거두지는 못했다. 레니는 아들이 태어났을 때 몹시 기뻤다. 하지만 한편으로 가족을 부양해야 할 책임이 더 커짐에 따라, 마술사라는 꿈에 경종이 울리는 것이 들리는 듯했다. 마술사에 대해 거의 아는 것이 없던 나는 즉각 왜 그런지 물었다.

"마술사는 에이전트 없이는 생계를 꾸려 나갈 수 없어요. 그런데 저는 에이전트에 들어가지 못했어요. 한 2년 전에 저의 마술 쇼를 녹화한 테이프를 모든 마술 에이전트에 보냈는데 아무데서도 연락이 오지 않더군요." 그리고는 "네, 저도 알아요." 하고 마치 나의 반박을 예상하듯 말을 이었다. "선생님은 저의 주특기 마술이 시원찮을 거라고 생각하시죠?" 물론 나는 그런 생각을 한 일이 없었다. 어쨌든 레니는 혼자 묻고 혼자 대답했다. 에이전트들은 아주 특별한 특기를 가진 마술사들만을 영입한다는 것이었다. 그런데 아마도 레니의 주특기는 그렇게 특별하지 못한 듯했다.

"저는 지난 2년 동안 주특기 마술을 개발하느라 노력해 왔어요. 그런데 두 달 전 저는 서른 살이 되었죠. 네, 알아요." 레니는 또다시 나의 말참견을 상상하고 먼저 선수를 쳤다. "서른이 늙은 나이는 아니죠. 하지만 저는 이제 마술을 포기하고 가족을 부양하는 데 초점을 맞추어야 할 때라고 생각을 했어요. 그후로는 마술 쇼 예약을 그만두고 마술 도구들도 다 치워버렸어요." 레니가 깊은 한숨을 쉬었다. "그러나 마술을 그만두는 건…… 너무나 괴로운 일이예요." 레니는 힘겹게 침을 삼켰다.

"네, 알아요! 제 느낌이 어떻든 그건 중요하지 않겠죠. 어차피 할 수 있는 일이 없으니까요. 저는 마술을 해 보려고 최선을 다했지만 실패했어요. 저는 결코 직업 마술사가 될 수 없을 거예요. 이제 이 사실을 받아들이고 다른 길을 가야겠지요. 그래서 여기에 찾아온 거예요. 선생님, 도움이 필요합니다. 마술사로서의 인생은 끝났다는 사실을 제가 받아들일 수 있게 도와주세요. 일단 그 사실을 받아들이면 좀 덜 괴로울 것 같아요."

마술은 레니가 일생동안 추구해 온 열정이었다. 그러나 에이전트에 소속되지 못하고 특별한 특기를 만들어 내는 일에 실패하자 이미 모든 가능성을 다 소진해 버렸다고 생각했다. 그의 마음속에 남은 선택은 자신이 추구해 온 꿈을 포기하는 것뿐이었다. 실패는 우리를 그렇게 만든다. 실패를 경험하면 희망도 없고 덫에 갇힌 느낌이 들며 포기하고 싶어진다. 스스로 깨닫는 것보다 훨씬 더 많이 이런 패배주의적 사고의 희생양이 된다. 승진하기를 포기해 버리고 더 이상 노력도 하지 않는다. 왜냐하면 어차피 아무리 열심히 일해도 상사가 승진시키지 않을 것이 뻔해 보이기 때문이다. 선거일에 투표장에도 가지 않는다. 왜냐하면 어차피 내가 좋아하는 후보가 떨어질 것이 분명해 보이기 때문이다.

정신과 의사가 처방해 준 항우울증 약이 듣지 않는데도 다시 병원을 찾지 않는다. 이 약이 안 들으면 다른 약도 안 들을 것이라 생각하기 때문이다. 만일 헬스클럽에 가입했다가 다치면 '아, 나는 운동할 체질이 못 되는구나'라고 생각해 버린다. 다이어트를 하다가 실패하면 '나는 도저히 살을 뺄 수 없는 종류의 사람'이라고 결론짓는다. 잠자리에서 배우자에게 은근히 다가갔으나 퇴짜를 맞는 일이 몇 번 반복되면 배우자가 더 이상 자신에게 매력을 느끼지 못한다고 결론 내리고 부부관계를 포기해 버린다. 이 사례들의 공통점은 실패를 경험한 다음의 우리는 원하는 것을 얻을 기회가 없다고 확신하고 더 이상 노력을 하지 않는다는 것이다. 실패는 참으로 설득력이 강하다.

그러나 한편으로 실패는 우리를 오도할 가능성도 매우 크다.[4] 우리는 자신의 평가가 정확하다고 믿지만, 대부분 상황에서 노력을 멈추는 것은 단지 자기 충족적 예언의 악순환을 형성할 뿐이다. 더 이상 행동을 취하지 않음으로써 성공하지 못하는 것을 확실히 한다. 그런 다음 궁극적 실패를 끈질긴 노력의 부족의 탓으로 보지 않고 애초에 성공이 불가능했음을 재확인시켜 주었다고 결론짓는다. 우리가 처음부터 두 손을 들었기 때문에 바로 그런 결과가 생겼다는 사실은 결코 깨닫지 못한다. 비관주의가 우리의 눈을 가려 실제로 존재하는 가능성과 기회 들을 보지 못한다는 사실도 역시 알아차리지 못한다.

어쩌면 우리는 직장에서 바로 다음번 승진 대상자였을지도 모른다. 계속 열심히 일했더라면 다음 승진 기회를 잡았을 수 있다. 투표를 포기하는 대신 좋아하는 후보를 위해 선거 운동에 뛰어들었더라면 당선 가능성이 높아졌을 수도 있다. 또한 다른 항우울증 약을 시도했더라면 효과를 얻었을지도 모른다. 하다못해 처방 없이 사는 진통제도 몇 종류의 약을 시도해 본 뒤 자신에게 가장 잘 듣는 약을 선택하는 것이 흔한 일이다. 운동에 좀 더 지식과 경험을 쌓으면 자신의 수준에 맞는 운동을 계획함으로써 부상을 피할 수 있다. 다이어트가 너무 어렵다면 동기를 강화할 특별한 조치를 취했어야 한다. 만일 배우자가 잠자리에서 거부했을 때 그에 대해 배우자와 터놓고 의논했더라면, 부부 사이에 자리 잡은 좀 더 큰 문제를 해결해 나갈 수 있었을지도 모른다.

비관주의, 무력감, 수동성에 굴복하는 것은 우리의 정신 건강에 큰 해가 된다. 마치 심한 감기를 치료하지 않고 방치하는 것이 육체적 건강에 해를 입히는 것과 마찬가지로 말이다. 실제로 레니가 마술을 그만두기로 결정한 이후로 그의 '마음의 감기'는 악화되고 있었다. 그는 좌절감과 무력감과 절망에 빠져서 우울증에 걸릴 위험에 처했다. 우울증은 정신 건강을 심각하게 위협하는 '마음의 폐렴'에 해당한다.

우리는 내심
자신이 실패하길 기대한다

성공할 것이란 기대가 낮은 일에서 실패할 경우에는 마음의 상처가 비교적 크지 않다. 로또에 당첨되지 않았다고 우울증에 걸리는 사람은 거의 없다. 그리고 아마추어를 대상으로 한 오디션에서 훈련을 받지 않은 대부분 도전자는 우승하지 못했다고 엄청난 수치심을 느끼진 않을 것이다. 그러나 우리가 어떤 분야에서 성공하는 데 필요한 기술과 능력을 지니고 있고 성공에 대한 기대도 품고 있다면 훌륭한 성과를 보여야 한다는 압력이 더욱 강해진다.

이와 같은 성과 압력은 적당한 경우라면 유용한 역할을 하지만, 과도한 경우 매우 비생산적이다. 왜냐하면 성과에 대한 압력은 시험 불안, 실패에 대한 공포, 숨이 막힐 듯한 괴로움을 가져올 수 있기 때문이다.

많은 사람이 지적 능력, 준비 여부, 지식의 양과 관계없이 시험을 치르는 상황에 불안감을 느낀다. 시험 불안증이 그토록 흔한 이유 가운데 하나는 이 증상이 매우 쉽게 촉발되기 때문이다. 시험을 보다가 큰 불안을 느낀 경험 한 번만으로도 향후에 비슷하게 시험을 치러야 할 때마다 강한 불안감을 느끼게 될 수 있다.

시험 불안증이 특히 문제가 되는 것은[5] 불안감이 과제에 대한 집중력, 잡념을 쫓아 버리는 의지력, 명확하게 생각하는 능력을 크게 방해하고 성과에 영향을 주기 때문이다. 불안감은 특히 집중력과 주의력을 탐욕스럽게 갉아먹는다. 우리가 불안할 때면 속도 거북하고 배도 아픈 느낌이 드는데, 그런 증상이 끊임없이 집중을 방해하는 것이다.

뿐만 아니라 불안감은 지적 자원을 탐욕스럽게 독차지해서 시험 문제의 세부적인 의미와 느낌을 이해하거나 자신의 기억에서 관련 정보를 끄집어내거나, 답안을 조리 있게 서술하거나, 선다형 시험 문제에서 최적의 답을 골라내는 일을 어렵게 만든다. 불안의 영향력이 얼마나 큰지에 대한 극적인 예는 지능 검사(IQ)에서 볼 수 있다. 불안감을 느끼는 사람은 테스트에서 평소보다 15점 정도 더 낮은 점수를 받는 것으로 나타났다. 이 정도면 지능 지수를 '우수' 영역에서 '보통' 영역으로 끌어내리는 엄청난 차이이다.

잘 알려져 있지는 않지만, 좀 더 음흉하고 교활하게 영향을 미치는 시험 불안증의 한 형태는 우리가 속한 성별, 인종, 민족, 그 밖의 집단에 대한 고정 관념을 상기함으로써 나타나는 것이다. 이 현상을 '고정 관념의 위협(stereotype threat)'이라고 한다. 이 현상에 따르면 사람들은 자신이 속한 집단의 전형적 특성을 떠올릴 경우, 설사 그 고정 관념이 아무 근거가 없고 그것을 믿지도 않는다고 하더라도 고정 관념대로 될지 모른다는 걱정과 공포를 무의식적으로 느낄 수 있다고 한다. 우리가 전혀 의식하지 못하더라도 그와 같은 무의식적 우려가 주의를 분산시켜 주어진 시험 또는 업무의 성과를 낮출 수 있다.

고정 관념의 위협을 보여 주는 사례는 수학 시험에서 찾아볼 수 있다.[6] 여학생들이 수학 시험을 볼 때 주위에 남학생이 있으면, 남학생들이 없는 경우보다 상당한 정도로 더 나쁜 결과를 내는 것으로 나타났다. 21세기인 오늘날에도 여학생들은 시야에 남학생이 있을 경우 남자가 선천적으로 여자보다 수학을 잘한다는 그릇된 고정 관념을 떠올리고 그로부터 영향을 받는 것이다.

실패의 이유를
합리화하는 이유

어떤 사람들은 실패를 단순히 실망이나 좌절감뿐만 아니라 훨씬 더 마음을 손상시키는 감정들, 이를테면 수치심이나 창피함과 연관시킨다. 그 결과 실패할지 모른다는 전망은 감당하기 힘들 만큼 두려운 것이 된다. 그래서 차라리 성공 기대치를 낮추려고 무의식적으로 노력하기 시작한다. 기대치를 낮추는 것은 언뜻 보기엔 합리적인 접근 방법 같아 보이지만, 기대치를 낮추는 과정에서 자신도 모르게 점점 태만해진다. 마침내 자신이 가장 두려워하던 결과에 이르게 될지도 모른다.

몇 년 전 내가 상담했던 30대 후반의 여성, 리디아는 과거에 마케팅 분야에서 일했으나 세 아이를 낳고 키우느라 10년간 일을 쉰 상태였다. 막내가 유치원에 들어가자 리디아와 남편은 지금이 다시 일을 시작하기에 적절한 시점이라는 데 합의를 보았다. 리디아는 곧 연줄을 이용해 여섯 군데 회사에서 면접을 보기로 일정을 잡았다. 그런데 다른 사람들보다 유리한 연줄과 나무랄 데 없는 학력, 경력을 갖추었음에도 2차 면접을 보자고 부르는 곳이 한 군데도 없었다.

리디아는 실패 경험에 어리둥절했을 뿐 아니라 끔찍할 정도로 창피했다. 최선을 다했다고 믿고 있었지만, 실패에 대한 두려움 때문에 자신도 모르게 일을 그르쳐 기회들을 차례로 날려 버린 것이 분명했다. 적어도 내가 보기에는 그랬다. 그러나 리디아는 여전히 자신이 성공하기 위해 할 수 있는 모든 노력을 다했다고 확신했다.

"첫 번째 회사가 저를 거부한 이유는 이해할 수 있어요." 리디아가 설명했다. "저는 면접 가기 전에 회사에 대한 자료를 충분히 읽어 볼 시간이 없었어요. 딸아이가 중요한 농구 시합이 있었는데 제가 같은 팀 친구들과 나눠 먹도록 브라우니를 구워다 주기로 약속했었거든요." 리디아의 두 번째 인터뷰의 실패에도 역시 그와 비슷하게 설득력 없는 핑곗거리가 준비되어 있었다. "세상에 말예요, 선생님. 인터뷰 전날 밤에 친정 엄마한테 전화가 와서 자그마치 세 시간 동안 전화기에 붙들려 얘기를 들어 드렸어요. 엄마는 이모의 며느리가 이모에게 잘하지 못한다고 속이 상해서 저에게 푸념을 늘어놓는 거였어요. 차마 엄마 말을 자르지 못 하겠더라고요."

세 번째 면접이 잘못된 원인의 분석도 오십보백보였다. "하필 그날따라 제 손톱의 매니큐어가 엉망이었지 뭐예요. 면접 가기 전에 네일숍에 가서 금방 다시 하면 되겠다 싶었는데, 제가 그만 시간을 잘못 어림해서 결국 면접에 30분이나 늦게 도착하고 말았어요. 아, 한 45분쯤 되었던 것 같아요. 어쨌든 면접관은 저를 아예 만나 주지도 않더군요. 세상에, 어떻게 그럴 수가 있어요?" 충분히 그럴 수 있다고 생각했으나 굳이 의견을 내놓지는 않았다.

리디아의 설명이 이어졌다. 네 번째 면접을 보기 전날 밤 심한 두통 때문에 밤새 눈 한번 붙이지 못했다는 것이다. "저는 완전히 탈진한 상태였어요. 선생님, 믿으시겠어요? 면접을 보러 가면서 이력서를 빼먹고 갔지 뭐예요?" 리디아는 다섯 번째 면접날 아침에는 심한 신경성 복통을 앓았다. "면접을 하는 도중 갑자기 배에서 꾸르륵대는 소리가 크게 나는 거예요. 저는 그것에 대해 농담을 섞어 사과했죠. 그런데 알고 보니 면접관들은 아무도 제 배에서 난 소리를 듣지 못했나 보더라고요. 결국 상황은 더욱 어색해졌지요. 아, 나중에는 언젠가 웃으며 돌아볼 날이 오겠지요?" 이런 식으로 해서는 웃으며 돌아볼 날이 오기는 올까 걱정되었지만, 이번에도 역시 입 밖에 내지는 않았다.

리디아는 여섯 번째 면접을 앞두고는 모든 일이 순조로웠다고 주장했다. 단 바로 전날까지만. "운도 지지리 나쁘죠. 그날따라 아침에 일어나는 데 아무 이유 없이 기분이 나쁜 거예요. 괜히 화가 나고 초조하더라고요. 남편이 그래도 면접에 가 보라고 해서 가긴 했지만, 결과적으로는 제 육감에 따라 가지 않을 걸 그랬어요. 그 회사에 들어서는 순간 안내 직원부터 거슬리기 시작했어요. 결국 그 여자와 몇 마디 주고받다가 말싸움이 붙었답니다. 어쩌다가 언성이 높아져 면접관까지 나와서 보게 되었어요. 그다음부터는 모든 게 엉망으로 흘러갔죠. 안 될 일은 어떻게 해도 안 되게 되어 있나 봐요."

아마 리디아의 이야기에서 변명, 회피, 스스로 일을 그르치는 행동이 확실한 실패로 이어지는 명백한 패턴을 찾을 수 있을 것이다. 그러나 리디아는 그 사실을 진짜로 알아채지 못하고 있었다. 무의식은 실패 상황에서 뭔가 탓할 만한 장애물이 있다면 리디아가 그토록 두려워하는 창피나 수치심을 회피할 수 있을 것임을 알고 있었다.

많은 사람이 실패에 대한 두려움 때문에 스스로를 불리하게 만드는 행동을 한다.[7] 자신도 모르는 사이에 성공을 가로막는 장애물을 만들거나, 있는 장애물을 과장한다. 실제로 많은 경우에 우리는 실패의 핑곗거리로 삼기 위해 자신을 불리하게 만드는 장치를 생각해 내는 데 엄청나게 창조적이다.

많은 사람이 중요한 시험을 앞두고 공부를 미루고 미루다가 결국 '시간이 없어'라며 시험을 망친다. 중요한 업무 발표를 앞두고 친구들과 나가서 술을 잔뜩 마셔 취하거나, 잠을 한숨도 못자기도 한다. 어떤 사람은 중요한 수업 자료를 지하철이나 친구 집에 두고 온다. 요리 경연대회의 종목이 체리 파이 만들기인데 재료를 챙기면서 체리만 빼먹고 가기도 하고, 마라톤 대회에 나가면서 운동화 한 짝을 빠트리고 가는 사람도 있다. 그리고 리디아의 예에서 보듯, 우리가 만들어 낼 수 있는 신체적 불편은 한도 끝도 없다. 더구나 이런 어려움을 안고도 결과가 좋다면 불리한 상황에서 어려움을 헤치고 성공했다는, 특별히 더 큰 공을 세운 셈이 된다.

물론 스스로를 불리한 상황에 처하게 하고도 성공에 이르는 경우는 드물다. 뿐만 아니라 그와 같은 전략은 우리가 자신의 실패를 정확히 검토해서 앞으로 무엇을 고치거나 다르게 해야 할지 유용한 결론을 내릴 기회를 차단한다. 예를 들어 리디아의 경우 이력서에 뭔가 고쳐야 할 부분이 있었다거나 면접할 때의 태도나 방법을 개선했어야 했을지도 모른다. 그러나 리디아가 스스로 제 앞길에 온갖 장애물을 뿌려 놓았기 때문에 그와 같은 요소들을 평가하는 것이 불가능해졌다.

자신을 불리한 상황에 몰아넣는 행위의 무의식적 특성 때문에 옆에서 누가 지적을 해 주어도 정작 자신은 알아차리지 못하는 경우가 많다. 리디아는 처음에는 자신의 모든 구실이 다 그럴 수밖에 없는 필연적인 것이었으며, 자신의 실패는 통제할 수 없는 불가피한 상황들 때문이었다고 믿었다. 내가 그렇지 않을 수 있다고 지적하자 이런 식으로 대답했다. "아니, 선생님! 그럼 딸아이와의 약속을 지키지 말라는 말씀이세요?" 또는 "그날 문제는 제가 저의 육감을 따르지 않았다는 거예요. 제 육감은 한 번도 틀린 적이 없다니까요!"

아이는 실패의 수치를
부모로부터 배운다[8]

리디아가 실패의 두려움에 정면으로 맞서는 것이 특히 시급한 이유는 실패를 두려워하는 부모는 자신의 그런 특성을 자녀들에게 물려줄 수 있기 때문이다. 대부분 부모는 자식을 자신의 연장이자 자신의 육아 기술의 결과물로 생각한다. 따라서 자녀가 어떤 일에 실패할 경우 부모 자신의 수치심이 촉발된다.

부모는 자녀의 실패에 대한 반응으로 미묘하게(목소리나 몸짓 등) 또는 공공연하게(실망이나 분노를 드러내기) 움츠러드는 모습을 보인다. 이어서 자녀도 부모의 반응을 그대로 흡수해 스스로 수치심을 느끼고, 실패는 두려움과 회피의 대상임을 배운다.

분명히 할 것은 대부분 부모가 자녀들에게 그토록 부정적인 영향을 주고 있다는 사실을 알아차리지 못한다는 점이다. 리디아는 세 아이를 키우고 있으며 자녀 사랑이 지극하다. 그러나 만일 리디아가 실패의 상처를 제대로 치료하고 자신을 불리한 상황으로 몰아넣는 습관을 고치지 않으면, 실패를 향한 두려움의 악순환의 고리를 끊지 못하고 자녀들에게까지 물려주게 될 것이다.

꼭 마지막 순간에 실패하는
과학적인 이유

빌 버크너는 메이저리그 야구선수로서 눈부신 경력의 소유자였다. 통산 2,700 안타 기록을 보유했고, 타격왕에 선정되었으며, 올스타전에서 뛰기도 했다. 그러나 무엇보다도 1986년 월드시리즈에서 보스턴 레드삭스 팀 소속으로 뉴욕 메츠를 상대로 경기를 펼칠 때 엄청난 실책을 범한 것으로 유명하다. 1루수였던 버크너 쪽으로 잡기 쉬운 땅볼이 날아왔는데, 그만 공을 놓치고 말았다. 그의 실책은 레드삭스에게 그날 경기의 패배, 그리고 더 나아가 월드시리즈의 패배를 가져 왔다.

중요한 경기에서 수천, 수만 번 완벽하게 수행해 온 단순한 기술을 수행하면서 '초킹(choking, 사전적으로 '질식'이라는 의미지만 미국을 중심으로 스포츠에서 선수나 팀이 거의 우승할 수 있는 매우 유리한 상황에서 실패하는 경우를 지칭한다. 이 경우 choke가 동사와 명사로 모두 사용되어 우리말로 옮길 때 '초크'로 쓰는 것이 더 적확하고 '질식'이라는 의미와 혼란을 피할 수 있지만, 이미 심리학 분야 등에서 '초킹 현상'으로 번역된 예가 많아 그것을 따른다—옮긴이)을 범한 선수가 버크너만은 아니다. 아마추어 선수의 경우에도 결정적 순간에 초킹에 빠지는 경우가 허다하다. 뿐만 아니라 초킹 현상은 스포츠 영역 바깥에서도 흔히 나타난다.

 왜 우리는 볼링에서 완벽한 점수를 기록하다가 마지막 공을 도랑에 빠뜨리고 마는 것일까? 왜 재능 있는 성악가가 중요한 오디션에서 완벽하게 노래를 부르다가 마지막 순간에 음이 이탈해 모두를 움찔하게 만드는 것일까? 왜 광고 회사의 유능한 임원이 모든 고객 앞에서 완벽한 프리젠테이션을 펼치다가 자신의 회사 사장이 들어온 순간 말을 더듬어 온 방 안에 찬물을 끼얹는 것일까?

 심리학자들은 왜 우리가 잘 해내야 한다는 압박을 받는 상황에서 초킹 현상에 빠지는지 알아내기 위해 지난 20년간 노력해 왔는데, 최근에야 이 현상을 뒷받침하는 심리적 기제를 밝혀내기 시작했다. 압박이 큰 상황에서 스트레스가 커지면 우리는 수행해야 할 과제에 대해 지나치게 많이 생각하게 된다. 그러면 뇌는 물 흐르듯 자연스럽게 자동으로 다른 과제를 수행하는 부위로부터 주의를 빼앗아 수행을 방해한다.

 다음과 같은 방법으로 이 주장을 직접 시험해 볼 수 있다. 머그컵에 물을 적당히 담은 뒤 손잡이를 잡고 방을 걸어가 보자. 그리 어렵지 않을 것이다. 그렇다면 다시 한번 같은 과제를 수행하되, 이번에는 컵에 담긴 물을 바라보며 물이 쏟아지지 않도록 컵의 균형을 잡으면서 걸어가 보라. 대부분 사람은 아무 생각 없이 걸을 때보다 물을 쏟지 않으려고 신경 쓰면서 걸을 때 훨씬 더 물을 많이 쏟는다.

 초킹 현상 역시 이와 비슷한 역학에 기초하고 있다.[9] 우리는 상황의 압력이 크면 클수록 지나칠 정도로 자신의 행동을 분석하는 경향이 있고, 그 결과 우리가 수백, 수천 번 실행했던 과제를 자연스럽고 원활하게 수행하는 것이 방해받는다. 누구나 실수는 하지만, 특히 많은 것이 걸린 중요한 순간에 초킹 현상이 나타난다. 초킹 현상의 여파와 그에 뒤따르는 자기 비난은 매우 심각할 수 있다. 빌 버크너는 25년 전 일어났던 실수 때문에 아직까지도 욕을 먹고 있다. 많은 사람이 순간의 초킹을 만회하는 데 몇 년, 몇십 년이 걸린다.

실패가 남기는
심리적 상처를 치료하는 방법

　　　　　　　　　　많은 경우에 실패는 고통스럽지만 항상 정서적 응급 처치가 필요한 것은 아니다. 우리의 실패 가운데 상당수는 그저 사소한 수준이며, 한동안 마음이 아프더라도 비교적 쉽게 털어 버릴 수 있다. 설사 크고 의미심장한 실패라고 할지라도 당연하게 받아들이고, 다음에는 무엇을 고쳐나가야 할지 정확하게 평가하고, 필요한 노력을 투입하고, 목표에 도달할 때까지 끈질기게 노력한다면 별다른 응급 처치는 필요하지 않다.

　그러나 반복해서 실패를 경험하거나 실패로 인하여 자신감, 자존감, 향후의 성공 가능성을 손상시키는 방식으로 실패에 반응한다면 마음의 감기를 폐렴으로 악화시킬 위험에 처한 것이다. 실패와 관련된 불안증은 가만히 두면 스스로 발전할 가능성이 크므로, 자신에게 의미 있고 괴로운 실패를 맛본 경우라면 되도록 빠르고 신중하게 심리적 응급 처치를 실시하는 것이 가장 좋다. 자, 우리의 마음의 약장을 열고 어떤 치료법이 있는지 알아보자.

일반적 치료 지침

실패는 세 가지 종류의 심리적 상처를 남긴다. 실패는 자신감과 자존감을 손상시켜 목표가 더욱 멀리 있다고 느껴지게 만든다. 그리고 실패는 지각을 왜곡시켜 성공의 희망이 보이지 않게 만든다. 그 결과 우리는 목표를 포기하거나 더 이상 노력하지 않게 된다. 마지막으로 실패는 일종의 성과 압력을 형성해 불안감을 높인다. 그러면 무의식적으로 실패의 구실 거리를 찾아 노력을 무산시키려 든다.

〈실패에서는 반드시 얻는 것이 있다: 치료법 A〉와 〈목표를 복권 당첨으로 잡으면 안 되는 이유: 치료법 B〉는 자신감과 자존감의 손상을 최소화한다. 그럼으로써 목표를 달성하고자 하는 동기를 잃게 하는 비관적이고 패배주의적인 마음을 막는다. 또한 다시 동기를 부여하고 희망과 성공 가능성을 높이는 데 초점을 맞춘다. 〈실패의 두려움을 농담으로 승화해 보자: 치료법 C〉는 실패와 그에 따른 두려움과 감정들을 극복함으로써 미래에 스스로 자신을 불리하게 만들고 노력을 포기하고자 하는 경향을 최소화한다. 〈일곱 난쟁이가 휘파람을 분 이유: 치료법 D〉는 성과를 내야 한다는 압박감, 실패에 대한 두려움, 시험 불안증(그리고 고정 관념의 위협), 초킹 현상 등을 감소시키는 데 도움을 줄 것이다.

실패에서는 반드시 얻는 것이 있다
: 치료법 A

치료법 요약	지지를 얻고 현실감도 얻기.
용법 및 용량	당신이 중대한 실패를 경험할 때마다 가능한 한 즉시 적용한다.
효과	자신감, 자존감, 동기의 손상을 최소화한다.
간접 효과	성과 압력을 감소시킨다.

    상담자들이 의미 있는 목표의 실패 경험과 그때 느꼈던 큰 실망감을 이야기할 때마다 나의 첫 번째 반응은 공감을 표현하고 따뜻한 정서적 지지를 전달하는 것이다. 그러면 종종 피상담자들은 티슈 상자에 손을 뻗어 집어 들고 티슈를 뽑아 눈물을 훔친다.
    나의 두 번째 반응은 상담자가 실패의 경험으로부터 배울만한 교훈이 있음을 일깨우고, 앞으로 그들의 삶에 도움이 될 것이라는 사실을 지적하는 것이다. 그러면 종종 피상담자들은 손에 들고 있던 티슈 상자를 내 얼굴을 향해 던진다. 아직 실패의 상처 속에서 허우적거리고 있는데 좋은 면을 보라는 지적은 충분히 화를 불러일으킬 만한 얘기다.
    그럼에도 나는 두 가지 이유에서 이 두 번째 반응을 계속 고집

한다. 첫째, 나는 날아오는 물체를 날쌔게 잘 피할 수 있다. 둘째, 많은 연구가 입증하듯 실패가 일으킨 심리적 상처를 치료하는 데 가장 효과적인 방법은 일어난 일에서 긍정적인 교훈을 찾는 것이다. 뿐만 아니라 사회적, 정서적 지지만 제공하면[10] 실패한 사람들은 종종 오히려 더 불행한 감정을 느끼기도 한다.

왜 그럴까? 우리는 상처받았을 때 언제나 공감으로부터 위로를 얻지 않나? 우리가 실패의 고통으로 몸부림치고 있을 때 염려와 정서적 지지를 받는 것은 실제로 자신의 성격과 능력의 결함이나 부족한 점에 대한 우리의 (잘못된) 인식을 한층 강화하는 결과를 가져올 수 있다. 그러나 정서적 지지를 표현한 뒤에 곧바로 실패의 의미에 대한 현실적 평가를 덧붙일 경우는 다르다. 상대는 정서적 인정을 받으면서 동시에 '현실감'을 찾게 해 주는 현실적이고 근거 있는 인식을 유지할 수 있게 된다.

정서적 지지와 경험으로부터 무엇을 배우거나 얻을 수 있는지에 대한 평가라는 두 가지의 조합은 고통스러운 실패의 경험 직후에 처방할 수 있는 가장 효과적인 전략이다. 사람들은 대부분 정서적 지지를 얻는 데 능숙하다. 그러나 자신에 대해 끔찍한 기분을 느끼는 상태에서 유용한 교훈을 깨닫는 것은 대부분 매우 힘든 과제이다.

실패에서 교훈을 얻는 훈련

다음 글쓰기 훈련은 당신이 실패로부터 무엇을 얻을 수 있는지 발견하는 데 도움을 줄 것이다. 다음은 대부분의 실패 경험으로부터 이끌어 낼 수 있는 여섯 가지 보편적 교훈이다. 다음 각 교훈들을 당신의 상황에 적용해 보자.

1. "실패는 훌륭한 스승이다." 토머스 에디슨은 전구를 발명하기 전에 수천 번 실패를 했다. 그러나 그는 각각의 실패를 학습 경험으로 바라보았다. "나는 단 한 번도 실패하지 않았습니다. 단지 전구가 되지 않는 만 가지 방법을 알아냈을 뿐입니다." 실패는 언제나 우리에게 과제를 준비하거나 실행할 때 무엇을 바꾸어야 할지를 가르쳐 준다. 자, 다음번에는 무엇을 어떻게 바꿔야 할까?

2. "실패는 새로운 기회를 준다." 헨리 포드는 처음 두 자동차 회사의 경영에 실패했다. 만일 그가 성공했다면 세 번째 회사를 창업할 일도 없었을 것이고, 조립라인식 제조 기법의 아이디어를 떠올릴 일도, 당대 세계 최고의 부자가 될 일도 없었을 것이다. 자, 당신의 실패가 가져다 줄 기회에는 무엇이 있을까?

3. "실패는 우리를 강하게 만든다." 다이애나 니아드는 2011년 8월 62세의 나이로 쿠바에서 플로리다까지 166킬로미터를 헤엄쳐 건너려고 시도했다. 불행히도 97킬로미터를 헤엄친

시점에서 천식 발작이 일어나 이 시도는 중단되었다. 그런데 놀랍게도 두 달 뒤 다시 도전했다. 이번에는 130킬로미터 넘게 헤엄쳤을 때 곡갈 해파리의 침에 쏘였다. 그 직후 다이애나는 다시는 수영에 도전하지 않겠다고 선언했다. 그러나 일단 기력을 회복하고 초기의 실망에서 벗어나자, 앞서 두 번의 시도가 자신을 더욱 강하게 만들었으며 다시 시도하면 성공할 수 있을 것 같다는 생각을 하게 되었다. 그래서 2012년 8월 다시 한번 시도했다. 이번에는 앞서 두 번의 시도보다 더 먼 거리를 헤엄치기는 했으나 목표에 도달하기 전에 위험한 돌풍을 만나 중단해야 했다(이듬해 2013년 8월 31일에 다시 도전을 시작해 9월 2일 53시간 만에 플로리다 해협 종단에 성공했다. 이때는 해파리에게 쏘이지 않도록 온몸에 보호복을 착용한 채로 수영을 했다—옮긴이).

우리는 모두 실패를 겪으면 사기가 저하된다. 그러나 실패로부터 회복되고 경험으로부터 배울 수 있는 사람은 언제나 실패를 통해 더 강해지고 미래에 성공할 가능성은 더 높아진다. 당신의 실패 경험은 어떤 식으로 당신을 강하게 만들 수 있을까?

4. "어떤 실패는 일종의 성공이다." 나는 미스유니버스 선발 대회를 볼 때마다 2위 입상자의 마음이 어떨지 항상 궁금하다. 그녀가 무대 뒤에서 머리카락에 붙은 (우승자를 축하하기 위해 뿌려진) 색종이 조각을 떼어낼 때 어떤 심정일까? 자신의 조

국을 대표해 2위까지 오른 것이 자랑스러울까? 아니면 우승의 자리에 그토록 가까이 다가갔는데 눈앞에서 놓친 것에 비참한 마음이 들까? 아마추어 스포츠 팀이 결승까지 올랐다가 결승전에서 지면 참담한 기분이 든다. 그러나 우승을 놓쳤다고 해서 결승까지 올라온 성취가 무효화되는 것일까? 구직자가 지원한 회사에서 여러 차례의 면접을 거쳐 최종 면접에서 떨어졌다면 물론 실망스러울 것이다. 그러나 여러 차례의 선발 과정에서 최종 후보 자리까지 올라갔다는 것은 고무적인 일이 아닐까?

우리의 실패 가운데 상당수는 어떤 면에서는 일종의 성공이다. 단지 우리가 성공의 측면보다 실패의 측면에 더 초점을 맞출 뿐이다. 실망이 매우 깊더라도 우리는 그 과정에서 성공적이었던 측면을 인정해야 한다. 설사 맨 마지막에 가서 실패했더라도 말이다. 자, 당신의 실패 경험을 어떻게 바라보면 거기서 일종의 성공 경험을 찾을 수 있을까?

5. "실패는 미래의 성공을 더욱 의미 있게 한다." 우리가 더 열심히 노력할수록, 실패와 도전을 더 많이 경험할수록, 마지막에 성공했을 때 그로부터 더 큰 의미, 기쁨, 만족을 끌어낼 수 있다는 사실을 많은 연구가 뒷받침한다. 오스카 피스토리우스는 남아프리카공화국 출신의 프로 운동선수이다. 그는 2011년 대한민국 대구에서 열린 세계육상선수권대회에 남자 400미터 대회에 출전하기도 했다. 그러나 그는 다른 선수

들과 달리 무릎 아래로 양쪽 다리가 없다. 어린 시절에 양쪽 다리 모두 절단했던 것이다. 그는 무릎 아래로 금속 재질의 '날(blade)' 모양의 의족을 달고 있는데, 비장애인 세계 선수권 대회에서 달린 최초의 장애인이다. 그는 거기에서 그치지 않고 개인 준결승까지 진출하고 계주에서 은메달을 획득하는 (국가 기록을 세우면서) 쾌거를 올렸다.

피스토리우스에게는 육상 경기에서 뛴 것 자체가 승리였다. 그는 세계선수권대회와 올림픽에 출전할 권리를 획득하기 위해 수년에 걸쳐서 법정 투쟁을 벌여야 했다. 그의 날 모양의 의족이 다른 선수들보다 '유리하지' 않다는 사실을 입증해야 했기 때문이었다. 법정 투쟁에서 승리한 후에도 그는 대회 출전을 위한 최소 시간대를 통과하기 위해 사투를 벌여야 했다. 출전 마감 시한을 코앞에 두고(선수권대회가 시작되기 1주일 전이었다!) 마지막 경기에서 아슬아슬하게 참가 자격 기록을 따냈다. 피스토리우스가 첫 번째 경기에서 트랙에 서자 경기장 안의 모든 카메라가 그를 향했다. 자신이 호명되자 그의 얼굴에서 빛나는 순수한 경외감과 기쁨은 다른 모든 선수를 초라하게 만들었고, 지켜보는 관중들은 감동으로 살에 소름이 돋았다. 피스토리우스는 2012 런던 올림픽에서도 놀라운 성과를 재현해서 400미터 질주에서 준결승까지 올랐다 (그러나 피스토리우스는 2013년 2월 여자 친구를 살해한 혐의로 체포되어 완전히 다른 의미로 사람들의 소름이 돋게 했다).

실패를 더 많이 겪을수록 마침내 성공을 거두었을 때 기분, 자존감, 자신감은 더 커진다. 지금 실패를 겪은 당신이 나중에 성공했을 때 지난 실패는 얼마나 더 큰 의미를 가질까?

6. "언제나 반드시 성공해야 할 필요는 없다." 최근 연구들은 실패의 놀라운 측면들을 밝혀 주었다.[11] 어떤 목표를 추구하면서 얻고자 하는 이익들은 꼭 우리가 그 목표를 달성해야만 얻을 수 있는 것은 아니다. 대부분 상황에서 목표를 향해 꾸준히 전진해 나가는 것이 실제로 목표에 도달하는 것보다 지속적인 행복감과 자기충족감에 더 많이 기여하는 것으로 나타났다. 우리가 설정한 목표에 조금씩, 조금씩 가까워져 가면서 느끼는 만족, 흥분, 자부심, 개인적 성취감이 짜릿한 성취감과 기쁨을 형성하는 것이다. 그리고 우리의 기분, 동기 유발, 심리적 건강에 기여한다. 당신이 목표를 추구하는 과정에서 의미나 만족감을 느낀 적이 없는지 찾아보자.

목표를 복권 당첨으로 잡으면 안 되는 이유
: 치료법 B

치료법 요약	당신이 통제할 수 있는 요인들에 초점을 맞춰라.
용법 및 용량	의미 있게 생각하는 일에서 실패를 경험할 때마다 가능하면 빨리 치료법을 적용하라. 계속해서 노력을 기울이거나 새로운 목표를 설정할 때마다 목표 설정 및 실행 훈련을 되풀이하라.
효과	무력감과 절망감을 줄이거나 예방하고 희망을 심어주고 동기를 부여해 미래의 성공 가능성을 높인다.
간접 효과	자신감이나 자존감의 손상을 최소화하고 성과 압력을 줄인다.

실패를 경험하면 덫에 걸려 옴짝달싹 할 수 없는 듯한 무력감을 느낀다. 상황이 나의 통제를 벗어나 있고, 나는 어떻게 하든 실패할 것이란 느낌이 든다. 일단 내가 뭘 하든 결과가 달라지지 않을 것이라고 믿기 시작하면 우리는 포기한다. 노력하더라도 하는 둥 마는 둥 대충하는 경향이 있다. 그러나 그와 같이 무력한 상태에 빠지는 것은 감정의 감기를 마음의 폐렴으로 발전시키는 것과 같다. 왜냐하면 무력감과 절망감은 많은 경우에 임상 우울증을 일으킬 수 있기 때문이다.

그런데 우리가 상황을 통제할 수 없다는 무력한 결론으로 이끄는 수많은 가정이나 인식이 실제로는 잘못된 것이라는 데에 실패의 비극적 측면이 있다. 뿐만 아니라 과학자들은 우리가 인식을 변화시키고 상황 중에서 스스로 통제할 수 있는 부분에 초점을 맞추는 것이 희망, 동기, 자존감에 엄청나게 이로운 영향을 미친다는 결과를 여러 차례 내놓고 있다. 어떤 경우에 단순히 아무것도 할 수 없는 듯한 통제 불능의 느낌이 잘못된 것임을 깨우쳐 주는 것만으로도 무기력한 상태를 치유하고 '정서적 감기'가 악화되는 것을 막을 수 있다.

한 연구에서 65세 이상의 노인들을 대상으로 하여 이 사실을 입증한 일이 있다.[12] 노인들은 대부분 거동이 불편하여 잘 움직이지 않고 집 안에 머무는 경향이 있다. 그런 특성은 노인들의 건강에 심각한 위험 요소이다(물론 잘 움직이지 않고 집에만 있는 것은 어떤 연령층에서든 건강에 위협이 된다). 문제는 오늘날 많은 노인이 거동이 줄어드는 것을 노화의 자연스러운 일부라고 믿는다는 사실이다(물론 사실이 아니다). 과학자들이 노인들을 대상으로 거동이 줄어드는 생활 방식이 노화 때문이 아니라 매일 걷는 습관 등 전적으로 자신이 통제할 수 있는 요소들 때문이라는 사실을 교육했다. 그러자 한 달이 지난 뒤 교육을 받은 노인들은 예전보다 일주일에 4킬로미터씩 더 걸었고(이는 상당한 변화이다!), 활력과 정신 건강도 훨씬 더 좋아졌다고 보고했다.

우리를 실패로 이끈 상황에 대한 통제력을 되찾는 가장 좋은 방법은 준비 과정(목표 설정)과 수행 과정(노력을 어떻게 기울였는지)

을 면밀히 검토하는 것이다. 그리고 그 가운데 우리의 통제 범위를 벗어났다고 생각했으나 다른 방식으로 접근하거나 인식할 경우 통제할 수 있는 요인이 무엇인지 찾아내는 것이다.

목표 계획에서 통제력을 획득하는 훈련

한 번에 한 가지 목표를 추구하는 것이 가장 좋으므로[13] 각각의 목표에 대해 다음 훈련을 따로 따로 실시한다. 나는 폴린의 예를 훈련에 포함시켰다. 폴린은 앞서 언급한, 최근 이혼했으며 엄청난 양의 새해 결심과 계획을 세운 내 상담자이다. 폴린은 자신의 계획 중에서 '새 친구를 사귀기' 항목을 우선순위 중에서도 가장 앞에 두기로 했다. 이혼의 과정을 겪으면서 인간관계의 폭이 심각하게 줄어들었으며, 폴린 자신도 사람들과 함께할 수 있는 활동과 새 친구들을 절실히 원하고 있었기 때문이다.

1. 당신의 목표를 가능한 한 현실적이고 구체적인 용어로 표현하라. 유의할 점은 명확하고 측정 가능한 목표를 세워야 한다는 것이다. 예를 들어 '여름까지 멋진 몸매 만들기'는 현실적이지만 구체적인 목표가 아니다. '복권 당첨되기'는 구체적이지만 현실적이지 못하다. '베스트셀러 소설 쓰기'는 구체적이지도 못하고(어떤 소설을 쓸 것인가?) 현실적이지도 못하다(수많은 소설 중 베스트셀러가 되는 것은 극소수이다). 폴린이 세운 계

획은 '비슷한 관심을 가진 사람들을 만날 수 있는 활동의 장을 세 군데 찾기'였다.

뿐만 아니라 목표를 개인적으로 의미 있고 본질적으로 흥미로운 것으로 묘사하면[14] 장기적으로 동기를 극대화하는 데 도움을 준다. 예를 들어 체중 감량과 운동 목표를 '나의 삶에 활기와 활력을 더하고 향후에 자녀들과 손주들과 활동적인 취미를 함께할 수 있도록 건강한 생활 방식을 추구하기'라고 정의하면 어떨까? 목표를 추구하는 방법 역시 사려 깊게 정하도록 한다. 운동하기가 목표라면 지하실에서 혼자서 워킹머신 위를 달리는 것보다는 친구들과 등산 모임을 결성하는 것이 장기적으로 더 강하게 동기를 부여할 수 있을 것이다.

2. 목표를 작은 중간 단계들로 세분화하라. 유의할 점은 장기적인 목표를 작은 중간 단계들로 어떻게 나누느냐 하는 것은 동기 부여에 크고 중요한 영향을 준다는 걸 기억하는 것이다. 중간 단계의 목표들이 달성하기에 너무 쉬워 별다른 노력이 필요치 않을 경우 흥미나 열의를 잃어버려 전체 목표를 추구할 의욕을 잃을 수도 있다. 반대로 중간 단계의 목표들이 달성하기에 너무 어려울 경우 좌절감을 느끼고 목표를 추구하려는 동기가 꺾여 버릴 수도 있다. 큰 목표에 도달하기까지 여정 중간의 이정표들은 충분히 도전적이되 너무 위압적이지 않도록 잡는다. 일단 성공의 경험이 중요하므로 처음에는 쉽게 도달할 수 있도록 잡고, 그다음부터 단계적으로

어려워지도록 잡는 것이 좋다.

중간 단계의 목표를 잡을 때 통제 범위 바깥에 있는 변수들(예, 특정 결과)보다는 통제할 수 있는 변수들(예, 수행 여부)에 초점을 맞추는 것이 중요하다. 예를 들어서 체중 감량이나 운동을 목표로 할 때 무엇을 얼마나 먹고 운동을 얼마나 할지(이는 통제할 수 있는 변수들이다)에 초점을 맞춰야지, 얼마 동안 체중을 얼마나 빼겠다는 식으로 목표를 잡아서는 안 된다(미리 정해놓은 속도로 체중을 줄이도록 우리의 몸을 강제할 수 없다). 만일 블로그를 운영하는 것이 목표라면 언제까지 무엇을 얼마나 진척시키겠다는 식으로 계획을 잡기보다는 일단 블로그를 운영하는 데 어느 정도의 시간을 할당할지를 정하는 것이 좋다(왜냐하면 프로그램이나 디자인의 문제점, 그밖에 블로그를 꾸미는 데 필요한 요소들의 어려움을 미리 예측하기 어렵기 때문이다). 치즈를 전문적으로 소개하는 블로그를 만든다고 할 때, 스위스 플뢰제르케제(Flösserkäse) 치즈의 멋진 사진의 사이즈를 조정하는 데 반나절이 걸려 좌절감을 느끼기 보다는 계획했던 대로 하루에 일정 시간을 차근차근 투자해서 블로그를 발전시켜 나가고 있다는 느낌이 훨씬 뿌듯할 것이다.

폴린은 자신의 목표를 다음과 같은 중간 목표들로 세분화했다. '관심이 가는 활동들의 목록을 만든다. 인터넷에서 그 활동과 관련된 단체나 모임의 사이트를 찾는다. 일주일에 하나씩 사이트를 탐색해 본다.'

3. 전체 목표와 중간 목표들의 기간을 설정한다. 유의할 점은 중간 목표들을 쭉 살펴보고 각 목표에 대해 시작하는 날짜/시간과 완료 날짜/시간을 설정하는 것이 좋다는 점이다. 언제까지 목표를 달성해야 한다는 객관적인 기한이 정해져 있을 경우 전체 목표를 위한 기간을 먼저 설정한 다음 그에 따라 각각의 중간 목표의 기간을 할당해야 할 것이다(마라톤 경기에 출전하기 위해 연습을 한다든지 학교나 직장에 지원하기 위해 포트폴리오를 만들어야 할 경우). 그러나 가능하다면 각 중간 목표의 기간을 먼저 설정하는 편이 더 좋다. 그렇게 함으로써 더 현실적이고 달성 가능한 스케줄을 작성할 수 있기 때문이다.

앞서 중간 목표들을 설정할 때와 마찬가지로 각 목표에 할당할 기간을 살짝 도전적으로 잡는 것이 관심과 노력, 동기를 유지하는 데 가장 좋다. 폴린은 바로 다음날부터 시작해서 일주일에 하나씩 인터넷에서 관심 대상인 단체의 사이트를 알아보고 일단 적절한 모임을 찾은 다음에는 2주에 하나씩 알아보기로 결정했다.

4. 중간에 돌아가거나 지체되거나 옆길로 빠질 가능성도 미리 예상한다. 유의할 점은 "항상 준비된 상태로!"라는 보이스카우트의 모토를 마음에 새겨 두고, 계획 중 잘못될 만한 부분들뿐만 아니라 잘못될 가능성이 조금이라도 있는 부분들까지도 미리 예상하고 해결책을 마련하는 것이다. 예를 들어서 목표가 음주의 절제라면 당신은 주말에 예정된 직장 사람들

과의 파티에서 어떻게 할지 전략을 마련해 두어야 한다. 뿐만 아니라 와인 애호가인 고객에게 저녁 식사 접대를 하게 될 가능성까지도 염두에 두어야 한다. 폴린은 베이비시터와 문제가 생길 수 있다고 내다 봤다. 아이들을 봐 주기로 약속해 놓고 마지막에 취소하는 일이 번번이 있었기 때문이다.

5. 위에서 예상한 잘못되는 각각의 가능성에 대한 해결책을 열거한다. 잘못되는 것을 예방하기 위해서는 어떻게 해야 할지, 해결책을 구체적으로 어떻게 실행할지와 같은 내용을 포함한다. 실행 전략을 분명하고 구체적으로 표현한다(예, '누가 담배를 권해도 피우지 않는다' 대신 '누가 담배를 권하면 "죄송합니다만 담배를 끊었습니다"라고 말한다').

유의할 점은 문제점을 예상하고 그 해결책을 미리 계획하는 것은 어려움이 닥쳤을 때 좌절하는 것을 막고 동기 부여와 사기를 유지하는 데 매우 중요하지만, 어떤 해결책이든 그것을 실행할 계획을 세워야 쓸모가 있다는 점이다. 예를 들어 유방암 검사를 받으려고 생각하는 여성들 가운데 일부에게[15] 잠시 시간을 내서 언제 어떻게 검사를 받을지 계획해 보라고 요구했다. 그러자 구체적 계획을 세웠던 여성은 계획을 세우지 않았던 여성보다 실제로 검사를 받은 빈도가 두 배나 되었다. 베이비시터 문제에 대한 폴린의 해결책은 필요한 경우에 연락할 수 있는 또 다른 베이비시터를 접촉해 두는 것이었다.

과제의 실행을 재점검하기

　우리가 실패하는 이유가 전적으로 계획을 잘못 세워서만은 아니다. 계획을 실행해 나가는 과정에서도 통제력을 확보할 방법을 찾아야 한다. 예를 들어서 레니는 직업 마술사가 되고 싶은 자신의 꿈을 집어던져 버렸다. 왜냐하면 할 수 있는 모든 노력을 다 했는데도 쓸 만한 주특기 기술을 개발하지 못했다고 믿었기 때문이다. 레니는 몇 시간씩 앉아서 자신이 아는 모든 마술 트릭들을 열거해 목록을 만들었다. 그런 다음 그 기술들을 조합하고 좀 더 정교하게 만들어 새로운 경지로 드높일 방법을 곰곰이 연구했다. 그러나 이 모든 노력을 기울였음에도 사람들을 확 사로잡을 만한 마술 트릭을 생각해 내지 못했다.

　그간의 노력을 들은 뒤 나는 레니의 실망감에 깊은 공감을 보였다(곧 레니는 티슈 상자로 손을 뻗었다). 그런 다음 나는 그의 평가에 전적으로 찬성하지 않는다고 말했다(그리고 티슈 상자가 날아올까 봐 재빨리 몸을 피했다). 레니는 나의 말에 깜짝 놀랐지만 한편으로 호기심을 보였다. 나는 여전히 그가 탐색하고 궁리해 볼 만한 수많은 영역이 있으며, 자신이 할 줄 아는 마술 트릭에서만 아이디어를 구하려고 하기 때문에 선택 가능성이 줄어 효과적으로 창의적인 아이디어를 떠올릴 수 없었을 것이라고 말했다.

　그런 다음 나는 그가 아이디어를 탐색할 다른 방법의 사례를 제시했다. 예를 들어서 하향식 방법을 써 보는 것이다. 맨 처음 마음이 끌리는 개념적 주제를 찾고(가족, 향수, 사랑, 문화, 음식 등등),

마술을 이용해서 어떻게 그런 개념을 불러일으킬지 생각해 보는 것이다. 아니면 관객들에게서 이끌고 싶은 감정적 충격(경외심, 놀라움, 혼란, 감탄, 충격 등등)과 그 순서를 생각해 볼 수도 있다. 또는 비전통적인 재료나 접근법(순서를 거꾸로 한다든지)에 초점을 맞출 수도 있다. 예를 들어 나는 그에게 카드를 펼쳐 들고 관객에게 한 장을 고르게 한 다음 모자에 집어넣었다가 카드 대신 토끼를 꺼내는 게 아니라, 토끼 여러 마리를 손에 들고서 관객에게 한 마리를 고르게 한 다음 그 녀석을 모자에 집어넣었다가 모자에서 카드를 꺼내면 어떻겠냐고 제안했다(슬프게도 레니는 나의 의견에 시큰둥했다).

레니는 실패한 경험 때문에 다른 방식을 선택하지 않게 되었다. 요즘 관객들은 마술보다는 TV 예능 스타들, 유명인이나 정치인을 소재로 한 농담 따위에 더 흥미를 느낀다고 생각했다. 그러면서도 한 번도 이런 주제들을 마술에 집어넣거나 응용하는 것을 고려하지 않았다. 레니는 곧 그가 탐색해 볼 만한 길들이 무궁무진하며, 꿈을 포기하기엔 아직 이르다는 것을 깨닫게 되었다. 이런 결론에 도달하자 레니의 기분은 즉각 변화했고, 나는 처음으로 그의 눈에서 희망의 불꽃이 타오르는 것을 보았다.

과제의 실행 과정에서 통제력을 획득하는 훈련

다음의 글쓰기 훈련은 실패에 기여한 요인들을 찾고, 당신이 통제할 수 있음을 확인하며, 앞으로는 이 요인들을 어떻게 다룰지 결정하기 위한 것이다. 이해를 돕기 위해 레니의 대답을 예로 사용했다.

1. 논의할 실패 경험을 적어 보자. 이때 한 가지 경험에 국한한다. 예를 들어서 운전면허 시험에 다섯 번 떨어졌다면 가장 최근 떨어진 경험만 서술한다. 레니는 이렇게 썼다. '나는 직업 마술사가 되는 데 실패했다'
2. 실패에 기여한 모든 요인들을 열거해 보자. 레니는 '주특기 마술이 너무 약했다', '에이전트를 구하지 못했다', '연줄이 없다', '관객이 마술에 흥미를 보이지 않는다' 등을 적었다.
3. 위에서 적은 요인들 가운데 통제할 수 있는 것과 통제할 수 없는 것을 나눠 본다. 통제할 수 있는 요인의 예를 들자면 '나는 충분한 시간을 투자해 훈련을 받지 못했기 때문에 마라톤을 완주하는 데 실패했다'라거나 '우리는 서로 의사소통하는 방법을 제대로 배우지 못했기 때문에 결혼 생활에 실패했다'와 같은 것들이다. 통제할 수 없는 요인들은 예컨대 '나는 중요한 시험을 치를 때마다 불안해지기 때문에 변호사 시험에서 떨어졌다' 또는 '우리 회사 제품에 너무 문제가 많아서 나는 고객을 상당수 잃었다' 등이다. 레니는 자신이 통제할 수 없는 요인으로 '강력한 주특기 마술 없이는 어떤 에이전트도 나를 뽑지 않을 것이다', '나는 멋진 주특기 마술을 개

발할 만큼 뛰어난 마술사가 못된다', '나는 좀 더 예약을 많이 따거나 에이전트를 확보하는 데 도움이 될 만한 연줄을 갖고 있지 못하다', '대부분 관객은 마술에 흥미를 보이지 않는다' 등을 들었다. 그가 열거한 요인 가운데 자신의 통제 범위에 있다고 꼽은 것은 단 하나, '마술을 포기하기로 한 것은 나의 결정이었다'뿐이었다.

4. 당신의 통제 범위 바깥에 있다고 분류한 요인들을 훑어보면서 그것을 다른 관점으로 바라보기를 시도해 보라. 그 요인들 가운데 당신이 통제할 수 있는 것들이 없는지 살펴보라. 예를 들어서 '나는 중요한 시험을 치를 때마다 불안해지기 때문에 변호사 시험에서 떨어졌다'라는 항목은 '나는 시험 불안증을 해소하기 위한 조치를 취하지 않았다'로 바꿀 수 있다(왜냐하면 누구나 시험 불안증을 극복하는 방법을 배울 수 있기 때문이다). 그리고 '우리 회사 제품에 너무 문제가 많아서 나는 고객을 상당수 잃었다'는 '나는 고객을 유지하는 데 필요한 고객 불만 처리에 대한 훈련을 받지 못했다'로 바꿀 수 있다(고객 불만 처리에 대한 훈련 역시 우리가 충분히 받을 수 있는 것이다). 레니는 '나는 멋진 주특기 마술을 개발할 만큼 뛰어난 마술사가 못된다'를 '나는 수많은 아이디어 착안 방법 중 오직 한 가지 방법만을 시도해 왔다'로, '나는 좀 더 예약을 많이 따거나 에이전트를 확보하는 데 도움이 될 만한 연줄을 갖고 있지 못하다'를 '나는 최대한 다른 마술사, 예약 담당자, 클럽 주인

들과 인맥을 쌓는 일을 등한시했다'로, 그리고 '대부분 관객은 마술에 흥미를 보이지 않는다'를 '나는 관객들이 흥미를 갖는 주제를 중심으로 나의 마술 트릭을 재구성하는 일을 시도해 보지 않았다'로 바꾸었다.

5. 일단 4번 단계까지 완료했으면 이제 당신이 통제할 수 있는 활동들의 목록을 새롭게 작성한다. 그런 다음 각 요인에서 미래의 성공 기회를 높이기 위해 해결해야 할 문제나 필요한 변화가 무엇인지 찾아보자. 레니는 그의 새로운 주특기 마술 트릭을 위해 세 가지 아이디어 착안 기법을 추가하기로 했다. 그리고 앞으로 1년 동안 더 노력해 보기로 했다. 또한 다른 마술사, 예약 담당자, 클럽 주인들과 접촉해 인맥을 쌓기로 결심했고, 소셜미디어 플랫폼을 이용해 온라인에서 존재감을 높이는 노력을 시도해 보기로 했다.

그로부터 8개월 뒤 레니는 나에게 메시지를 남겼다. 새로운 마술 트릭을 TV에서 선보이게 되었다는 소식이었다! 레니가 만든 새로운 마술 트릭은 감동적이고 시각적으로도 아름다웠다. 그러나 레니가 출연한 TV 프로그램에서 나의 눈에 비친 가장 마술적인 장면은 공연을 펼치는 그의 눈에 비치는 순수한 기쁨의 빛이었다.

실패의 두려움을 농담으로 승화해 보자
: 치료법 C

치료법 요약	책임을 받아들이고 두려움을 인정하기.
용법 및 용량	당신이 의미 있다고 생각하는 일에서 실패를 경험할 때마다 적용하라.
효과	자신감이나 자존감의 손상을 최소화하고 고통스러운 실패의 경험에서 유머를 찾아냄으로써 혹독한 아픔을 완화시킨다.
간접 효과	성과 압력과 실패에 대한 두려움을 줄인다.

 누구나 자신의 실패에 구실을 붙여 변명하고 싶은 유혹을 느끼지만, 그렇게 할 경우 실패에서 배울 수 있는 수많은 유용한 교훈을 배우지 못한다. 뿐만 아니라 책임을 부정하면 할수록 상황이 자신의 통제 범위를 벗어나 있다고 생각하게 된다. 실패가 항상 어느 정도의 공포와 불안을 불러일으킨다는 사실을 인지하고 그 감정들에 접근하면, 그것을 인정할 수 있다. 그럼으로써 그 감정들이 우리의 행동에 무의식적이고 파괴적으로 영향을 미치는 것을 예방할 수 있다.

 세 아이를 어느 정도 키운 다음 다시 일을 시작하려는 리디아는 오랜 기간 동안의 휴직 상태로 직장인으로서의 자신감과 자존감이 극도로 낮아진 상태였다. 리디아는 기회가 있을 때마다 무의식으로 자신을 불리한 상황에 몰아넣었다. 실패에 마주하더라도 손쉬운 변명으로 자신의 자존감을 보호하고자 하는 무의식이었던 것이다. 불행히도 그와 같은 행동은 사실상 실패를 확실히 보장하는 셈이었는데 리디아만 그 사실을 보지 못했다. 리디아가 여섯 번째 구직 인터뷰를 망친 상황(잠재적 상사의 비서와 대판 싸운 사건)을 나에게 들려주었을 때 내 우려를 이야기하기로 결심했다.

"저는 일주일만 휴가를 다녀와도 다시 일을 시작하는 데 불안감을 느낄 때가 있습니다." 내가 말을 꺼냈다. "그러니 10년이 넘게 일을 쉬었다가 다시 시작하는 것이 얼마나 두려운지 상상하기도 어렵군요.", "네, 그렇죠. 진짜로 좀 두렵긴 하죠." 리디아가 인정했다. "분명히 그럴 겁니다. 혹시 그런 마음을 다른 누군가와 이야기해 보신 적 있나요" 리디아는 고개를 흔들었다.

내가 말을 이었다. "걱정과 불안, 심지어 두려움을 느끼는 것은 지극히 자연스러운 일이에요. 특히 지난 10년간 마케팅 분야에 얼마나 많은 변화가 일어났는지를 고려하면 더욱 그렇죠. 사실 두려움을 느끼지 않는다면 그게 더 이상하죠. 그러나 두려움이라는 감정을 내 것으로 인정하지 않는다면, 그리고 누군가와 이야기하지 않는다면, 두려움을 표출할 다른 출구를 찾아낸답니다."

"예를 들어 어떻게요?" 리디아가 물었다. "예를 들어 당신이 자신의 직원들과 원만하게 일해 나갈 수 있을지 여부를 판단해야 할 사람의 비서와 다툼을 벌이는 식으로 말이죠.", "참 나, 그 여자가 얼마나 짜증나게 굴었는지 선생님이 한번 보셨어야 해요!" 리디아가 항의했다.

"사실 저도 그 사람이 엄청나게 짜증나게 굴었으리라 가정합니다. 그렇지만 리디아, 당신은 어린 아이 셋을 키운 어머니입니다. 짜증나고 화나는 상황을 다루는 데에는 이골이 나지 않았나요?" 리디아가 고개를 끄덕였다. "그리고 다시 말씀드리지만, 리디아는 자신의 공포를 의식적으로 표현하지 않았기 때문에 두려움이 대신해서 표현할 길을 찾는다는 생각이 듭니다.", "잠깐만요. 선생님은 지금 제 편두통이나 배탈이 난 일을 얘기하시려는 거죠? 그건 꾀병이 아니라 진짜였어요. 진짜로 아팠다니까요!", "당신의 실패에 대한 두려움도 진짜입니다." 내가 대답했다.

"그러나 당신이 그것을 인정하고 받아들이고 어떻게 다루어야 할지 방법을 찾지 않는 한 앞으로도 계속해서 두통이나 복통이 나타날 것이라고 봅니다." 리디아가 이번에는 곧바로 항의하지 않는 것을 보며 나는 살짝 안도했다. 대신 생각에 잠겼다. 분명히 어려운 일이지만 리디아는 결국 자신의 감정을 인정했으며, 여섯 차례의 구직 면접의 실패에 대한 책임 역시 자신의 것으로 받아들였다. 일단 그렇게 하자 리디아는 훨씬 더 생산적인 방식으로 구직 활동을 재개할 수 있었다. 몇 달이 걸렸고 그동안 무수히 많은 면접에서 실패를 겪었지만, 결국 리디아는 자신의 경력 분야에서 재취업하는 데 성공했다.

우리는 모두 실패가 가는 곳에 불안과 두려움이 뒤따른다는 사실을 인정해야 한다. 우리가 자신의 감정과 실패 경험을 모두 받아들이는 가장 좋은 방법은 믿고 의지할 만한 사람과 그것을 이야기하는 것이다. 자신의 공포를 배출하고 믿을 만한 친구나 가족 구성원과 이야기를 나눔으로써 어떤 식으로든, 특히 자신에게 파괴적인 방식으로 표출하고자 하는 무의식적 욕구가 줄어드는 것이다. 또 다른 방법은 두려운 감정을 일기장이나 블로그에 적는 것이다. 단, 글을 쓸 때 두렵고 불안한 감정을 좀 더 낙관적인 평가와 균형을 이루도록 해야 한다.

실패로 인한 아픈 감정을 떨치는 가장 효과적인 방법 가운데 하나는, 가능하다면 적절한 상황에서 실패 경험을 농담으로 승화해 버리는 것이다. 실패에서 유머를 발견하는 것은[16] 감정의 고통뿐만 아니라 실패로 야기되는 수치심이나 창피함을 극복하는 데에도 매우 도움이 된다는 사실이 수많은 연구 결과에서 입증되었다. 상황의 '우스꽝스러운 측면'을 보는 능력은 향후에 새로운 시도를 할 때 성과 압력을 줄이는 데에도 도움이 된다. 두려움을 농담의 형태로 입 밖에 꺼내면 두려움이 줄어들기 때문이다. 또한 자기 파괴적인 방식으로 표출할 필요도 덜어진다. 물론 우리가 모든 실패의 경험을 다 웃어넘길 수 있는 것은 아니다. 그러나 상당히 많은 실패가 그렇게 할 수 있는 것들이다.

빈번하게 자신의 실패를 웃음거리로 만드는 사람들이 바로 무대에서 말로 사람들을 웃기는 스탠드업 코미디언들이다. 코미디언들은 종종 고통스러운 실패의 경험을 우스갯소리로 이야기하는데, 그 과정에서 실패가 일으키는 고통이 크게 줄어든다. 예를 들어서 코미디언 짐 쇼트는[17] 자신의 경제적 실패담과 약점을 코미디의 소재로 삼아 실패에 대한 자신의 감정에 대처했다. "그때 저는 서른 네 살이었는데 일 년에 7,000달러(약 1천만 원—옮긴이)를 벌었습니다. 실패자였죠. 너무나 슬프고 우울했어요. 그러나 여러분, 저는 생각을 고쳐먹었습니다. '잠깐, 봐! 나는 패배자가 아니야. 적어도 난 노력했잖아! 나는 패배자가 아니야! 나는…… 실패했을 뿐이라고!'"

초킹에 의한 실수로 팀의 월드시리즈 행 티켓을 희생시켰던 레드삭스의 1루수 빌 버크너는 2011년 시트콤 〈열정을 억제하라(Curb Your Enthusiasm)〉에 빌 버크너 역으로 출연했다. 그 회차에서 버크너는 1루에서 알까기를 한 일로 수십 년이 지난 오늘날까지도 사람들에게 야유를 받는다. 그런데 나중에 불타는 빌딩 옆을 지나가게 된다. 소방관들이 3층에 있는 아기 엄마에게 아래의 그물로 아기를 던지라고 말한다. 아기 엄마는 마지못해 지시를 따른다. 그런데 그물에 떨어진 아기가 다시 공중으로 높이 튀어 오른다. 주변의 사람들은 모두 '헉!' 하고 놀라더니 빌 버크너를 알아보고, 아기가 정확히 빌이 서 있는 곳을 향해 떨어지는 것을 보고 다 같이 얼굴을 찡그린다. 그러나 버크너는 아기를 향해 손을 뻗어 완벽하게 받아낸다. 관중들은 환호를 지르고 버크너는 비로소 과거의 실수를 만회한다. 버크너의 출연은 가장 고통스러운 실패의 경험을 웃어넘기고, 그렇게 함으로써 그 경험이 남긴 심리적 상처를 치유받은 살아 있는 사례라고 할 수 있다.

일곱 난쟁이가 휘파람을 분 이유
: 치료법 D

치료법 요약	주의를 흩어 놓는 성과 압력을 흩어 놓기.
용법 및 용량	성과 압력이나 불안이나 고정 관념의 위협을 느낄 수 있는 상황 전에, 또는 상황 속에서 적용한다.
효과	성과 압력, 시험 불안증, 고정 관념의 위협, 초킹 현상에 빠질 위험성을 감소시킨다.
간접 효과	자신감과 자존감의 손상을 최소화하고 실패의 공포를 누그러뜨린다.

성과 압력은 시험 불안증을 심화시킬 수 있다. 또한 성과 압력은 중요한 순간에 평소 안 하던 실수를 저지르게 할 수도 있다. 한편, 부정적인 고정 관념이 실현되면 어쩌나 하는 걱정으로 주의력을 흩어 놓을 수도 있다. 이와 같은 일들이 일어나는 이유는 그 순간에 느끼는 스트레스와 불안감이 우리가 실행해야 하는 과제로부터 주의를 다른 곳으로 돌려서 실행을 방해하기 때문이다. 그리고 그 결과 실패할 가능성이 더 높아진다. 그렇게 되면 다음에 비슷한 과제를 수행할 때 더 큰 스트레스와 불안감을 느끼게 되고, 이런 식으로 악순환의 고리가 돌아가게 된다.
성과 압력이 일으키는 심리적 상처를 치료하기 위해서 우리는

'눈에는 눈, 이에는 이' 식으로 싸워야 한다. 스트레스와 불안감이 주의를 빼앗으면, 우리는 곧바로 적의 손아귀에 있는 주의를 다시 빼앗아 와야 한다. 성과 압력이 우리의 주의를 빼앗고 마음을 차지하려 할 때 벗어나는 여러 가지 방법들을 제시한 연구들이 있다. 그 방법 가운데 단순히 '딕시(미국 남부의 전통 민요로 남북 전쟁 때 남부연맹의 실질적 국가와 같이 사용되었다—옮긴이)' 멜로디를 휘파람으로 부는 것과 같이 간단한 것도 있다(물론 꼭 딕시가 아니라 당신이 좋아하는 어떤 노래라도 상관없다!).

자, 우리의 주의를 흩뜨리는 성과 압력에 대처하는 방법을 좀 더 자세히 알아보자.

초킹이 나타날 때는 휘파람을 불자[18]

디즈니의 만화영화 〈백설공주〉의 일곱 난쟁이들은 일할 때 휘파람을 불라고 조언한다(영화에 난쟁이들이 부르는 유명한 노래인 〈일할 때는 휘파람을 불어!(Whistle while you work!)〉를 일컫는다—옮긴이). 내가 보기에 난쟁이들 역시 압력을 받는 상황에서 초킹 현상이 일어날 것을 두려워한 것이 아닐까 싶다. 연구에 따르면 휘파람 불기는 우리가 과거에 여러 차례 해 보아서 자동적으로 할 수 있는 과제(골프채 휘두르기, 풋볼 공 던지기, 물이 담긴 컵을 운반하기, 그리고 빌 버크너가 1루로 날아오는 땅볼을 잡기와 같은 등등)를 수행할 때 초킹 현상, 다시 말해 그 과제에 대해 지나치게 많이 생각하느라 일을 망쳐버리는 걸 방지해 주는 것으로 나타났다. 그 이유는 일단 우리가 당면한 과제에 집중하고 있을 때 휘파람 불기는 과제에 대해 지나치게 생각하는 데 쓰일 수 있는, 딱 그만큼의 주의력을 필요로 한다는 것이다.

그러나 주의할 점은, 그 상황에서 당신에게는 휘파람 불기가 너무나 유용한 대비책이 될 수 있지만 주변 사람들에게는 그렇지 않을 수 있다는 사실이다. 그러니 성과 압력과 싸우기 위해 숲에서 새를 부를 때 부는 것과 같은 거창한 휘파람을 불 것까지는 없다. 그저 소리를 죽인 나지막한 휘파람 소리만으로도 효과는 충분히 볼 수 있다.

시험 시간에 중얼거린다고 미친 사람은 아니다

시험 불안증을 피하거나 최소화하는 가장 중요한 방법은 미루지 말고 최선을 다해 시험 공부를 제대로 하는 것이다. 시험 준비가 잘 되어 있을수록 시험 당일 불안감은 덜해진다. 그러나 시험 준비를 잘 했을 때도 시험 불안증이 나타나 시험에 집중하는 능력을 방해할 수 있다.

따라서 우리는 두 가지 대처 방안을 찾아야 한다. 불안감을 억제하고 집중력 되찾기이다. 불안감을 억제하기 위해서 시험 시간을 약간 할애해 자신을 진정시킬 필요가 있다. 스스로는 깨닫지 못하지만, 우리는 불안할 때 얕은 숨을 쉬게 되고 그 결과 체내에 들어오는 산소의 양이 줄어들어 공황 상태에 빠질 것 같은 느낌이 점점 더 커진다. 정상적인 호흡을 되찾고 공황 상태를 누그러뜨리기 위해서 일단 펜을 내려놓고 시험지에서 시선을 떼거나, 눈을 감고 1분 정도 심호흡을 하도록 한다('하나, 둘, 셋'을 세며 숨을 들이마시고 다시 '하나, 둘, 셋'을 세며 숨을 내쉰다). 수를 세면서 폐에 공기가 차오르는 것과 공기가 몸에서 빠져나가는 것을 느껴본다. 호흡을 안정화시키고 날 선 불안감을 누그러뜨리는 데 1분 정도면 충분할 것이다.

그다음에 주의를 다시 당면한 시험으로 되돌려 놓을 필요가 있고, 또한 '시험을 얼마나 잘 또는 못 볼 것인가?', 그리고 '그 결과는 어떻게 될 것인가?'에 대한 걱정이 마음에 끼어드는 것을 막아야 한다. 시험 문제의 답을 구하는 단계에 집중력을 고정시키는 가장 좋은 방법은 답을 찾는 추론 과정을 소리 내서(그러나 조용히! 숨죽인 속삭임 정도가 적당하다) 중얼거리는 것이다. 문제와 추론 과정을 소리 내서 읽고 말함으로써 뇌의 일부가 걱정에 초점을 맞추는 데 필요한 만큼의 주의를 건설적인 쪽으로 돌릴 수 있다.

고정관념을 해소하기

자신의 성별, 인종, 민족, 소속 집단에 대한 부정적인 고정 관념을 떠올리면 자신도 모르게 이러한 고정 관념이 실현되지 않을까 하는 무의식적 걱정이 들기 시작한다. 그 결과 우리는 당면한 과제에 모든 주의를 쏟을 수 없게 된다. 이런 상황에서 가장 좋은 해결책은 자신의 가치를 긍정적으로 확신함으로써 부정적인 고정 관념을 상쇄하는 것이다.

최근 한 연구에서 사회경제적으로 다양한 집단에 속하는 7학년 학생 400명을 대상으로[19] 학기 초에 개인적 가치(운동 능력, 우정, 가족애 등) 가운데 한 가지를 골라 짧은 글을 쓰도록 했다. 이때 절반의 학생들에게 특히 자신이 중요하게 여기는 개인적 가치를 골라 왜 그것이 자신에게 중요한지 설명하라고 요구했다. 나머지 절반(대조 집단)에게는 꼭 자신에게 중요한 것이 아니라 일반적인 가치 가운데 하나를 골라 그 가치가 왜 자신에게 중요한지가 아니라 왜 어떤 사람들에게 중요한지를 쓰라고 시켰다.

실험 결과는 자못 놀라웠다. 자신에게 중요한 가치에 대한 글을 쓴 학생들의 집단에서는 흑인과 백인 학생들 사이의 성취도 간격이 40퍼센트 정도 줄어들었고, 그 효과가 7학년뿐 아니라 8학년까지(2년간) 유지되었다. 이와 비슷한 실험이 물리학을 수강하는 여성 대학생을 대상으로 실시되었다.[20] 이 실험에서도 자신을 긍정하는 글쓰기 훈련을 거친 여학생은 그렇지 않은 여학생에 비해 통계적으로 의미 있는 정도로 더 높은 학점을 받았다.

물론 고정 관념의 위협이 모든 사람에게 다 작용하는 것은 아니다. 그러나 자신감이 낮을수록 고정 관념을 상기시키는 상황에서 그 부정적인 영향으로 마음이 산란해질 가능성이 높아진다. 만일 당신이 그와 같은 영향을 받을 우려가 든다면 시험을 보기 전에 스스로 높이 평가하고 자신감과 자부심을 느끼는 것에 대해 짧은 글을 써 보라. 글을 쓰는 데 약간 시간이 들겠지만 유용한 투자이며, 과거의 실패 경험이 촉발할 수 있는 쓸데없는 걱정과 불안에 휘말리지 않도록 하는 데 큰 효과가 있을 것이다.

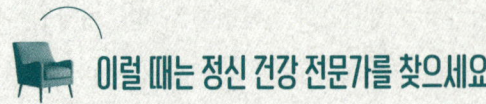
이럴 때는 정신 건강 전문가를 찾으세요

실패가 일으키는 심리적 상처를 치료하는 일은 정서적 위안을 얻고 미래에 수행할 과제의 준비와 수행을 순조롭게 하고 자신의 목표를 향해 끈질기게 노력하는 것을 돕는다. 그러나 만일 당신이 이 장에서 제시한 치료법을 적용했으나 여전히 좌절감, 무력감, 수치심, 우울감에 시달린다면, 정신 건강 전문가의 도움을 구할 필요가 있다. 또한 이 치료법들이 성과 압력을 감소시키는 데 도움이 되지 않거나 마땅히 성공해야 할 과제에서 계속 실패를 경험하고 있다면, 역시 정신 건강 전문가를 찾아보는 것이 좋다. 마지막으로 당신의 기분이나 미래에 대한 전망이 너무나 암울하고 절망적이어서 자신이나 다른 이를 해치고 싶은 기분이 든다면, 즉시 정신 건강 전문가의 도움을 받거나 가까운 병원의 응급실을 찾도록 하라.

7장

"전화가 오지 않아도 패배자라 생각하지 마세요"

진통제가 필요한 마음의 근육통, **낮은 자존감**

8
Emotional First Aid

평균보다 나은 나에게
자부심을 느낄 필요는 없다

모든 사람이 높은 자존감을 갖고 싶어 한다. 자존감을 높인다고 주장하는 책과 잡지, 프로그램, 제품, 자칭 전문가들의 요란하고 방대한 광고를 보면 모든 사람이 높은 자존감을 지녀야 마땅할 듯하다. 그러나 수십 년간 발표된 수천 편의 연구들에서 이러한 자존감 고취 프로그램이 대부분[1] 아무런 효과가 없다고 말하고 있다는 점을 감안하면, 이 수조 달러 규모의 자존감 산업이 존재한다는 것 자체가 입이 벌어지는 상황이다. 그런 프로그램들이 효과가 없다는 것은 매우 유감스럽다. 왜냐하면 자존감이 낮다는 것은 정서적 면역력이 약한 것과 비슷해서 일상 속에서 실패나 거부와 같은 경험으로부터 더 쉽게 심리적 상처를 입을 수 있음을 의미하기 때문이다.

자존감이 낮은 사람은 자존감이 높은 사람에 비해 종종 덜 행복하고, 더 비관적이며,[2] 동기 부여가 잘 되지 않는다. 뿐만 아니라 기분도 더 나쁘고 우울증, 불안증, 식이장애에 걸릴 가능성이 훨씬 더 높다. 또한 인간관계도 자존감이 높은 사람과 비교해 덜 만족스럽다.

좋은 소식은 그동안 자존감 산업의 약속들은 실현되지 못할 헛

된 말뿐이었으나 과학자들이 비로소 자존감을 높이는 방법을 찾아내기 시작했다는 것이다. 이를 통해 우리의 정서적 면역계를 강화할 방법도 생겨났다. 이런 방법들이 투석기로 돌을 쏘아 올리듯 자존감 낮은 사람들을 갑자기 최고 수준의 자존감의 단계로 높일 수는 없겠지만, 아마도 지금까지 나온 방법 가운데 최선일 것이다.

그러나 자존감이 극도로 높은 것 역시 나름의 문제를 안고 있다.[3] 예를 들어 자존감이 매우 높은 사람은 자신의 실수로 벌어진 일임에도 다른 사람을 탓하는 경향을 보인다. 부정적인 피드백을 믿으려 들지 않으며, 자신의 행동의 결과를 받아들이는 데 어려움을 겪는다. 이러한 경향 때문에 같은 실수를 반복하게 되고, 그 결과로 직장, 인간관계, 개인 삶에서 심각한 문제들을 일으킬 수 있다.

자존감이 높은 쪽으로 극단에 있는 자기도취형 인간들은 자신을 지나치게 높고 거창하게 평가하기에 아주 작은 비난이나 안 좋은 평가만 들어도 극도로 상처받고 분노를 느낀다(자기도취형 인간들에게는 어떤 비난도 사소하지 않다). 별것 아닌 비난이나 업신여김에도 엄청난 상처를 받기 때문에, 종종 풍선처럼 빵빵하게 부풀어 오른 자신이라는 환상에 구멍을 내 터뜨리는 사람들에게 앙갚음을 하려고 드는 못된 버릇을 가지고 있다. 어쩌면 과학자들은 낮은 자아감보다 자기도취에 대한 처방을 먼저 찾아내야 할지도 모른다. 그러나 대개의 경우 그들에게 꼭 필요한 처방은 인생이 제공해 주기 마련이다.

사실 우리 가운데 진정한 자기도취형 인간들은 그리 많지 않다. 그러나 지난 수십 년 동안 전반적으로 집단적 자존감의 인플레이션이 발생한 것은 사실이다.[4] 그렇게 된 데에는 자존감 산업의 야단법석이 사람들의 주의를 끈 것이 일조했을 것이다. 결과적으로 오늘날 대부분 사람은 자존감에 관한 한두 가지 마음을 동시에 지니고 있다. 우리는 한 개인으로서 자신이 부적합한 존재라고 느끼는 반면, 그래도 '평균적'인 사람들보다는 내가 낫다고 느낀다.

사실 평균적이라는 단어는 '이상하게도' 부정적인 의미를 함축하고 있다. 내가 '이상하게도'라고 말한 이유는 단어의 정의상, 전체 집단의 3분의 2는 어떤 면에서든 평균이기 때문이다(평균보다 높은 쪽과 낮은 쪽은 각각 전체의 6분의 1 정도이다). 그러나 오늘날 어떤 학생이나, 직원이나, 연인에게 당신의 기술이나 능력이 평균적이라고 말한다면 상대는 그것을 모욕으로 여기고 자존감은 커다란 타격을 입을 것이다. 우리는 대부분 자신이 평균보다 운전도 더 잘 하고, 더 웃기고, 더 논리적이고, 더 인기 있고, 더 잘생기고, 더 착하고, 더 신뢰할 수 있고, 더 현명하고, 더 똑똑하다고 생각한다.

재미있는 것은, 비록 우리가 이렇게 평균적인 것에 혐오감을 발전시켜 왔지만, 자존감을 연구하는 학자들이 차곡차곡 모아온 증거들에 따르면 자존감에 관한 한 평균에 속하는 것이(너무 높지도, 너무 낮지도 않게) 최선이라는 사실이다. 이상적인 자존감의 정도는 우리가 자신에 대해 느끼는 가치가 단단하고(너무 낮지 않고) 안정적인(너무 높고 부풀려져 깨지기 쉽지 않은) 정도이다. 실제로 단단하고 안정적인 자존감을 가진 사람들은 현실 세계 안에서 자신의 강점과 약점을 현실적으로 평가하고 다른 사람들이 자신을 어떻게 생각하는지에 대해서도 비교적 정확하게 평가하며 심리적으로 '가장 건강한' 범주에 포함되는 경우가 많다.

물론 이러한 연구 결과는 새로운 질문을 제기한다. 자신의 평가가 얼마나 현실적일 수 있을까? 다시 말해서 우리의 자존감은 자신의 능력이나 특징에 대하여 다른 이들과 객관적으로 비교해서 얻어지는 실제 가치를 반영할까? 아니면 자신의 심리적 성향에 기초하여 종종 부정확한 평가를 반영할까?

신체적 매력을 예로 들어 보자. 높은 자존감을 지닌 사람이 낮은 자존감을 지닌 사람에 비해 자신을 더 매력적으로 생각하는[5] 경향이 있다는 사실은 여러 연구에서 분명히 입증되었다. 그러나 과학자들이 다른 조건들을 배제한 사진(화장을 하지 않고 장신구 등을 제거하여 오직 맨 얼굴만 찍은 사진)을 가지고 비교해 보았을 때 자존감이 높은 집단과 낮은 집단 사이의 매력도의 차이는 나타나지 않았다. 낮은 자존감을 지닌 사람도 높은 자존감을 지닌 사람과 똑같은 정도의 신체적 매력을 갖고 있었다. 그러나 자존감이 낮은 사람은 스스로의 매력을 과소평가하고, 그 결과 자신의 장점을 살리지 못해 외모에 대한 긍정적 피드백을 덜 받게 된다. 반면 자존감이 높은 사람은 더 매력적으로 보이는 방식으로 옷을 입고 치장을 하여 긍정적 피드백을 더 많이 불러오게 한다. 그 결과 자존감은 더 높아지게 된다.

모든 것에 부정적인 사람은
자존감이 낮을까

 탄탄한 몸매의 젊은이가 자신의 '끔찍하게 낮은 자존감' 때문에 상담을 받으러 왔다. 그는 자신의 몸에 대해 극단적으로 비판적인 표현을 사용해 묘사한 다음, 곧장 멋진 외모로 유명한 인기인들을 화제에 올리면서 그들 외모의 '명백하고 구역질나는(오직 그에게만 명백하고 구역질나는)' 결점들을 언급했다. "제가 보기에 문제는 낮은 자존감이 아닌데요?" 브래드 피트가 '삐쩍 마른 팔과 닭다리 같은 다리'를 가졌다며 깔아뭉갠 그에게 내가 말했다. "당신은 분명히 당신의 몸을 혐오하고 있습니다. 하지만 당신은 다른 모든 사람의 몸 역시 혐오하잖아요?"

나는 힘주어 뱃살을 끌어당겨 배를 홀쭉하게 만든 상태로 말을 이었다. "물론 당신의 자존감이 낮을 수도 있습니다. 그러나 더 큰 문제는 당신의 전반적인 부정적 시각과 불행감입니다. 자, 혹시 우울증은 아닌지 먼저 살펴봅시다." 우울증에 걸리면 우리는 모든 것을 부정적으로 느낄 수 있으며(물론 우울증에는 그밖에 다른 증상들도 있다) 우울증이 낮은 자존감이라는 가면을 쓰고 나타날 수도 있다.

물론 부정적인 사람이 모두 우울증을 앓고 있지는 않다. 또한 부정적이라고 해서 자존감이 낮은 것도 아니다. 예를 들어 수년 전 과학자들이 자존감이 낮은 사람은 특정 집단을 향한 편견이 더 심하다고 결론 내린 적 있었다. 그들이 자신과 다른 집단(다른 인종이나 다른 성별 등)의 사람들을 부정적으로 평가했기 때문이다. 그러나 당시 과학자들은 자존감이 낮은 사람들이 자신이 속한 집단 역시 부정적으로 평가했다는 사실을[6] 간과했다. 다시 말해서 자존감 낮은 사람이 다른 집단을 낮게 평가한 것은 그들이 편견을 갖고 있어서가 아니라, 전반적으로 모든 것에 부정적이기 때문이었다. 그들이 속한 집단도 낮게 평가한 것을 고려해서 비교하자 오히려 자존감 낮은 사람이 높은 사람보다 다른 집단에 편견이 덜한 것으로 나타났다.

마지막으로 한 가지 더 명확히 해 두자면, 자존감에는 자신의 가치에 대한 전반적인 생각과 더불어 삶의 특정 영역에서(배우자로서, 부모로서, 친구로서, 변호사로서, 간호사로서, 골프선수로서, 게이머로서 등)[7] 자신의 가치에 대한 느낌을 포함한다. 우리가 자존감이 낮다거나 높다고 생각할 때 주로 전반적인 자신의 가치에 대한 스스로의 생각을 일컫는다. 그런데 우리가 개인적으로 의미 있고 중요하다고 생각하는 영역에서 자신을 어떻게 평가하는지는 전반적인 자신의 가치에 커다란 영향을 준다.

예를 들어서 최고의 셰프를 꿈꾸는 사람이라면 요리를 못한다는 평가가 치명적인 영향을 주겠지만, 운동선수는 요리를 못한다는 얘기를 들어도 아무렇지도 않을 수 있다. 따라서 스스로 의미 있게 여기는 자존감의 영역에서의 실패나 성공은 자신의 가치에 대한 전반적 인식에 변화를 가져올 수 있다.

 자, 이제 자존감이 무엇인지 전체적 감을 잡았으니 낮은 자존감이 일으키는 심리적 상처에 주의를 돌려 보자.

왜 종종 약한 충격에도
큰 상처를 받을까

낮은 자존감은 세 가지 종류의 심리적 상처를 일으킬 수 있다. 자존감이 낮으면 일상에서 경험하는 수많은 정서적, 심리적 상처에 더 취약해지고, 긍정적 피드백이나 그밖에 '정서적 영양물질'이 주어지더라도 제대로 흡수하지 못하며, 불안하고 무능력하고 무기력하고 자신감 없는 상태가 되기 쉽다.

자존감의 고취는 약해진 마음의 면역계를 강화하고 심리적 건강에 위협이 되는 독소에 완충제 역할을 한다. 대부분은 이러한 사실을 경험을 통해 알고 있다. 우리가 스스로를 좋게 생각할 때면 작은 실망감이나 비판, 안 풀리는 일이라도 어깨를 으쓱하고 떨쳐 버릴 수 있다. 그러나 자존감이 뚝 떨어진 상태일 때는 부정적 경험이 유난히 크게 다가온다. 성공적으로 정서적 응급 처치를 실시하고 자존감을 드높이기 위해서는 낮은 자존감이 유발하는 상처들을 좀 더 명확히 이해할 필요가 있다. 자, 각각의 상처에 대해 자세히 살펴보자.

전기 충격을 기다리면서도
불안해하지 않는 사람들

일상 속에서 우리는 크고 작은 공격을 받는다. 공성전에 비유하자면, 자존감이 낮을 경우 성의 방어력이 약해 날아오는 화살이나 투석기로 쏘아 올린 돌멩이의 공격에도 큰 손상을 입는 것과 비슷하다. 일상 속의 작은 실패나 거부나 실망도 쉽게 심리적 성벽의 방어 체계를 뚫고 들어와 우리의 내장 깊숙이 박히는 것이다. 자존감이 낮으면 회의 때 상사가 탐탁지 않다는 표정으로 나를 쳐다보거나, 사무실 동료들과 축구 경기 내기를 했는데 졌다거나, 같이 놀기로 한 약속을 친구가 취소했다거나 하는 것과 같은 사소한 '모욕'조차 우리의 기분과 성향에 커다란 영향을 미친다.

자존감이 낮은 사람은 그런 일의 원인이 자기라고 생각하고, 개인적으로 받아들인다. 그리고 자존감이 높은 사람에 비해 기분 나쁜 경험으로부터 헤어 나오는 데 훨씬 오래 걸린다. 실제로 자존감이 낮을 때는 일상 속에서 늘 받는 작은 상처나 경멸이 마치 포위 공격의 집중 포화처럼 느껴질 수 있다.

완충제 역할을 하기에 적절한 자존감의 수준이 어느 정도인지에 대해 과학자들 사이에 논란이 있지만(높은 자존감과 지나치게 높아서 깨지기 쉬운 자존감을 구분하는 연구가 시작된 지 얼마 되지 않았다), 자존감이 높은 사람이(그러니까 너무 낮지 않은 쪽이) 심리적 회복력이 크고[8] 여러 측면에서 정서적 면역력이 강한 것을 보여 주는 연구가 많이 있다.

예를 들어서 거부는 자존감 수준을 막론하고 모든 사람에게 상처를 준다. 그러나 뇌 영상 촬영 결과, 자존감이 낮은 사람은 높은 사람에 비해 거부 경험을[9] 더욱 고통스럽게 느끼는 것으로 나타났다. 또한 자존감이 낮은 사람은 거부 경험에 적응성이 떨어지는 방식으로 반응한다. 차후에 거부당해서 고통을 겪을 위험을 줄이기 위해 위축되고 움츠러들며 자신과 사람들 사이에 거리를 두려고 한다. 간혹 마음의 상처를 받기 쉬운 기질과 자기보호 노력이 다른 사람을 지속적으로 밀어내서 사회적으로나 정서적으로 고립된 상태에 이르고, 더 심한 고독감을 겪는 경우도 있다. 또한 자존감이 낮으면 차별에도 더욱 취약한 상태가 되고, 차별을 경험하면 자존감이 더 떨어질 수 있다.

자존감이 낮으면 실패의 경험에도 더 취약하다.[10] 똑같이 실패를 경험해도 자존감 낮은 사람은 높은 사람에 비해 더 큰 정서적 타격을 입고 더 심하게 동기를 상실한다. 뿐만 아니라 실패한 뒤에 끈질기게 다시 도전하는 동력을 잃고 실패의 의미를 지나치게 일반화해서 실제보다 더 크고 더 심각한 단점으로 해석한다. 실패는 낮은 자존감을 더욱 낮추는 악순환의 고리를 회전시켜 차후에 더욱더 실패에 취약하게 만든다.

자존감이 낮을 때는 불안에도 더 취약해진다. 한 연구에서 정서적으로 동요할 만한 상황을 던지고 사람들이 어떻게 반응하는지 알아보았다. 연구자들이 피험자들에게 곧 '불쾌한 전기 충격'을 받게 될 거라고 말했다(불쾌하지 않은 전기 충격이 있을까?). 그러나 전기 충격은 진짜로 고통스러울 정도는 아니며, 그나마 대부분 연구에서는 아예 피험자들에게 전기 충격을 가하지 않는다.

연구자들은 실제로 사람들이 전기 충격을 받을 때의 반응보다, 전기 충격을 받을 것을 예상하면서 느끼는 불안감에 더 관심이 있다. 피험자 가운데 한 집단에는 자존감을 고취시키는 처리를 했고(그들에게 언어 지능을 측정하는 시험에서 놀라울 정도로 높은 점수를 받았다고 말해 주었다) 다른 집단에는 그와 같은 처리를 하지 않았다. 그랬더니 자존감을 높인 피험자는 그렇지 않은 피험자에 비해 '전기 충격을 받으려고' 기다리는 동안 불안감이 훨씬 낮았다.

또한 자존감이 낮으면 스트레스에도 훨씬 비효율적으로 반응하므로[11] 우울증이나 불안장애, 그밖에 스트레스와 관련된 육체적 질병이나 증상에 굴복하기 쉬워진다. 코티솔과 같은 스트레스 호르몬의 농도를 직접 측정해 보기도 했다. 자존감이 낮은 사람은 높은 사람에 비해 스트레스에 더 격하게 반응하며, 혈중 코티솔 농도가 더 오랫동안 높은 수준으로 유지되는 것으로 나타났다. 코티솔 농도가 높은 것은 혈압 상승, 면역계의 기능 저하, 갑상선 기능 저하, 근육과 골밀도 감소, 인지 능력 저하와 관련성을 보인다.

높은 자존감이 심리적, 신체적 건강을 보호하는 효과를 보이는 이유는 자존감이 낮을 때 부정적 피드백의 영향이나 잠재적 결과를 과장함으로써 그로부터 더 큰 스트레스를 받기 때문이다. 문제를 더욱 악화시키는 것은 스트레스를 많이 받을수록 스스로를 통제하기 어려워진다는 점이다. 그렇게 되면 실수와 실패가 많아지고, 스스로를 더욱 가혹하게 평가하게 되며, 그 결과 자존감이 한층 더 땅으로 떨어질 것이다.

자존감, 스트레스, 자기 통제 능력

루디는 극도로 스트레스를 받는 직업인 상품 거래소의 중개인이다. 그는 오래된 문제인 도박 중독을 벗어나기 위해 나를 찾았다. 루디는 업무 스트레스가 누적되면 애틀랜틱시티에 가서 밤새 도박을 하고 싶은 강력한 충동을 느낀다. 업무 압박이 매우 높은 상태로 유지되는 동안에는 이 충동에 저항할 수 있는데, 스트레스 수준이 낮아지면 곧바로 의지력도 함께 사그라지면서 자신도 모르게 도박장으로 향하곤 했다. 이렇게 도박에 빠져들면 한 번에 수천 달러에서 수만 달러까지 돈을 잃기도 했다. 이것은 자신의 수익을 넘는 액수이다.

이런 일을 겪고 난 뒤에 느끼는 자기혐오는 루디 자신이 스트레스가 미치는 영향이나 도박 충동을 촉발하는 것이 무엇인지(스트레스를 강하게 받다가 잠시 완화되는 시기) 잘 알고 있다는 사실 때문에 더욱 더 심해졌다. 이처럼 자신의 파괴적 행동을 일으키는 패턴이 무엇인지 인지하고 있음에도, 루디는 여전히 자신의 힘으로 멈출 수 없었다.

루디가 나의 사무실에 찾아왔을 무렵에는 이미 도박으로 자신의 집도 날리고, 저축한 돈도 다 날리고, 은퇴 후 연금도 거의 날리고 친구 집에 들어가 살기 시작한 상태였다. 말할 필요도 없이 그의 자존감은 바닥 상태였다. 루디는 자신을 곤경에 빠뜨리는 주기에서 벗어나려고 결심했지만, 직장이 강력한 스트레스의 온상과 같은 곳이었다. 그런데 상황이 더욱 급박해졌다. 몇 년 전 점점 나이가 드는 부모님이 루디에게 그들의 재산을 관리하고 처분할 수 있도록 하는 위임장을 써 주었다는 사실이다.

루디는 자신이 도박에 미쳐 부모님의 집까지도 날려 버리지 않을까 걱정했다. 부모님의 건강이 불안정한 상태였고, 또한 아들의 문제를 전혀 알지 못하고 있었다. 루디는 자신의 문제를 털어놓고 위임장을 무효로 하시라고 권유하는 일이 부모님께 커다란 정서적 고통을 드릴 것이 분명하고, 심지어 건강마저 위태롭게 만들지 모른다고 걱정했다.

스트레스에 대한 루디의 반응은 자기파괴적인 정도에 있어서 극단적인 편에 속하지만, 이런 경우가 드물지는 않다. 스트레스는 의지력과 자신에 대한 통제력을 크게 약화시켜[12] 자신도 모르게 오래된 습관으로 되돌아가게 만든다. 예를 들어 다이어트를 하는 사람도 스트레스를 많이 받은 날에는 슈퍼마켓에 가서 자신도 모르게 샐러드 재료가 아니라 프라이드치킨을 집어 들게 마련이다.

자존감이 낮을 때면 의지력이 무너지는 상황을 정신적, 정서적 피로에 의한 것이라고 여기기보다는(사실 이런 경우가 대부분이다) 근본적인 성격의 결함이라고 생각할 가능성이 높다. 그럴 경우 우리의 자존감은 또 한 눈금 더 떨어지며, 차후에 의지력을 발휘하지 못하면 자신을 불필요하게 비난할 가능성도 커진다.

좋은 소식은 연구자들이 피험자의 자존감이 높아지도록 조작을 가할 경우[13] 그들이 실패, 거부, 불안, (그리고 특히)스트레스에 더 잘 대처하는 것으로 나타났다는 사실이다. 이 발견은 매우 고무적이기는 하지만 자존감의 고취가 가져오는 이점을 입증해 줄 뿐 자존감을 높이기 위해 어떻게 해야 할지는 알려 주지 못한다.

과학자들이 피험자들의 자존감을 드높이는 방법은 주로 그들에게 언어 지능 검사를 실시한 뒤 결과가 매우 높다고 거짓말하는 것이다. 그렇다고 우리가 자신에게 '너 참 기가 막히게 똑똑하구나'라고 종종 거짓말을 해 줄 수는 없지 않은가? 적어도 대부분 사람은 실행할 수 없는 방법이다. 어쨌든 이러한 연구 결과는 자존감을 북돋우는 것이 우리의 정서적 면역계를 강화해서 정서적 회복력을 높인다는 '개념 입증'의 역할을 한다.

'나는 가치 있다'라고 쓰는 것만으로는 부족한 이유

자존감이 낮은 사람은 부정적인 경험으로부터 더 크게 상처 입는다는 사실만으로도 충분히 안타깝다. 연구자들이 밝혀낸 사실에 따르면, 자존감이 낮을 경우 긍정적인 경험으로부터 이익과 혜택을 누리는 능력마저도[14] 저하된다. 한 연구에서 피험자들에게 슬픈 음악을 들려줘 기분을 우울하게 한 다음 원한다면 기분을 돌리기 위해 코미디 영화를 볼 선택권을 제시했다. 이때 자존감이 높은 사람은 웃긴 영화로 기분을 밝게 할 기회를 즉각 받아들였다. 그런데 자존감이 낮은 사람은 영화를 보면 기분이 나아질 것이라는 사실에는 동의했으나 영화를 보지 않는 쪽을 선택하는 경향을 보였다.

자존감이 낮을 때 긍정적인 경험이나 정보를 거부하는 경향은 매우 널리 나타난다. 불행히도 자존감과 자신감을 회복하고 정서적 면역계를 강화하는 데 결정적인 역할을 할 수 있는 종류의 피드백도 여기에 포함된다. 자존감이 낮은 사람은 그런 정보에 목말라하면서도 정작 마주하면 거부하고, 회피하고, 종종 움찔하고 뒤로 물러나곤 한다.

보는 20대 후반의 독신 남성이었다. 전형적인 남부 신사로, 키도 크고 잘 생기고 건강하고 안정적인 직장까지 모든 것을 다 갖춘 청년으로 보였다. 그러나 사적인 삶의 영역으로 들어가면 보의 처지는 비참했다. 우선 제대로 된 친교 모임에 속해 있지 못했다. 개별적으로 만나는 몇몇 친구는 보를 함부로 대하고 무시했다. 보의 친구들은 종종 약속을 어겨서 그를 길이나 극장이나 식당에서 몇 십분, 몇 시간을 기다리게 만들었다. 또한 파티를 열어 놓고 보만 쏙 빼놓고 초대하지 않은 적도 있었다.

친구들은 보에게 서슴없이 까칠한 비난의 말을 퍼부었다. 또한 몇 십만 원, 심지어 몇 백만 원까지 빌려 간 뒤 갚지 않기도 했다. 보는 미래를 함께할 여성을 만나고 싶은 마음이 절실했으나, 여자 문제에 있어서도 친구들은 도움이 되기보다는 방해물이 되었다. 보가 모임 등에서 여성에게 말을 거는 드문 상황에서 친구들은 대화에 끼어들어 '농담 삼아' 보를 깎아내리기 일쑤였다. 어떤 경우에는 대놓고 보가 마음에 둔 여성에게 집적거리기도 했다. 겉으로 보기에는 모든 것을 다 갖춘 아쉬울 것 없는 청년이었지만, 보는 여성과 사귀는 일이 드물었고 설사 사귀더라도 관계가 몇 주를 넘지 못했다.

보는 자신의 가장 큰 문제가 극도로 낮은 자존감이라는 사실을 알고 있었다. 실제로 나에게 와서 가장 먼저 이야기한 것이 자신이 자기계발서 마니아, 그것도 특히 '긍정적 자기암시(positive affirmation)'의 신봉자라는 사실이었다. 긍정적 자기암시란 자신의 가치나 목표, 미래에 대해 긍정적인 내용의 문장들을 쓰고, 반복해서 읽고, 듣고, 소리 내서 말하는 방법이다. 사람들은 이러한 방법이 자존감을 높이고, 개인의 능력을 신장하고, 동기를 부여하며, 건강을 향상시킨다고 믿고 있다. 보는 이러한 방법을 모두 실행해 보았다.

그는 《시크릿》이란 책을 읽고 '끌어당김의 법칙'을 실천에 옮겼다. 정서적으로 힘들 때마다 《영혼을 위한 닭고기 수프》를 마음으로 들이켰다. 언젠가는 몇 주 동안 머리에 무슨 기기를 착용하고 잠을 잤다. 맞춤식으로 처방된 메시지들이 신경 회로를 재편하고 뇌파를 변화시킨다고 주장하는 기기였다(변화된 것은 보의 통장 잔고뿐이었지만). 보가 자는 동안에 듣기 때문에 "나는 가치 있고 능력 있는 사람이다"와 같은 문장들이 의식을 거치지 않고 잠재의식에 '직접' 작용하는 효과가 있다고 보는 설명했다. 어차피 그 메시지들은 제품 포장 상자에 큰 글씨로 쓰인 채로 도착했지만 말이다.

보는 이 '긍정적 자기암시' 프로그램에 수년에 걸쳐 수천 달러를 투자한 뒤에도 다른 대부분의 긍정적 자기암시 신봉자들과 마찬가지로 여전히 자신을 무가치하고 무기력하게 느꼈다. 이러한 사실은 두 가지 질문을 제기한다. 첫째, 왜 보는 긍정적 자기암시 프로그램들이 아무것도 효과가 없는데도 계속해서 시간과 돈을 투자했을까? 둘째, 왜 이러한 프로그램들이 보의 정서적 면역계를 강화시키기는커녕 오히려 약화시켰을까?

보가 이 프로그램들을 계속한 이유 가운데 하나는 우리가 느끼는 자존감이 매우 주관적이어서(과학적으로 입증된 자존감 평가 설문지나 다른 명확한 기준들과 같이 좀 더 객관적인 수단을 통해 평가하지 않는 한) 자신의 자존감이 향상되었는지 평가하는 데 한계가 있기 때문이다. 실제로 수많은 연구가 밝혀낸 사실에 따르면, 우리는 자존감 고취 프로그램을 시작하기 전 자신의 상태에 대한 기억을 왜곡해서[15] 프로그램이 실제로 도움이 되지 않았는데도 도움이 된 것처럼 생각하는 경향이 있다고 한다.

과학자들은 매우 인기 있는 자존감 향상 제품 가운데 하나인 긍정적인 자기암시의 말을 녹음한 오디오테이프 제품의 효능을 연구했다. 연구자들은 피험자들이 해당 제품을 사용하기 전과 후의 자존감을 모두 측정했는데, 전혀 자존감이 향상되지 않았고 일부 피험자의 경우 오히려 감소하기도 했다.

그러나 이런 객관적 결과가 나왔음에도 피험자들은 자신의 자존감이 상당히 향상되었다고 행복한 마음으로 응답했다. 그 이유는 그들이 무의식적으로 자신의 기억을 왜곡해서 실험에 참가하기 전에 자신의 상태가 실제보다 더 나빴다고 기억하기 때문이다. 그 많은 엉터리 자존감 향상 제품과 프로그램들이 실제로는 아무 효과가 없음에도 놀라운 효과를 보여 주었다는 수많은 사용자 후기를 자랑하고 눈부신 상업적 성공을 거두는 이유가 바로 여기에 있다.

그렇다면 이제 두 번째 질문이 떠오를 차례이다. 왜 긍정적 자기암시 프로그램들이 많은 사용자의 자존감을 향상시켜 주기는

커녕 심지어 오히려 악화시키는 것일까?

그 답을 얻기 위해 잠깐 동안 '설득의 심리학'을 알아보자. 설득 연구에서 오래 전부터 밝혀진 사실 가운데 하나는 이미 확립된 신념의 테두리 안에 들어오는 명제만이 우리에게 설득력을 가지며, 신념과 크게 다른 명제들은 우리의 마음이 아예 전적으로 거부해 버린다는 것이다. 자신이 매력적이지 않다고 믿는 사람에게는 "당신의 아름다움에 숨이 멎을 것 같아!"라는 칭찬보다는 "오늘 좋아 보이는데?"와 같은 칭찬이 훨씬 더 잘 먹힌다는 얘기다.

긍정적 자기암시의 목적이 우리가 자신을 어떻게 느끼는지를 변화시키는 것이다. 그러므로 암시 내용이 우리가 품은 자신에 대한 생각의 테두리 안에 들어가느냐 바깥에 떨어지느냐는 효과 유무에 있어서 결정적으로 중요한 역할을 하게 된다. 보와 같이 자존감이 낮은 사람이 현재 자신이 가진 믿음과 너무나 다른 내용의 긍정적 자기 암시를 듣는다면 그 말들은 사실이 아닌 것으로 인지되어 완전히 거부되며, 오히려 그 반대가 사실이라는 생각을 강화해 버린다.

긍정적 자기암시의 유용성에 대한 최근 연구들이 이러한 개념을 시험대에 올려 조사해 본 결과,[16] 이 방법이 득보다 실을 가져올 수 있는 것으로 나타났다. 한 실험에서 피험자들에게 그들이 갖고 싶으나 자신에게 부족하다고 생각되는 속성이 무엇인지 설문을 통해 물었다. 그런 다음 연구자들이 피험자들에게 좋은 소식이 있는데(물론 거짓으로) 사실 당신은 바로 그 결핍되었다고 생각한 속성을 갖고 있다고 말해 주었다. 그러나 '좋은' 소식은 오히려 피험자들의 기분을 나쁘게 하고 자존감도 더 떨어뜨린 것으로 밝혀졌다.

다시 말해서 긍정적 자기 암시가 가장 필요한 사람들(보와 같은) 이 실제로는 암시의 혜택을 가장 보지 못한다(뿐만 아니라 오히려 해를 입을 가능성이 크다). 왜냐하면 그들은 그런 메시지가 평소 자신의 이미지와 너무나 차이가 크다고 생각하기 때문이다. 그러므로 긍정적 자기암시 프로그램은 자존감이 낮은 사람의 정서적 면역계를 강화하기보다 오히려 약화시키는 결과를 가져온다.

만성적으로 자존감이 낮으면 자신이 무가치하다는 느낌이 정체성의 한 부분이 되어 오히려 편안하고 익숙한 느낌이다. 자존감이 낮은 사람은 종종 부정적인 피드백에 더욱 편안함을 느낀다. 왜냐하면 지금 현재 자신에게 가진 생각을 재확인해 주기 때문이다. 한 연구에서 공부를 잘하지 못하는 대학생에게[17] 자존감을 고취시켜 줄 메시지를 계속 불어넣어 주었더니 오히려 성적이 더 떨어진 것으로 나타났다.

또 다른 연구에서 자존감이 낮은 대학생에게 기숙사에서[18] 그들 자신이 생각하는 것보다 더 괜찮게 보는 룸메이트와 한 방을 쓰게 했더니 오히려 룸메이트를 바꿔 달라고 하는 것을 보여 주었다. 실제로 낮은 자존감과 긍정적 메시지에 대한 저항이 특히 문제가 되는 영역 가운데 하나는 바로 인간관계이다.

당신의 연애가
실패하는 결정적 이유

　　　　　　자존감이 낮은 사람은 높은 사람에 비해 배우자나 연인의 애정을 더 크게 의심하고 결혼 생활이나 연애 관계에서 만족감을 덜 느끼는 것으로 나타났다. 자존감이 낮은 사람은 상대의 거부나 비난의 신호를 매우 빠르게 인지한다. 그와 같은 신호를 실제보다 더 부정적으로 해석할 뿐만 아니라 지나치게 일반화해서 상대의 의도보다 훨씬 더 심한 비난의 의미를 부여한다.

　이와 같은 인간관계가 우리에게 지지와 격려의 원천이 되어 궁극적으로 자존감을 높이는 역할을 해야 마땅한데 자존감이 낮은 사람은 배우자나 연인의 긍정적인 메시지를 받아들이는 데도 큰 어려움을 겪고, 정서적 자양분이 되는 상대의 칭찬에도 털을 곤두세워 반응한다. 한 연구에서 연인이 자존감이 낮은 사람에게 "당신은 참 사려 깊은 여자(남자)친구야."라고[19] 칭찬하자(칭찬 치고는 별것 아닌 칭찬인데도) 그들은 상대에게 더 불안감을 느끼고 상대와의 관계를 더 부정적으로 보기 시작했다고 한다.

　우리는 긍정적 피드백과 긍정적 확신에 간절히 목말라 있다. 동시에 우리의 자존감이 낮으면 배우자나 연인의 칭찬, 긍정적

확인의 말, 격려 등도 부담으로 다가온다. 그 기대에 부응해야 한다는 압박을 느끼기 때문이다. 내가 기대에 부응하기 위한 노력을 지속적으로 할 수 있을지, 결국 상대를 실망시키지 않을지(상대의 기대 수준이 내가 충족시킬 수 있는 범위에 있을 때도), 상대의 사랑이 내가 기대에 부응하는 것을 전제로 유지되는 조건적 사랑이 아닐지 걱정하는 것이다.

그 결과 자존감이 낮은 사람은 칭찬이 주는 친밀함과 다정함을 즐기기보다 마음의 문을 닫고, 뒤로 물러나고, 상대와 더욱 거리를 두는 쪽으로 반응한다. 불행히도 이런 식으로 뒤로 빼고 방어적으로 행동하는 것이 종종 '성공'을 거둔다. 상대의 기대치를 낮추고, 상대가 자신에게 가진 이미지를 나쁘게 만들고, 두 사람의 관계 자체를 약하고 허물어지기 쉽게 만드는 쪽으로 말이다.

실제로 보의 연애 경험이 그러했다. 보가 매력적이고 성공적이라고 생각하는 여성이 그에 대해 친절하다거나 사려 깊다고 '칭찬하는 실수'를 저지르는 순간, 관계는 악화되곤 했다. "저를 전혀 파악하지 못하는 거죠." 보는 자신을 깎아내리는 농담을 했다. "그녀는 제가 얼마나 엉망진창으로 망가진 인간인지 알아보지 못하더군요." 그리고 보는 그때부터 진짜로 자신이 얼마나 엉망진창으로 망가졌는지 보여 주기 위한 온갖 무의식적 노력을 기울이는 듯 행동했다.

그 결과 당연히 짧은 연애는 곧 막을 내리곤 했다. 그러면 보는 데이트 상대의 거부를 두고, 자신의 진짜 모습을 감출 수 있는 시간이 기껏해야 그 정도라는 증거로 받아들였다. 슬프게도 자신의 모습 가운데 여자들이 받아들일 수 없는 측면은 오직 끔찍하게 낮은 자존감뿐이라는 사실을 보는 전혀 알아차리지 못했다.

관계의 '계약 조건'을
변경하는 방법을 찾자

보의 정서적 면역계는 극도로 약해서 '친구들'로부터 받은 수많은 거부와 배신으로부터 쉽게 회복되지 못했다. 비록 드러내지 않기 위해 최선을 다했지만, 친구들이 그의 뒤통수를 때리는 듯 행동할 때마다 보는 엄청나게 속이 상했다. 또한 그런 일이 있기 전보다 더욱더 자신이 뭔가 잘못되고, 무가치하며, 부적합한 인간이라고 느끼게 되었다.

보는 친구들이 자신의 호의를 당연한 것으로 여기고, 자신을 이용하고, 자신을 부당하게 대하는 것을 알아차렸지만, 그 상황을 반전시키기에는 자신이 완전히 무기력하고 무능력하다고 느꼈다. 그런 상황에 노출되지 않도록 하기(돈을 빌려 달라는 청을 거절하기 등) 어려울 뿐 아니라 감정을 상하게 하는 친구들과의 만남을 피할 수도 없었다. "아에 친구가 없는 것보다는 나쁜 친구라도 있는 것이 낫다고 생각했어요." 보가 친구들과의 관계에 변화를 시도하길 꺼렸던 이유가 바로 이것이었다.

자존감이 낮은 사람은 무리에서 당당히 자기가 하고 싶은 말을 하지 못하고,[20] 자신이 불행한 연인 관계나 친구 관계에 휘말려 있다는 사실을 깨달아도 거기에서 자신을 끄집어 낼 용기를 내지 못한다는 사실이 많은 연구에서 입증되었다. 자존감이 낮으면 근본적으로 자신에 대해 불안하고, 자신감이 없으며, 사람들이 자신을 좋아하지 않는다고 느낀다. 그리고 그저 무리에 끼는 것만으로도 감지덕지 하다는 사고방식에 젖는다.

동시에 상황에 아무런 의견도, 힘도 내세울 수 없는 무력감과 소심함에 빠지게 된다. 내가 사람들에게 한계를 긋고, 뭔가를 요구하고, 기대를 표현한다면 아무리 합리적인 것이더라도 사람들이 마치 벌레라도 되듯 즉시 나를 거부해 버릴 것이라고 확신한다. 물론 다른 사람은 내가 당당하게 일어서 말하지 못하고, 거부하지 못하고, 부당한 것을 부당하다고 하지 못하는 것을 금방 알아차린다. 그리고 그와 같은 상황을 당연한 것으로 여기고 차후에도 나의 요구나 감정에 점점 더 무심해진다.

보가 처한 정확한 현실은 이랬다. 만일 보가 부당한 대우에 대하여 하고 싶은 말을 하면서 맞선다면 친구들 가운데 일부는 실제로 그를 거부할 것이다. 그러나 그렇지 않은 친구들도 있을 것이다. 나는 보에게 말했다. 당당하게 맞서서 할 말을 하는 것은 친구 하나, 하나와의 우정의 질과 잠재력을 시험하는 중요한 리트머스 시험지 역할을 할 것이라고 말이다. 보를 조금이나마 진짜 친구로 생각하는 사람은 보가 이의를 제기하는 것에 대해 어느 정도의 수용과 이해를 보일 것이라고 말이었다. 그렇지 않은 사람들은 애당초 친구로 간주할 가치조차 없다고 말했다.

여기서 한 가지 명확히 해 두자면, 보의 친구들이 꼭 나쁜 놈들

만은 아니다. 물론 성인군자일 가능성도 적어 보이지만 말이다. 우리는 대부분 상황이 요구하는 것만큼만 노력을 행사한다. 만일 상대를 덜 배려하고, 상대에게 받은 것을 다 갚지 않고, 그밖에 어떤 식으로든 인간관계의 '주고받기'에서 받기만 하고도 '무사통과'할 수 있는 상황이라면 많은 사람이 그렇게 할 것이다. 그것은 우리가 사악해서가 아니라 그냥 그것이 가능하기 때문이다.

만일 사람들이 우리에게 더 요구하고 더 기대한다면 우리는 더 노력할 것이다. 그러나 그들이 그렇게 하지 않는다면 우리는 노력하지 않을 것이다. 이러한 역학은 실제로 모든 인간관계에서 작용한다. 만일 우리가 자존감이 낮아서 사람들과의 관계에서 상대에게 거의 아무것도 기대하지 않는다면 우리도 상대로부터 거의 아무것도 얻지 못할 가능성이 크다.

일단 인간관계가 맺어진 다음에 이 역학을 변화시키는 것은 매우 힘들다. 왜냐하면 이는 근본적으로 일종의 '계약 조건'을 바꾸는 것에 해당하며, 상대는 이미 이러저러한 가정과 기대에 의해 나와 관계를 맺고 있기 때문이다. 친구 관계나 연인 관계를 시작할 때 상대에 대한 나의 기대, 나에 대한 상대의 기대를 설정하는 데 엄청난 주의를 기울여야 하는 이유가 바로 이 때문이다.

보가 당면한 과제는 그의 친구들 가운데 계속 친구로 간직할 가치가 있는 자가 누구인지 찾아내서 좀 더 공평하고 호혜적으로 주고받는 인간관계를 즐길 수 있도록 '계약 조건'을 변경하는 방법을 찾는 것이다. 그러면서 그동안 그를 친구로서 존중하고 배려하지 않는 자들로부터 받아온 자존감의 손상을 더는 받지 않도록 하는 것이다.

　유방암 생존자인 40세의 글래디스는 낮은 자존감을 가진 사람의 또 다른 사례이다. 보의 경우와 달리 글래디스는 일생 동안 내내 자존감이 낮았던 것은 아니라, 최근 몇 년 동안 받은 끔찍한 정서적 타격 때문에 자존감이 낮아졌다. 몇 년 전 글래디스의 남편은 아무런 경고나 언질도 없이 끔찍한 화학적 항암 치료를 받고 있던 글래디스를 떠나 버렸다. 남편의 행동은 입에 담기도 힘들 정도로 잔인했다. 양측 유방절제술을 받고 병원에서 퇴원하는 날 다른 사람을 시켜 병원을 나서는 글래디스에게 이혼장을 전달했던 것을 보면, 그의 행동이 얼마나 잔인한지 알 수 있다.

　비록 글래디스의 몸은 암, 화학 치료, 유방절제술, 그후 여러 차례의 재건 수술을 견뎌 내고 서서히 회복되었지만, 자존감은 회복되지 못했다. 글래디스는 자신이 죽음과 투쟁을 벌이고 있을 때 남편이 자신을 저버렸다는 사실, 그리고 그가 이별을 통고한 잔인한 방식이 준 충격을 극복하지 못했다. 내가 글래디스를 만났을 때 무서운 질병을 싸워 이겨 낸 투사이자들어주다 벽장 가득 우승 메달과 트로피를 간직하고 있는 고등학교 시절 육상 경기 선수이자, 이혼 후 바닥부터 시작해서 자신의 사업체를 일군 성공적인 웹디자이너의 모습은 거의 찾아볼 수 없었다. 글래디스는 소심하고, 불안에 떨며, 극도로 주저하는 중년 여인이었다.

　다행히 글래디스에게는 친한 친구들이 있었다(그들 가운데 상당수는 유방암 환우들이었다). 그러나 이혼 후에 한 번도 다른 남자와 데이트를 해 본 일은 없었다. 특히 집에서 웹디자인 일을 하기 때문에 남자를 만날 기회 자체가 거의 없었다. 그러나 마침내 심리치료를 받아야겠다고 결심하게 된 계기는 글래디스의 낮은 자존감이 사업과 수입에도 악영향을 주기 시작했기 때문이었다.

"제가 원래 확신에 차고 당당한 성격은 아니었어요. 하지만 남편에게 버림받고 나서 특히 소심해진 것 같아요. 제 사업이 어려워지게 된 것은 하는 일의 가치만큼 돈을 받지 못하고 고객의 요구에 이끌리다 보니 돈을 받지 않고서 이것저것 추가적으로 해주는 일이 너무 늘어나서예요. 저는 사람들과 맞서서 뭘 요구하는 일을 잘 못하겠어요. 시도해 봤지만 상대가 늘 더 세게 나오면서 저에게 큰소리치고 압박해서 결국은 제가 굴복하는 식으로 끝나더군요."

글래디스는 가장 큰 고객이 동시에 최악의 고객이라고 설명했다. 그 고객에게 이미 비용이나 제공하는 서비스에 있어서 글래디스 쪽에서 많이 양보했음에도 고객의 요구는 끝이 없었다. 글래디스는 그 요구를 들어주지 않으면 고객 기업이 다른 곳을 찾지 않을까 걱정했다. 해당 거래처를 잃으면 금전적으로 상당한 타격이 될 터였다.

보가 친구들과의 관계에서 자신이 요구하거나 거절할 여지가 없다고 생각하는 것과 마찬가지로 글래디스 역시 너무 불안하고, 자신이 없고, 무력하다고 느껴서 사업에서 그렇게 할 여지가 없다고 보았다. 둘 다 쪼그라든 자존감은 자신의 성격이나 속성을 정확히 반영하는 것이며, 근본적으로 자신은 그런 대접을 받아도 싸다고 생각하고 있었다. 그들이 당당하지 못하고 소심한 것은 정서적 면역계가 너무나 약해져서였다. 자신들이 당당하게 일어서 맞설 경우 감당할 수 없는 상처와 거부와 재앙만이 되돌아올 것이라고 믿기 때문이다.

낮은 자존감이 일으키는
심리적 상처를 치료하는 방법

　　　　　　　　　우리의 자존감은 언제나 올라갔다 내려갔다를 반복한다. 전반적으로 자존감이 높은 사람도 이따금씩 자신이 한심하고 무가치하다고 여길 때가 있게 마련이다. 일시적으로 자존감이 떨어지는 경우에는 굳이 정서적 응급 처치가 필요하지 않다. 그와 같은 자존감 하락은 금방 회복되기 마련이다. 그러나 자존감이 항상 낮은 상태이거나, 나에게 부당하게 굴고 나를 존중하지 않는 친구나 가족에게 당당하게 맞서지 못하는 경우에는 심리적 상처를 치료하고 자존감을 향상시킬 필요가 있다.

　이 장에서 소개하는 치료법들은 상처를 '지혈'하고 자신의 가치를 강화시키는 출발점을 마련하는 것이다. 그런데 자존감을 근본적으로 향상시키는 일은 상당한 시간과 노력이 필요하다. 높은 자존감은 삶과 인간관계를 성공적으로 운영해 온 결과물이기 때문이다. 이 장의 지침을 내면화하고 실생활에 적용해도 하룻밤만에 자존감이 높아지지는 않겠지만, 성공의 경험을 쌓으며 점점 자존감을 강화하고 안정화시킬 것이다. 따라서 초기의 위안을 구하는 데 그치지 말고 실생활의 전력과 삶의 습관으로 받아들이기 바란다. 자, 이제 마음의 약장을 열고 치료법을 찾아보자.

일반적 치료 지침

낮은 자존감은 우리의 정서적 면역계를 약화시키고 세 가지 종류의 심리적 상처를 일으킨다. 첫째, 심리적 상처에 더욱 취약해지고, 둘째, 긍정적 피드백을 받아들이지 못하고 정서적 자양분이 되는 칭찬이나 격려를 거부하게 되며, 셋째, 당당하지 못하고 소심하고 무력해진다. 이 장에서 제시한 다섯 가지 치료법은 자신에게 비판적인 습관, 부정적인 자기 인식을 고치는 것을 목적으로 하며, 특히 자존감에 타격을 받은 직후나 스트레스가 심한 시기에 실시하면 도움이 될 것이다.

다음의 치료법들을 제시된 순서에 따라 실시한다. 〈위로를 받아도 걱정할 필요 없다: 치료법 A〉는 그렇지 않아도 약해진 정서적 면역계에 손상을 줄 수 있는 자기 비판적 마음가짐을 고쳐 나간다. 〈자기 암시가 효과 있으려면 필요한 것: 치료법 B〉와 〈칭찬의 이유를 의심하지 말자: 치료법 C〉는 그동안 간과되고 무시되었던 자신의 강점, 자질, 능력을 확인하고 인정하고 되살리는 데 초점을 맞추고 있다. 〈작은 성공을 여러 개 모으자: 치료법 D〉와 〈상사의 가발을 던지고 싶더라도 참자: 치료법 E〉는 자존감과 영향력을 갖고 있다는 느낌을 재건하는 데 집중한다. 이 장의 맨 마지막에서는 정신 건강 전문가를 찾아야 할 상태인지 평가하는 지침을 제시하고 있다.

위로를 받아도 걱정할 필요 없다
: 치료법 A

치료법 요약	자기연민.
용법 및 용량	3일 동안 이 치료법을 실시한다. 자기연민의 원칙이 마음에 뿌리내리고 자동으로 실행될 때까지 주기적으로 치료를 반복한다.
효과	정서의 회복력을 높이고 상처받기 쉬운 취약함과 자기비판을 감소시킨다.
간접 효과	긍정적 피드백에 대한 저항을 감소시킨다.

정서적으로 아이를 학대하는 부모가 아이에게 낮은 점수의 성적표를 가지고 왔다고 아이를 무섭게 다그치는 장면을 상상해 보자. 엄마가 아이를 거친 말로 공격하고, 조롱하고, 일말의 공감, 지지, 동정심도 보이지 않고서 아이를 말로 깔아뭉개 짓밟는 장면을……. 정서적 일격을 차례로 받아 내는 아이의 얼굴에는 처참하게 파괴되어 가는 마음이 그대로 드러난다. 대부분 그런 장면을 바라보면 극도로 고통스러울 것이다(특히 어린 시절 그런 부모 밑에서 자란 사람이라면). 또한 즉각 내 아이는 절대로 저렇게 잔인하고 파괴적인 방식으로 학대하지 않을 것이라고 맹세할 것이다.

그런데 자존감이 낮을 때 우리는 자신을 바로 그런 식으로 학대한다. 실수, 실패, 거부, 좌절의 경험을 두고 가장 가혹한 말로 자신을 비난한다. 자신을 '바보', '실패자', '쓰레기'라고 부르고, 자신에게 엄격한 훈계를 늘어놓고, 마음속에서 불쾌한 경험의 장면을 되살리며 자신의 결점과 부적합성을 곱씹고 또 곱씹는다.

다시 말해 정서적으로 자식을 학대하는 부모들보다 더 심하게 우리 자신을 대하는 셈이다. 상담자들이 그와 같이 내면의 목소리로 스스로를 괴롭히는 것을 포착하고 지적하면 그들은 대개 이렇게 대답한다. "네, 알아요. 저 자신을 너무 심하게 몰아세워서는 안 된다는 걸. 하지만……." 그리고서는 자신을 몰아세워야 하는 이유들을 열거한다. 내가 그들에게 자식이나 배우자, 친구에게도 그렇게 심하게 대하겠느냐고 물으면 마치 생각하기에도 끔찍하다는 듯이 경악하는 표정을 지으며 나를 바라본다.

자존감이 낮으면 이런 이중 잣대에 쉽게 걸려든다. 이성이 마비되어 다른 사람에게 그런 말을 하는 것이 엄청나게 심한 학대라면, 그런 생각을 자신에게도 적용해서는 안 된다는 당연한 전제를 실행하는 데 어려움을 느낀다. 이러한 굴레에서 벗어나 자기연민에 도달하는 데 필요한 첫 번째 단계는 '우리의 정서적 면역계가 약해져 있을 때는 온갖 힘을 다 써서 그것을 강화시켜야지 오히려 더 심하게 망가뜨려서는 안 된다'라는 단순하고 기본적인 생각을 마음을 열고 받아들이는 것이다. 우리의 머릿속에서 되풀이되는 자기학대적인 목소리를 잠재우고 좀 더 다정하고 격려하는 듯한 목소리로 대치하는 것이 그 무엇보다 시급하다.

자존감이 낮은 사람은 내가 자기연민을 갖도록 하라고 요구하면 처음에는 털을 곤두세우며 경계한다. 그들은 자신을 채찍질하려는 생각을 접고 자신을 위로하고 동정하는 마음을 갖게 되면, 자신이 나태해져서 더욱 성과를 내지 못할 거라 걱정한다. 그리고 자존감은 더 바닥으로 떨어질 것이라고도 생각한다.

그러나 그런 걱정은 전혀 근거가 없다. 연구 결과들은 오히려 반대를 가리킨다. 자기연민을 갖도록 노력하면 오히려 정서적 면역계는 더 강화된다. 한 연구에서 대학 신입생들에게 자기연민을 훈련시키자 향수병, 우울증, 그밖에 대학 생활에 대한 갖가지 불만이[21] 줄어든 것으로 나타났다. 또 다른 연구에서도 자기연민을 훈련한 피험자들은 이별이나 이혼, 실패나 거부의 경험으로부터[22,23] 더 빨리 정서적으로 회복되었다.

이처럼 자기연민은 여러 이점을 갖고 있음에도 자존감이 낮을 때는 자기연민의 마음을 갖는 것도 쉽지 않다. 왜냐하면 자기연민 훈련 자체가 기존의 사고방식과 너무나 다르고 낯설어서 불편과 불안을 일으킬 수 있기 때문이다. 그러므로 일단 현재 우리 마음속 오디오 플레이어의 재생 목록을 가득 채우고 있는 자기 파괴적인 메시지들을 제거하기로 마음을 먹어야 한다. 일단 정서적 학대보다 위안과 연민이 필요하다는 사실을 진심으로 받아들여야 다음의 훈련으로 넘어갈 수 있다.

자기연민의 마음을 갖기 위한 훈련

다음 글쓰기 훈련을 세 번에 걸쳐 실행한다. 매번 과거 당신의 경험한 사건에 대해(세 가지 중 적어도 한 가지는 최근의 경험에서 선택한다), 하루에 한 사건씩 3일 연속으로 에세이를 작성한다.

1. 우리는 모두 실패, 수치, 굴욕, 거부와 같은 경험을 한다. 그런 경험을 겪으면 우리는 자신을 스스로 비판하고 자신에 대해 나쁘게 생각하게 된다. 당신의 경험 가운데 그와 같은 사건 하나를 골라 그 사건이 실제로 어떻게 일어났는지, 그리고 당신은 어떻게 느끼는지 자세히 써 보자.
2. 그 사건이 당신이 아니라 당신이 아끼는 친구나 가족 중 한 사람에게 일어났으며, 그 사건으로 인해 비참한 기분을 느끼고 있다고 상상하자. 그 사람(친구나 가족)의 경험에 대해 상세하게 써 보고, 그 상황에서 어떻게 반응할지, 또한 어떻게 느낄지 적어 보자.
3. 당신은 친구나 가족이 그런 정서적 고통을 겪는 것을 바라보기에 괴롭다. 그래서 그를 위로하고 자신에 대해 더 나은 기분을 느끼도록 격려하는 편지를 쓰기로 한다. 친구나 가족이 겪은 경험과 느낌에 대해 친절과 이해, 염려를 표현하는 것을 잊지 말라.
4. 이제 다시 당신 자신의 경험과 느낌을 서술해 본다. 그러나 이번에는 일어난 사건이나 당신의 느낌에 대해 객관적이고

이해하는 마음으로 쓰도록 노력한다. 섣부른 판단이나 비판을 가하지 않도록 주의하라. 예를 들어, 당신의 데이트 상대가 다시는 전화를 하지 않는다고 하자. 여기까지는 사실이다. 그러나 그로부터 상대가 당신을 보잘 것 없는 패배자로 여긴다고 넘겨짚지 말라. 이것은 당신의 주관적 판단이다. 또 다른 예로, 당신이 회사에서 기획안 발표를 하다가 실수를 저질렀다고 하자. 그러나 그것 때문에 동료들이 당신을 비웃고 업신여긴다고 판단하지는 말라. 왜냐하면 당신이 사람들의 반응을 어떻게 인지하든 간에 자존감이 낮을 때는 사람들의 표정마저도 실제보다 더 부정적으로 받아들이는 경향이 있기 때문이다.

자기 암시가 효과 있으려면 필요한 것
: 치료법 B

치료법 요약	자신의 강점을 찾아내고 긍정하기.
용법 및 용량	처음 작성한 목록의 항목들을 모두 마칠 때까지 계속한다. 그리고 스트레스를 받거나 자존감에 타격을 입을 때마다 반복한다.
효과	정서적 회복력을 증진시키고 정서적 취약성을 감소시키며 아무것도 할 수 없을 것 같은 무력감을 최소화한다.
간접 효과	긍정적 피드백에 대한 저항감과 자기비판을 감소시킨다.

낮은 자존감으로 고생하던 남부 신사 보와 같은 긍정적 자기암시 마니아들이 그 방법을 완전히 내다 버릴 필요는 없다. 비록 긍정적 자기암시 방법이 자존감 낮은 사람에게 해를 줄 수도 있지만, 이 방법 가운데 상당수는 우리가 좀 더 소화하기 쉬운 형태로 수정해서 이용할 만하다(예를 들어, 부당한 일을 당했을 때 적용할 행동 지침을 자신에게 들려준다든지).

보는 긍정적 자기암시 방법을 완전히 그만두는 것은 주저했다. 그러나 그 방법을 좀 더 행동 교정에 초점을 맞추도록 수정하는 데에는 흔쾌히 동의했다. 예를 들어 "내가 누군가에게 돈을 빌려주었을 때 그 사람에게 돈을 갚으라고 말하는 것은 제때 돈을 갚지 않는 것에 비해 무례한 일이 아니다"라든지 "친구가 나를 화나게 할 때 참지 말고 말한다" 등을 자신에게 들려주기로 했다.

물론 훨씬 더 효과적인 긍정적 자기암시 방법은 우리가 이미 알고 있는데, 자신의 가치 있고 중요한 측면을 찾아서 그것을 긍정하는 것이다(기존의 긍정적 자기암시 방법은 우리가 이미 갖고 있다고 생각하는 특성이 아니라 갖고 싶은 특성을 긍정하는 것이었다). 자신의 단점과 상관없이 나도 중요한 가치를 지니고 있음을 상기시키는 것은[24] 자존감을 즉각 고취시키는 데 엄청난 효과를 발휘하며, 거부나 실패와 같은 경험에도 더 강하게 대처하도록 한다.

자신의 장점을 긍정하는 또 다른 이점은 설사 우리가 긍정하는 특성이 지금 당면한 상황과 별 상관이 없더라도 여전히 도움을 준다는 것이다. 예를 들어서 당신이 승진에서 누락되어 상처를 받았다고 하더라도 기분을 좋게 하기 위해 꼭 직원으로서의 당신의 장점을 긍정해야 하는 것은 아니다(어차피 그와 같은 상황에서 잘 먹히지 않을 시도이다).

대신 당신이 좋은 엄마라거나, 좋은 아내라거나, 사려 깊은 친구라거나, 퀼트의 달인이라거나, 형제자매들에게 도움을 주거나, 이야기를 잘 들어주는 존재라는 사실을 확인하고 긍정하는 것만으로도 오르고 싶었던 직책에 오르지 못하고 퇴근하던 당신의 마음이 훨씬 더 나아질 수 있다.

가장 이상적인 것은 우리가 자존감에 타격을 받을 수 있는 상황(중요한 데이트, 시험, 구직 면접 등)을 앞두고 미리 자기 긍정 훈련을 하는 것이다. 긍정적 자기 암시를 평소에 꾸준하고 주기적으로 해 두는 것이 가장 좋은 이유도 언제 우리의 자존감이 상처를 입을지 알 수 없기 때문이다. 그러나 그와 같은 상황이 벌어진 후에 자기 긍정을 하는 것도 여전히 큰 가치가 있다.

자기 긍정 훈련

다음 글쓰기 훈련을 꾸준히 규칙적으로(매주 한 번씩, 매일이면 더 좋다) 실시한다. 스트레스가 심한 상황이나(세무사의 경우 세금신고기간, 대학생의 경우 기말고사 기간 등) 자존감에 타격을 입을 위험이 있는 상황(학교나 직장에 지원할 때 등)에서 이 훈련을 실시하는 것이 특히 중요하다. 왜냐하면 그런 상황에서 자존감이 가장 취약해지기 때문이다. 두 장의 빈 종이를 준비한다.

1. 첫 번째 종이에 당신이 중요하게 생각하는 자신의 특성이나 자질을 차례로 적어 본다. 당신에게 중요하거나 의미 있는 성취를 포함해도 좋다. 적어도 열 가지 항목을 써 보고 더 많으면 더 좋다.
2. 만일 위의 항목들을 생각해 내는 동안 부정적인 생각("하지만 내 상사는 나를 형편없는 직원으로 생각해")이나 비판적인 생각("나는 실패자야"), 또는 냉소적 생각("내가 잘하는 게 뭐가 있을까? 어디 보자. ……낮잠 자기? ……아, 또 있네. 숨쉬기 운동?")이 떠오를 경우

그것을 두 번째 종이에 적는다.

3. 첫 번째 종이에서 특히 당신에게 의미 있는 항목을 한 가지 고른 다음, 이 특징 또는 성취 또는 경험이 왜 특별히 의미 있는지, 그리고 이와 같은 특성이나 경험이 당신의 인생에서 어떤 역할을 하기 바라는지에 대한 짧은 에세이를 한 편(적어도 한 문단) 쓴다.
4. 에세이를 다 쓴 다음 두 번째 종이를 구기고 동그랗게 뭉쳐서 쓰레기통으로 던져 버린다.
5. 다음 날 긍정적 특성 목록에서 또 다른 항목을 선택해 위와 같이 에세이를 쓴다. 가능하다면 첫 번째 종이의 모든 항목을 끝낼 때까지 매일 한 편씩 글을 써 본다. 나중에 새로운 항목이 생각난다면 얼마든지 목록에 덧붙여도 좋고 한 가지 항목에 대해 여러 번 글을 써도 좋다.

칭찬의 이유를 의심하지 말자
: 치료법 C

치료법 요약	마음 열고 칭찬을 받아들이기.
용법 및 용량	칭찬받는 것을 좀 더 편안하게 느낄 수 있을 때까지 주기적으로 치료를 실시한다. 당신의 자존감에 타격을 받을 때마다 실시한다.
효과	긍정적 피드백에 대한 저항을 줄이고 인간관계에서의 자존감을 높인다.
간접 효과	정서적 회복력을 증가시키고 덜 상처받게 하며 무력감을 최소화한다.

자존감이 낮으면 다른 사람들, 특히 사랑하는 사람들의 칭찬이나 긍정적 피드백을 받아들이고, 그런 소통을 통해 자신의 자존감을 쌓아 올리는 데 어려움을 겪는다. 오히려 주변 상황을 쭉 훑어서 자신이 근본적으로 무가치하고 부적합한 사람이라는 생각을 재확인시켜 줄 만한 부정적인 피드백의 징후를 찾아내는 데에서 더 편안함을 느낀다.

칭찬에 대한 저항감이 의식적 수준과 무의식적 수준에서 모두 나타나기 때문에 자신이 긍정적 피드백을 받으면 불편해한다는 사실을 아는 사람도 있지만, 상당히 많은 사람이 그 사실 자체를 깨닫지 못한다. 그 사실을 모를 경우 더 문제가 크다. 특히 애정관계에서 자존감이 낮은 사람은 상대가 자신에 대해 긍정적인 말을 하면 그것을 반박할 뿐만 아니라 뒤로 물러나 움츠러들고 관계 자체의 가치를 평가 절하하는 경향이 있다. 그런데 이와 같은 연구의 상당수가 대학생과 젊은 성인들을 대상으로 한 것임을 지적하고 싶다.

나의 경험에 따르면 오래된 커플은 둘 중 한 사람 또는 양쪽 모두 칭찬받는 것에 거부감을 갖고 있으면 그 사실에 대해 서로 잘 알고 있는 경우가 많다. 그래서 그 결과 상대는 점점 굳이 좋아하지 않는 칭찬을 하지 않게 된다. 그것은 물론 자존감이 낮은 사람에게 문제를 더 악화시킬 뿐이다. 가뜩이나 자존감이 낮은데 자신을 가장 잘 아는 사람으로부터 거의 칭찬이나 좋은 말을 듣지 못하는 것은 자신의 가치에 대한 느낌을 강화하는 데 결코 도움이 되지 않는다.

다행히 긍정적인 소식이 있다. 다양한 연령의 피험자를 대상으로 한 연구에서 사람들에게 인간관계에서 자신의 가치를 긍정하도록 훈련시킨 결과,[25] '관계 속의 자존감'이 강화되는 것으로 나타났다. 인간관계에서의 자존감이 강화되면 배우자나 연인의 찬사와 칭찬이 현재 자신의 자아에 대한 견해와 비교해 덜 격차가 느껴지고, 그 결과 칭찬을 거부하거나 반박하는 경향도 줄어든다. 친밀한 관계 속에서 자신의 가치를 긍정하는 것은 자신에 대한 느낌을 더 좋게 해 줄 뿐 아니라(자존감을 강화함으로써) 배우자나 연인 등 상대에 대해, 심지어 관계 자체에 대해 더 좋은 느낌을 갖게 해 준다.

칭찬에 대한 수용성을 높이는 훈련

다음의 글쓰기 훈련을 주기적으로(적어도 일주일에 한 번 이상) 실시한다.

1. 당신의 배우자, 가족, 친구가 당신에게 감사하거나, 좋아하거나, 당신의 어떤 측면, 이를테면 당신의 개인적 특성이나 당신이 그 사람에게 해 준 일을 기쁘게 생각한다는 메시지를 전달한 적이 있는지 회상해 보자. 그 사례를 묘사하고 그 사람이 당신의 어떤 면을 긍정적으로 느꼈을지 설명해 보라.
2. 그와 같은 특성이나 행동을 드러내는 것이 당신에게는 어떤 의미가 있는가?
3. 그와 같은 특성이나 행동이 당신이 인간관계나 우정에 어떤 이익을 가져다주는가?
4. 그와 같은 특성이나 행동이 당신의 인생에서 다른 어떤 중요하고 의미 있는 기능을 하는가?

작은 성공을 여러 개 모으자
: 치료법 D

치료법 요약	개인적 영향력 강화하기.
용법 및 용량	치료법을 가능한 한 당신의 삶의 다양한 영역(가정생활, 직장생활, 우정, 소비자나 공동체의 일원으로서의 삶)에 적용하고 목록의 모든 항목들을 완료할 때까지 계속한다. 새로운 항목이 떠오르면 목록에 추가한다.
효과	자기주도성과 자신의 역량이 증가하고 움츠러든 권리를 회복시키며 개인적 영향력을 입증한다.
간접 효과	정서적 회복력과 전반적인 자존감을 증가시키고 정서적 취약성을 감소시킨다.

　수많은 기사, 책, 프로그램들은 그들이 제시하는 방법을 따르면 '개인적 영향력(personal empowerment)'이 커지는 느낌이 들 것이라고 약속한다. 그런데 이러한 논리에는 중대한 허점이 있다. 개인적 영향력은 '느끼는' 것이 아니라 '행사하는' 것이다. 예컨대 우리가 결혼 생활을 개선하는 방법에 대한 책을 한 권 읽고 나면 자신의 영향력이 강화된 것처럼 느껴질지 모른다. 그러나 배우자와 생산적인 대화를 시작할 수 있지 않다면 우리의 영향력은 책을 읽기 전보다 조금도 나아지지 않는다.

　자존감을 높이는 데 기여하기 위해서는 자신의 영향력에 대한 느낌이^{26} 실제로 인간관계나 사회적, 직업적 영역, 시민이나 소비자로서의 우리 삶의 다양한 영역에 실질적인 영향을 주었다는 증거와 함께 해야만 의미가 있다.

낮은 자존감을 영향력에 대한 확신에 찬 자신감으로 바꾸라는 것은 무리한 요구처럼 여겨질지 모른다. 그러나 개인적 영향력에는 우리가 이용할 수 있는 한 가지 측면이 있다. 우리가 삶의 한 영역에서 주도적으로 행동하고 결과를 얻게 되면 그 경험으로 삶의 다른 영역에도 영향력을 발휘할 수 있는 역량을 갖게 된다. 도전할 대상을 현명하게 선택하고 작고 단순한 주도적 행동부터 일단 시작하면 영향력은 눈덩이처럼 구르면 구를수록 점점 더 커질 것이다. 작고 사소한 승리도 자존감을 크게 북돋우고, 그 결과 우리는 자신이 더 강하고, 능력 있고, 주도적이라고 느끼게 된다.

예를 들어 여러분은 어쩌면 기업의 고객서비스 센터에 전화해 특정 제품이나 서비스에 대한 불만을 해결을 한 다음(잘못 부과된 요금을 환불받는다든지) 매우 의기양양해질 수 있다. 그다음 곧바로 사춘기 딸의 방으로 걸어 들어가 단호한 어조로 엉망진창인 방을 치우라고 요구하자 몇 달 만에 처음으로 딸이 말대꾸를 하지 않고 고분고분 방을 치운 사례와 비슷한 경험이 있을 것이다.

성공적으로 자기주장과 개인적 영향력을 발휘한 경험은 거듭해서 새로운 성공의 경험을 이끌어 낼 수 있다. 그러므로 우리는 성공할 가능성이 높고, 설사 실패하더라도 그 결과를 감당할만한 자기주장의 영역을 찾아낼 필요가 있다. 그러기 위해 가장 좋은 방법은 먼저 목표를 설정하고 주도면밀한 전략과 행동 계획 짜기 위해 최대한 많은 정보를 수집하는 것이다. 그런 다음 우리는 필요한 기술과 접근 방법을 연마하도록, 성공 여부가 그리 중요하지 않은 상황에서 자기 주도적 행동을 연습한다.

주도적 행동을 실행하기 위한 기회를 찾기 연습

1. 당신의 삶에서 좌절감을 느끼는 측면들을 생각해 보라(당신이 속한 공동체 안에서의 삶, 직장생활, 가정생활, 사적인 삶, 인간관계, 소비자로서의 삶 등등). 이 각각의 영역에서 적어도 세 가지 사례를 찾아본다. 예를 들어 결혼생활 영역에서는 배우자의 고쳐지지 않는 나쁜 습관, 부부 사이의 가사 분담, 배우자의 의사소통 방식, 배우자의 자녀 양육 방식 등이 있을 수 있다.

2. 각 항목들을 성공 가능성이 높고 실패하더라도 결과를 감당할 수 있는 것부터 순서를 정한다. 예를 들어 보는 친구인 티모시에게 빌려준 2천 달러를 갚으라고 요구하기로 했다. 본래 티모시는 3개월 안에 갚기로 하고 빌려 갔지만, 1년이 넘도록 갚지 않는 상태다. 티모시는 보의 '가장 안 친한' 친구이며, 보는 이런 상황에서라면 우정에 위협이 되는 것을 감수하고 이 문제를 그와 이야기할 만하다고 판단했다. 한편 글래디스는 고객이 '덤'으로 해 주길 바라는 웹사이트의 몇 가지 수정 내용에 대해 자신의 입장을 이야기하기로 결

심했다. 글래디스는 문제의 수정이 그리 중요한 것이 아니기 때문에 설사 무료로는 해 주지 않겠다고 고집한다고 해서 고객이 당장 자르지는 않을 것이라고 판단했다.

최종 목록은 당신이 주도적 행동을 연습하고 개인적 영향력을 확보하기 위한 종합 계획이다. 이제 목표들을 선정하고 우선순위까지 정했으니, 성공적으로 실행하는 데 필요한 추가적인 정보나 특정 기술들에 대해 고려해서 필요한 전략을 짤 때이다.

정보 수집과 전략 짜기

각 목표를 성공적으로 달성할 확률을 높이기 위해 우리는 도전 대상인 사람이나 시스템이 어떤 방식으로 움직이는지 이해할 필요가 있다. 다시 말해, 상대가 사람이라면 그의 사고방식이나 선호도, 우선순위 따위를, 기업이나 관공서라면 고객 불편 관리 시스템의 운영 방식을, 당신의 직장이라면 정치적 상황, 위계, 인사 관행 따위를 파악해야 한다.

예를 들어 나는 보와 글래디스에게 상대의 사고방식에 통찰을 얻기 위해 상황을 제3자의 관점으로 묘사해 보라고 요구했다. 보는 티모시가 항상 둘 사이의 수입 차이에 대해 분개하고 보를 질투했다고 설명했다. 티모시는 보에 비해 현저하게 수입이 적었기 때문이다. 그렇기 때문에 아마도 티모시는 보에게 돈을 빌리는 것이 당연하고, 또 금방 갚지 않아도 보가 별로 아쉬워하지 않을 것이라고 판단했을 것이라는 게 보의 추측이다. 보는 티모시가 흥청망청 노는 데 일주일에 수백 달러를 써버린다는 사실도 주목했다. 그런 사실로 미루어 티모시는 분명히 보의 돈을 갚을 여력은 있었다. 적어도 한 달에 몇 백 달러씩 나누어 갚을 수는 있을 터였다. 한편 글래디스는 그 고객이 조만간 웹사이트를 살짝 개편할 계획을 갖고 있는데 꼭 필요하지 않다면 굳이 새로운 웹디자이너를 찾아 나서지는 않을 것 같다고 나에게 말해 주었다.

그밖에 또 다른 정보 수집 활동의 예를 생각해 보자. 만일 직장 동료에게 불만이 있다면 당신은 직장 내 인력관리 부서에서 그와 관련된 소통 창구가 있는지 확인해 볼 필요가 있다. 만일 집 앞 도로에 표지판이 필요하다면 구청이나 시청 해당 부서에 민원을 넣는 방법을 찾아볼 수 있다.

청구된 휴대폰 요금에 불만이 있다면 통신회사에서 어느 직급의 고객관리 담당 직원이 그 정도 액수를 처리할 권한을 가지고 있는지 알아내는 것이 도움이 될 것이다(대부분 고객 서비스 담당 직원은 오직 매우 적은 액수를 처리할 권한만이 부여되어 있다). 만일 당신이 청소년기 자녀에게 방 청소 또는 그 밖에 아이가 담당하기로 하고 미룬 집안일을 시키고자 한다면, 그전에 혹시 아이가 다음날 시험은 아닌지 확인하는 것이 좋을 것이다.

일단 우리가 필요한 정보를 모은 다음에는 구체적인 행동 계획을 짜고 그에 대한 상대편의 반응도 미리 예측해 두도록 한다. 예를 들어 친구가 당신의 전화를 받지 않고 나중에 다시 걸지도 않아 왜 그러는지 알고 싶다면 친구에게 물어보되, 너무 적대적이거나 비난조로 들리지 않게(왜냐하면 설사 당신이 상대의 태도로 상처를 받았다고 해도 비난조로 접근하는 것은 어떤 경우에도 생산적이지 못하기 때문이다) 하려면 어떻게 얘기하는 것이 좋을지 궁리해 본다.

또는 배우자에게 불만을 표현하려고 할 때 그가 너무 방어적이 되지 않도록(충분히 불만을 가질만한 상황이라고 하더라도 배우자에게 화를 내면서 이야기를 하면 그 역시 제대로 반응하지 않는다는 사실을 당신도 알고 있다) 어떻게 접근할지 미리 전략을 세운다. 또는 직장 동료와 함께 시안 발표를 준비했는데 왜 공을 독차지하고 내 몫의 노력을 언급하지 않는지 따지고 싶다면, 얘기를 꺼낼 최적의 시간과 장소를 미리 계획하고 그 이야기를 함으로써 내가 얻고 싶은 것이 무엇인지(단순한 분노 배출이 아니라 이번에 내가 희생했으니 다음번에는 내가 발표를 하겠다고 제안한다든지) 생각해 보자.

연습, 인내, 끈기

개인적 영향력은 단번에 획득하는 것이 아니라 단계적으로 밟아 나가는 경로이다. 우리는 모든 노력이 당장 결과를 내지 못할 수도 있다는 사실을 각오하고, 실망하지 않고 끈기 있게 노력해야 한다. 또한 필요한 기술과 도구를 효과적으로 일정하게 사용할 수 있기까지 꾸준히 연습을 통해 숙달하고 연마할 필요가 있다는 사실을 주지해야 한다. 보가 처음 파티나 친구들 모임에서 티모시에게 말하려던 계획은 실패로 돌아갔다. 왜냐하면 티모시가 나중에 얘기하자고 미루고, 시간이 지난 다음에는 너무 피곤해서 이야기할 기분이 아니라고 잡아뗐기 때문이다. 보는 방해받지 않고 티모시와 이야기할 수 있는 장소를 마련해야 하고, 또한 티모시가 대화를 피하려고 대는 갖가지 핑계에도 대책을 세워야 할 필요를 느꼈다.

한편 글래디스는 마침내 무료로 해 주기를 원하는 작업에 대해 논의하기 위해 고객에게 전화를 걸었다. 그러나 몇 마디 하기도 전에 고객이 글래디스의 말을 막고 그들이 원하는 수정 작업은 별것 아니어서 시간이 얼마 걸리지도 않을 것이라고 밀어붙였다. 글래디스는 처음에는 완전히 기가 꺾였다. 그러나 고객과의 의사소통을 되돌아보고, 자신의 메시지를 전달할 가장 좋은 방법은 이메일을 보내는 것임을 깨달았다. 이메일의 경우 고객이 글래디스의 말을 자르고 끼어들 수 없을 테니 자신의 생각을 완전하고 단호하게 전달할 수 있을 터였다.

연습, 인내, 끈기는 개인적 영향력을 증대시키는 데 가장 핵심적인 요소들이다. 일단 우리가 자기주장을 펼 수 있으면 자신의 강점과 약점을 평가할 수 있고, 자신의 기술과 도구 가운데 어떤 것을 개선하고 연마해야 할지 알게 된다. 시도했다가 의도했던 결과를 얻지 못하더라도 다음번에 더 효과적인 계획을 고안해 내는 데 도움을 준다.

보는 티모시가 빌린 돈을 감당할 만한 수준으로 나누어 갚는 계획을 제안하는 편지를 써서 우표까지 붙인 회신용 봉투와 함께 우편으로 보냈다. 비난을 자제하고 사실에 대해서만 담담하게 서술하는 보의 어조는 티모시의 마음을 돌렸다. 결국 티모시는 사과와 함께 보가 제시한 분할 납부금을 수표로 보내 왔다. 글래디스는 이메일을 통해 고객과 의사소통을 한 끝에 결국 추가 요금을 받고서 고객이 원하는 웹사이트 수정을 해 주기로 했다.

보와 글래디스는 그들이 거둔 성공에 의기양양해졌고, 그 결과 자신의 영향력이 증대되었다는 느낌을 맛보게 되었다. 그러나 그들의 승리는 더욱 강한 자존감에 이르는 여정의 첫 번째 발걸음일 뿐이었다. 이듬해 1년에 걸쳐서 보는 자신의 오래된 인간관계의 '대청소' 작업을 계속 진행하는 한편, 좀 더 그를 지지하고 그에게 충실한 새로운 친구들을 사귀려고 노력했다.

글래디스는 자신의 작업에 좀 더 치밀한 보상 체계를 작성하고, 일을 시작하기 전에 고객들에게 세부적인 비용 체계를 명확히 알렸다. 시간이 흐름에 따라 글래디스의 자존감은 점점 향상되어 데이트를 시작해도 좋겠다는 생각을 하게 되었다. 글래디스가 연애 영역에서는 자존감을 향상시키려는 노력을 전혀 하지 않았음에도, 사업가로서 영향력이 확대된 느낌이 자신의 가치에 대한 인식을 고취시킨 것이다. 그 결과 사적 삶의 영역에서도 자신감이 커지게 되었다.

일단 우리가 목록의 첫 번째 항목에 도전해 성공을 거두었다면, 그것을 자존감을 북돋우는 발판으로 삼아 되도록 빨리 다음 항목에 도전해서 거기에서도 승리를 거둘 수 있도록 한다. 정서적 면역계가 강해지고 더 효과적으로 기능하게 되는 데에는 시간이 걸리지만, 작은 성공들은 점점 불어나게 마련이다. 직장에서 연봉 인상이나 승진, 친구와의 갈등 해소, 배우자나 가족과의 문제 해결, 소비자로서 당당한 권리 행사와 같은 작은 성공들은 자존감을 강화하고 전반적인 삶의 질을 향상시키는 데 상당히 기여한다.

상사의 가발을 던지고 싶더라도 참자
: 치료법 E

치료법 요약	자제력 향상시키기.
용법 및 용량	자제력과 의지력이 필요한 목표를 달성할 때까지 이 치료법을 꾸준히 적용한다.
효과	의지력과 영향력의 느낌을 증가시키고 자기발전 목표를 향해 다가가게 하며 자존감을 고취한다.

　자제력과 의지력은 개인적 영향력을 증가시키고 목표 달성을 위한 노력을 진전시킨다. 그런데 이 두 가지 모두 자존감을 높이는 데 매우 큰 도움이 된다. 많은 사람이 의지력은 잘 변하지 않는 성격의 한 속성이거나 능력이라고(다시 말해서 어떤 사람은 의지력이 강하거나 약하거나 정해져 있다고) 생각한다. 그러나 자제력은 사실 근육과 비슷하다.[27] 그러므로 이 근육이 어떻게 기능하는지 이해한다면 그 근육을 좀 더 현명하게 사용하고 강화할 수 있으며, 그 결과 자존감도 키워 나갈 수 있다.
　자제력 근육에 대해 알아 두어야 할 가장 중요한 사실은 이 근육이 쉽게 피로해질 수 있다는 점이다. 사람들 중에 특히 의지력 근육이 더 큰 사람도 있겠지만, 이 근육이 가장 잘 발달한 사람의 경우에도 과도하게 사용할 경우 효과가 떨어지게 된다. 뿐만 아니라 한 영역에서 많이 사용할 경우 피로해져서 다른 영역에서 사용하고자 할 때 잘 듣지 않을 수 있다. 예를 들어 하루 종일 직장에서 꼴 같지 않은 상사의 부분 가발을 확 떼어 내 원반처럼 회의실 공중을 가로질러 던져 버리고 싶은 충동을 꾹꾹 억눌렀다면, 퇴근할 무렵에는 의지력이 모두 고갈되어서 다이어트를 한다든지 몸에 좋은 먹거리만 먹겠다는 결심을 고수하기 어려워진다.

상황을 더욱 복잡하게 만드는 것은 의지력 근육의 연료인 정서적 에너지는 한정된 자원이며, 선택이나 의사결정과 같은 복잡한 정신 기능에서도 동일한 연료 역할을 한다는 점이다. 이상한 얘기처럼 들릴지 모르지만, 겉보기에는 아무 상관없어 보이는 이러한 지적 능력들이 의지력을 고갈시키고 자제력을 약화시킨다. 만일 당신이 곧 중요한 화보 사진을 찍어야 해서 어떤 옷을 입고 어떤 장신구를 착용할지를 결정하는 데 온종일을 보냈다면, 퇴근길에 운동하러 갈 결심이 흔들릴 수 있다. 실제로 연료가 되는 에너지가 고갈되어 의지력이 효과적으로 기능하지 않으면 자제력을 발휘하기 어렵다.

의지력의 효과를 극대화해서 자존감을 강화하는 데 이용하려면 다음과 같은 세 가지 노력을 해야 한다. 기본적으로 의지력 근육을 강화하고, 자제력의 연료가 되는 에너지 저장량을 고갈되지 않도록 관리해야 하고, 주변의 수많은 유혹거리의 영향을 최소화해야 한다.

1. 의지력 근육 키우기

우리의 의지력이 일반적인 근육과 비슷하다는 사실의 안 좋은 면은 한 영역에서 의지력을 발휘한 다음에는 근육이 피로해져서 다른 영역에서 의지력을 발휘하기 어려워진다는 사실이다. 그러나 이와 같은 한계는 뒤집어서 생각하면 이점이 될 수 있다. 그리 중요하지 않은 영역에서 자제력을 발휘함으로써 의지력을 훈련시키면 의지력 근육의 강도와 지구력이 증대되어 그 효과를 좀 더 의미 있고 중요한 영역에서도 발휘할 수 있다는 것이다. 과학자들은 그와 같은 '의지력 운동'을 몇 가지 연구했다.[28]

자신의 자세에 집중한다든지(평소 구부정한 사람에게 도움이 되는 훈련!), 욕하기를 참는다든지(욕을 입에 달고 다니는 사람에게 권함), 사탕, 쿠키, 케이크 등을 피한다든지(단 것을 좋아하는 분들은 시도해 보시라), 하루에 두 번씩 악력기(가운데 스프링이 달린 쐐기 모양의 손잡이를 쥐어서 악력을 키우는 운동기구—옮긴이)를 할 수 있는 최대한의 횟수까지 쥐는 훈련을 실시하는 방법 따위가 있다. 내가 개인적으로 가장 좋은 방법이라고 생각하는 것은 바로 평소 잘 사용하지 않는 손(오른손잡이라면 왼손, 왼손잡이라면 오른손)을 집중적으로 사용하는 것이다.

계속해서 자동적 충동(몸을 구부정하게 한다든지, 오른손잡이가 오른손을 쓴다든지, 욕을 한다든지, 단 것을 먹는다든지, 악력기를 몇 번 쥐었다 폈다 하고서 그만둔다든지 등)을 억제하는 훈련은 충분한 기간 동안(적어도 4주에서 8주) 지속하기만 한다면 모두 효과를 볼 수 있다. 다양한 연구에서 그와 같은 훈련은 흡연자가 담배를 끊으려고 하거나, 공격 충동을 가진 사람이 분노 조절을 하고자 하거나 충동적으로 물건을 사들이는 사람이 그 버릇을 고치려고 할 때 도움이 되는 것으로 나타났다.

또한 다음과 같이 의지력을 강화하는 훈련을 할 수도 있다. 약 4주에서 8주에 걸쳐(길면 길수록 좋다) 매일 아침 8시부터 저녁 6시까지 평소 잘 사용하지 않는 쪽 손을 주로 사용하도록 한다. 각자의 일과에 따라 이 시간은 조절 가능하다(야간 근무를 한다거나 정오가 다 되어 일어나는 사람이라면 그에 맞추어 시간을 변경한다).

이를 닦거나, 문을 열거나, 컴퓨터 마우스나 터치패드를 사용하거나, 음료를 마시거나(뜨거운 음료는 화상 위험이 있으니 제외), 물건을 운반하거나(아기나 그밖에 깨질 수 있는 물건 제외), 액체를 휘젓거나, 머리를 빗거나, 포크를 사용하거나, 뭔가를 움직여서(역시 깨지는 물건 제외) 평소 당신이 다른 쪽 손으로 하던 일들을 안 쓰던 손을 이용해서 해 본다.

만일 당신이 양손잡이라면 이 훈련 대신 자세 집중하기 훈련을 실시한다. 당신의 자세를 감시해서 항상 똑바로 곧추세워 앉도록 한다. 아침 8시에서 저녁 6시까지(역시 시간대는 각자 생활에 맞추어 조절한다) 허리를 구부리지 말고, 눕거나 기대지도 말고, 책상에 엎드리지 말고 똑바로 앉는다.

2. 탱크에 연료를 가득 채워놓기

의지력 근육에 필요한 가장 필수적인 연료 가운데 하나는 바로 포도당(설탕)이다(인지 기능이나 신체의 다른 근육들의 경우도 마찬가지지만). 과학자들은 인체의 포도당 농도가 낮으면 의지력이나 자제력을 발휘하는 것과 같이 노력을 요하는 정신 기능이 손상된다는 사실을 오래전부터 알고 있었다(설거지를 하는 것과 같이 자동적이고 특별한 노력이 필요하지 않은 일들을 하는 기능은 손상되지 않는다).

한 연구에서 피험자들에게 노력이 많이 드는 두뇌 활동을 시켜서 뇌의 포도당을 소진시킨 뒤 레모네이드를 한 컵 주었다.[29] 피험자 가운데 절반에게는 설탕을 첨가한 레모네이드를 주고, 다른 절반에게는 인공감미료를 넣은 레모네이드(맛은 설탕을 넣은 레모네이드와 비슷하지만 포도당이 전혀 없는)를 주었다. 약 15분 뒤에(음료가 몸에 흡수되는 데 필요한 시간) 의지력 실험을 실시하자, 설탕을 넣은 레모네이드를 마신 피험자들은 정신의 피로에서 회복되어 인공감미료가 든 레모네이드를 마신 피험자들보다 훨씬 더 큰 의지력을 보였다.

간단히 말해서 의지력을 가장 잘 발휘하기 위해서는 우리 몸에 적절한 수준의 포도당이 필요하다는 뜻이다. 이미 자제력을 상당히 발휘한 직후이거나 공복 상태여서 혈당 농도가 낮을 때 우리의 의지력은 낮아진다. 수면과 휴식 역시 의지력을 제대로 발휘하는 데 큰 역할을 한다.[30] 피곤하거나 수면이 부족할 때는 자제력을 발휘하는 능력이 크게 손상된다.

3. 유혹을 피하고 관리하기

보통 사람들은 하루에 서너 시간을 의지력을 발휘하면서 보낸다.[31] 체중 조절을 위해 다이어트를 하는 사람들은 살찌는 음식의 유혹에 둘러싸여 있다. 담배를 끊으려는 흡연자들은 거리에만 나서도 담배 피우는 사람들을 마주한다. 알코올 중독 치료를 받는 사람들은 어딜 가도 술집이나 주류 판매점을 벗어날 수가 없다. 기말고사를 준비하는 학생들은 친구에서부터 전자기기까지 갖가지 다양한 유혹거리와 싸워야 한다.

분노조절 문제를 안고 있는 사람은 하루도 거르지 않고 좌절감과 분노를 일으키는 상황을 마주한다. 유혹을 관리하는 최선의 방법은 자신의 의지력을 과대평가하지 말고 가능한 한 유혹거리를 피하는 것이다.[32] 그러나 유혹거리를 피할 수 없는 상황에서 유혹을 관리하는 데 적용할 수 있는 방법들도 있다.

첫 번째는 뇌의 한 쪽을 편들어 다른 쪽과 싸우는 것이다. 우리의 뇌는 보상과 위험을 처리하는 데 각기 다른 시스템을 사용한다. 유혹거리를 마주하면 우리 뇌의 보상 시스템(당장 저걸 해!)이 위험을 평가하는 시스템(하지 마!)을 압도해 버릴 수 있다. 그런 상황에서 우리가 유혹거리에 손을 뻗치는 탐욕의 목소리의 크기를 낮출 수 없더라도 위험을 알리는 목소리의 크기를 더 키울 수는 있다.

예를 들어 당신이 술을 끊으려고 하는데 술이 나오는 저녁식사에 참석해야 한다면 지난 번 딱 한 잔에서 멈추지 못해 엄청난 실수를 저지른 기억을 떠올려 보라. 만일 당신이 유혹에 굴복해 술을 다시 당신의 인생에 끌어들였을 때 나중에 얼마나 사기가 꺾일지, 반대로 만일 당신이 술의 유혹에 성공적으로 저항했을 때 얼마나 의기양양해지고 자신에게 감사한 느낌이 들지 생각해 보라. 지난 번 파티에서 당신이 술에 취해 음식이 놓인 카트 위로 엎어졌을 때 아내의 표정과 친구들의 눈에 비친 실망의 빛을 되새겨 보라. 아니면 당신이 애초에 왜 술을 끊기로 했는지 그 결심의 배경을 다시 상기해 보라.

또한 지금까지 어떻게 술의 유혹에 저항할 수 있었는지 그 이유도 되새겨 보라. 위험 평가 시스템을 보강하기 위해 그와 같은 생각거리들을 미리 준비했다가 적절한 순간에 바로 참조하는 것은 그 상황을 잘 넘길 수 있도록 시간을 벌어준다.

두 번째는 손상을 최소화하기이다. 실수로 유혹에 굴복하고 나면 크게 사기가 꺾인다. "다시 술에 취해 주책을 떨다니!"라든지 "다이어트는 다 망했어"와 같은 생각들은 아무런 도움이 되지 않는다. 그저 다시 끊고자 했던 유혹에 탐닉할 구실만 제공할 뿐이다. 당신이 다이어트 결심을 지키지 못하고 음식을 많이 먹었다면, 이미 먹은 김에 그동안 참았던 맛있는 음식들을 마구 먹을 가능성이 크다. 어차피 다이어트는 처음부터 다시 시작해야 하니 말이다.

그러나 이런 실수를(완전한 실패가 아니라) 그저 의지력이 많이 피로한 상태여서 회복이 필요하다는 단순한 경고로 받아들이면 궤도에서 많이 이탈하지 않고서 제자리로 돌아올 수 있다.

세 번째는 방아쇠를 피하는 것이다. 나쁜 습관 가운데 상당수는 마치 방아쇠를 당기듯 어떤 계기에 의해 촉발된다. 한 연구에서 영화 관람객들에게 오래되어 맛이 없는 팝콘을 주고 영화를 관람하게 했다.[33] 관람객들은 오래된 팝콘을 평소 갓 튀겨 낸 맛있는 팝콘을 먹던 양과 똑같이 먹었다. 그런데 그것은 그들이 영화를 보고 있었기 때문이었다! 연구자들이 같은 피험자들에게 회의실에서 뮤직비디오를 보게 하면서 오래된 팝콘을 주었더니, 이번에는 거의 손도 대지 않았다. 습관은 언제나 촉발하는 계기가 있기 마련이다.

예를 들어 맥주를 마실 때마다 담배에 불을 붙인다든지, 특정 친구들을 만나면 기분전환용으로 약물에 손을 댄다든지, 소파에 깊숙이 기대 앉아 TV를 볼 때면 손톱을 물어뜯는다든지 하는 것이 그러하다. 만일 당신이 이런 습관들을 바꾸고 싶다면 방아쇠 역할을 하는 계기를 피해야 한다. 적어도 새로운 습관이 완전히 자리 잡힐 때까지는 말이다. 괴로운 일일지 모르지만, 어쩌면 한동안 맥주 역시 끊든지, 마약을 사용하는 친구들과 만나지 않든지(그것은 그리 나쁜 생각이 아니다!), 부엌 식탁에 앉아 노트북으로 TV를 보아야 할지도 모른다.

마지막으로는 충동, 욕구, 갈망을 참기 위해 명상의 한 형태인 '마음챙김(mindfulness)'을 실천하는 것이다. 마음챙김은 마음의 느낌을 판단하지 않고 그저 관찰하는 행위이다. 다시 말해 자신의 마음을 연구하는 인류학자가 되는 것이다. 마음챙김을 실천할 때 우리는 마치 외부의 관찰자처럼 자신의 감정의 강도가 어느 정도인지 가늠하고 그 감정이 자신의 몸에 일으키는 감각은 알아차리지만, 그 감정이나 감정의 의미는 생각하지 않는다.

도박 중독으로 나이 든 부모님 집까지 도박으로 날려 버리게 될까 봐 걱정하던 루디는 극도로 스트레스를 많이 받는 직업에 종사하고 있었다. 업무 스트레스가 의지력을 모두 고갈시켜서 도박에 저항하기 어려웠다. 나는 루디에게 마음챙김 기술을 실천해 보라고 권했다. 이 방법이 일반적인 스트레스 관리에 효과적이어서가 아니라, 특정 마음챙김 연습이 갈망, 충동, 욕구(도박에 대한 갈망, 충동, 욕구를 포함)를 관리하는 데 매우 유용하기 때문이다.

갈망과 욕구를 조절하는 법을 배울 때는 맨 처음 그와 같은 충동이 아무리 강하더라도 시간이 흐름에 따라 지나가 버린다는 사실을 받아들여야 한다. 나는 루디에게 상담 시간에 마음챙김 훈련을 실시하자고 제안했고, 다음과 같이 해 보라고 시켰다.

"긴장을 풀고 호흡에 집중하세요. 눈을 감아도 좋습니다. 도박을 하고 싶은 욕구를 스스로 관찰해 보세요. 그 욕구가 파도처럼 밀려와 당신을 덮치고 밀려가는 것을 말이죠. 당신은 인간의 경험이 어떤 것인지 연구하는 외계인이라고 상상해 보세요(루디는 공상과학물의 팬이었다)."

"욕구의 강도를 마치 지진계처럼 시각화해서 마음에 나타내 보세요. 욕구의 파도가 밀려오면 계기판의 바늘이 진폭에 따라 움직이는 것을 관찰해 보세요. 지진파 하나가 강해졌다가 약해지고, 그다음 지진파가 시작되는 것을 주의 깊게 살펴보세요. 지진파가 강해지고 약해질 때마다 몸의 각 부분이 어떻게 반응하는지 하나하나 느껴 보세요. 계속해서 이런 식으로 당신의 생리적 반응을 관찰하세요. 지진파들이 하나씩 하나씩 밀려왔다가 밀려가고 마침내 모든 지진파의 진폭이 다 사그라질 때까지 말입니다."

자신의 호흡에 집중하고, 지진계의 계기판을 시각화하고, 몸의 각 부분의 감각에 주목하면 이런 지진의 충격을 무사히 잘 넘기고 갈망, 욕구, 충동의 유혹에 효과적으로 저항할 수 있다. 충동의 손아귀에 붙잡히기 전에 이 기술을 미리 연습해 놓으면 충동이 일어났을 때 더 성공적으로 적용할 수 있다.

루디는 다행히도 업무 스트레스가 잦아들고, 도박 욕구가 강하게 밀려오는 시점이 돌아오기 전 몇 주에 걸쳐 마음챙김 수련을 꾸준히 실천했다. 그 시기가 왔을 때 루디는 준비가 된 상태였고 무사히 넘길 수 있었다. 루디는 당시의 상황을 '한동안 일촉즉발의 아슬아슬한 상태'였다고 묘사했다. 그러나 과거에 수도 없이 굴복했던 도박의 욕구에 성공적으로 저항한 데서 온 자신감은 자존감을 드높이는 데 큰 역할을 했다.

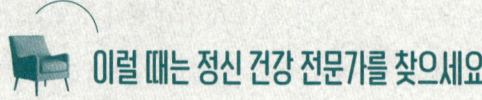 이럴 때는 정신 건강 전문가를 찾으세요

자존감은 깊은 뿌리를 지닌 심리적 구조물이다. 따라서 이 장에서 제시하는 치료법들이 두드러지는 결과를 얻으려면 상당한 시간과 노력과 헌신이 필요하다. 이 치료법들을 적용하기 힘들거나 시간과 노력을 들여 적용했으나 자존감을 향상시킬 수 없었다면 정신 건강 전문가의 조언을 구하는 것이 좋다.

만일 지금 현재 당신의 삶에서 자존감을 떨어뜨리는 상황이 계속 진행되고 있다면(정서적으로 당신을 학대하는 상사 밑에서 일한다거나 그런 배우자와 살고 있든지, 계속 노력해도 일자리를 구하지 못하고 있다든지 등) 정신 건강 전문가가 당신이 처한 상황을 바꾸기 위한 조치를 취해야 할지(왜냐하면 계속해서 피가 흐르는 상태에서는 자존감을 다시 쌓아 올리기 어렵기 때문이다) 평가하는 데 도움을 줄 것이다. 마지막으로 당신의 자존감이 너무 큰 손상을 받아 당신 자신이나 다른 사람을 어떤 식으로든 해치고 싶은 생각이 든 일이 있다면, 즉각 정신 건강 전문가의 도움을 구하거나 가까운 병원의 응급실을 찾는다.

에필로그

시행착오를 거쳐
내게 잘 맞는 진통제를 찾자

우리는 살다 보면 종종 마음에 상처를 입는다. 불행히도 최근까지만 해도 그런 상처를 인식하고 효과적으로 치료하는 방법을 아는 사람들은 거의 없었다. 대신 상처를 완전히 무시하거나 자신도 모르게 오히려 상처를 악화시키는 방식으로 반응해서 시간이 흐름에 따라 마음의 건강을 손상시키도록 하는 경향이 있었다. 이 책의 치료법들은(이 모든 방법은 심리학 분야의 전문가들이 수행한 최근 연구에 기초하고 있다) 정서적, 심리적 상처를 입었을 때 가장 먼저 처치할 수 있는 연고, 반창고, 진통제, 소독약 따위로 이루어진 마음의 약장의 응급 처치 키트이다.

스스로를 잘 치료하기 위해서는 자신만의 개인화된 정신 건강 위생 지침을 갖고 있어야 하며, 기회가 있을 때마다 당신만의 맞춤형 약장을 구비하도록 노력해야 한다. 비록 우리는 모두 상실, 실패, 거부 등의 경험을 겪으면 심리적 상처를 입지만, 상처의 범위나 정도, 그리고 각자에게 가장 잘 맞는 정서적 응급 처치법은 사람들마다 다를 수 있다. 마음의 질병에 쓰는 약이나 치료법도 마찬가지이다. 우리가 처방 없이 약국에서 살 수 있는 두통이나 근육통이나 그밖에 통증을 치료하는 진통제의 종류는 엄청나게 많지만, 그 다양한 진통제들을 모두 다 집에 있는 약장에 갖추어 놓지는 않는다. 우리는 이 약, 저 약을 다양하게 시도해 보고 시행착오를 거쳐서 나에게 가장 잘 듣는 특정 브랜드의 진통제를 찾아 주로 그 약을 갖추어 놓는다.

그와 비슷하게 당신은 이 책에서 제시하는 여러 가지 정서적 응급 처치 방법 가운데 어떤 것들이 다른 방법들보다 당신의 개인적 심리 체계에 잘 맞는다고 느낄 것이다. 또는 특정 치료법이 어떤 상황에서는 당신에게 가장 잘 맞지만 다른 상황에서는 그 치료법보다는 다른 치료법을 적용하는 편이 더 효과적일 수도 있다. 그와 같은 경험을 숙지해서 정서적 응급 처치 방법을 적용할 때 최적의 선택을 하고 향후에 더욱 효과적으로 노력할 수 있도록 한다.

심리학은 아직 어린 과학이다. 심리학자들은 새로운 접근법과 치료법을 계속해서 발견하고 꾸준히 갱신하고 있다. 그런데 이 책에서 내가 제안한 방법들은 심리학과 정신 건강 분야에서 전체적이고 급진적인 변화는 일어나지 않을 것이라는 근본적인 가정에 기초를 두고 있다. 우리가 감기의 새롭고 획기적인 치료법을 발견한다고 하더라도, 감기 증상이 처음 나타났을 때 치료하지 않고 두는 것이 폐렴과 같이 더욱 심각한 호흡기 질병으로 발전할 위험성을 방치하는 것과 같다는 사실은 변하지 않을 것이다. 그와 비슷하게 실패와 같은 심리적 상처를 다루는 더욱 효과적인 전략을 발견한다고 하더라도 심리적 상처 자체를 방치하는 것은 정신 건강, 자존감, 정서적 안정을 손상시킬 위험을 감수하는 것이다. 따라서 마음의 약장을 미래 어느 시점에 개비하고 갱신할 필요가 있을 수도 있겠지만, 설사 그렇다고 하더라도 지금은 그 약장을 마련해 두고 빈번하게 사용하는 것이 더 필요하고 이로운 일이다.

나는 사람들이 정신 건강을 삶의 우선순위에서도 가장 앞에 두어야 한다고 생각한다. 또한 정신 건강을 강화하고 유지하는 데 필요한 단계들을 매일 실천하기를, 또한 그와 같은 관행을 어린 시절부터 삶에 깊이 뿌리내리게 하길 진심으로 바란다. 어린 아이들에게 정신 건강위생의 관행을 가르치고 정서적 응급 처치의 원리를 어떻게 적용하는지 알려 주는 것은 그들의 삶과 사회 전반에 엄청난 영향을 미칠 것이다.

필요한 것은 그저 오늘날 구강위생 관행이 보편적으로 널리 실시되듯 정신 건강위생 관행도 그렇게 자리 잡아 가는 것이다. 그러면 정서적 회복력을 갖추고 정교하게 발달된 심리 체계를 갖춘 완전히 새로운 세대의 사람들은 오늘날의 평균적인 사람들보다 인생의 어려움에 더욱 강하고 결단력 있게 대처하고, 힘든 경험으로부터 더욱 빠르고 완전하게 회복되며, 훨씬 더 큰 행복과 삶에 대한 만족감을 누릴 수 있을 것이다.

만일 이런 생각이 어리석고 지나치게 낭만적이라고 느껴진다면 몇 세대 전만 해도 행복하고 만족스러운 삶을 산다는 목표를 꿈꿀 수 있는 사람들이 별로 없었다는 사실을 생각해 보자. 대부분 사람은 목숨을 부지하고 의식주를 해결하기 위한 기본적인 요구를 채우기 위해 투쟁하기에 바빠 자신이 행복한지 어떤지 신경 쓸 겨를도 없었다. 어쩌면 지금부터 몇 세대 후에 우리의 후손들은 지금의 우리를 돌아보며 어떻게 마음 관리를 치아 관리만큼도 못했는지, 흔히 입는 심리적 상처에 응급 처치를 할 생각을 하지 못했는지 깜짝 놀랄지도 모른다.

물론 지금까지 우리는 일반적인 처치를 채택할 만한 자원과 지식이 부족했다고 할 수 있다. 또한 정신 건강과 정서적 안정을 거시적 안목에서 생각하고 돌보는 방식의 혁명을 이룰 수 없었다. 그러나 이제 우리는 그런 제한에서 벗어났다. 정서적으로 더 건강하고 행복한 삶을 살고자 하는 사람들은 누구나 자신만의 마음의 약장을 열고 필요한 치료법을 꺼내면 된다.

감사의 글

몇 년 동안 나는 사람들이 심리학 분야의 발전을 깡그리 무시하는 현실을 놓고 개탄해 왔다. 최첨단 연구들은 전문가들의 저널에 묻혀서 보통 사람의 실생활에 거의 아무런 영향도 주지 못했다. 나는 사람들이 감정에 상처를 입고도, 그리고 상처를 치료할 방법이 얼마든지 있는데도 별일 아닌 듯 밀쳐놓고 방치하는 것을 보고 한탄했다. 또한 치아는 보물단지처럼 관리하면서 마음이나 정신 건강에는 아무런 주의를 기울이지 않는 상황에 분개했다. 그렇다고 내가 구강위생 관행에 이의를 갖고 있는 것은 아니다. 당연히 내 치아는 소중하다! 나는 단지 우리가 어떻게 양치질을 하고 치실을 사용하는지 따위에 대해서는 그토록 잘 알면서 정서나 마음의 건강을 돌보는 방법은 아는 것이 없다는 사실이 뭔가 잘못되었다고 느꼈을 따름이다.

다행히도 두 사람이 이 사태에 대해 뭔가 해야겠다고 결심했다. 이 사태란 내가 끊임없이 위의 주제를 놓고 불평하고 징징댄 것을 말한다. 나의 출판대리인인 미셸 테슬러와 나의 동생이자 동료인 길 윈치 박사는 내 전작 《불평하라》에서 독자들에게 이야기한 것처럼 아무 효과 없는 불평은 집어치우고 건설적인 행동을 하라고 제안(사실은 강요)했다. "책을 쓰라고!"가 그들의 요지였다. "심리학 연구에서 나온 정보들을 거르고 농축시켜 사람들이 꼭 알아야 할 내용들을 이야기해 주라고."

그래서 결국 나는 책을 썼다. 그들의 임무는 거기에서 끝나지 않았다. 그들의 격려와 지지는 책을 쓰는 내내 큰 힘이 되었다. 미셸 테슬러는 실로 놀라운 출판대리인으로, 그녀와 함께 일하는 것은 큰 행운이다. 나와 일란성 쌍둥이인 길은 매일매일 나에게 사랑과 지지와 격려와 동기와 영감을 준다. 그는 항상 내가 쓰는 원고의 첫 독자이고 내 글 한 줄 한 줄에 의견을 보태 준다. 길이 아니었으면 이 책을 쓸 수 없었을 것이다.

허드슨스트리트 출판사의 편집자 캐롤라인 서튼과 브리트니 로스는 관심과 열정과 격려로 이 작업을 도왔다. 캐롤라인은 기획 초기에 이 책의 적절한 구성을 찾아보라고 제안했다. 그들의 제안은 매번 정확했고, 편집자로서의 조언은 솔직하고, 유용하고, 매우 건설적이었다.

내 독자들은 상당한 정도의 시간과 노력을 들여 원고를 읽고 의견과 제안을 달아 주었고, 그 결과 원고의 질은 크게 향상되었다. 나는 마얀 클라인, 야엘 메르켈, 그리고 나의 소중한 동료 제니퍼 호퍼트 박사가 귀중한 전문가적 관점을 제공해 준 것에 감사한다. 리처드 레프, 프랭크 앤더슨, 제임스 배럴클로, 특히 대니 클라인은 매우 유용하고 잘 정돈된 조언을 해 주었다. 제시카 랙맨은 단순한 검토를 넘어서 엄청나게 바쁜 스케줄 속에서 시간을 짜내 매 쪽마다 통찰력 넘치고 사기를 진작시키며 큰 도움이 되는 의견을 달아 주었다.

책을 쓰는 동안 따뜻한 지지와 인내를 베푼 가족과 친한 친구들에게 감사의 마음을 전한다. 특히 전화나 문자에 "미안, 책을 쓰는 중"이라는 답변으로 응답해도 잘 참아 준 것에 감사한다.

내가 제안한 새로운 방법이나 정서적 응급 처치를 기꺼이 시도하고자 한 내 상담자 분들께도 감사하다. 그들이 내 상담이나 치료에 유용하고 통찰력 있는 피드백을 주고 자신의 정신 건강과 정서적 안정을 위해 솔직함, 신뢰, 노력, 헌신을 보여 준 것에 큰 감명을 느낀다. 비록 이름이나 신상을 알 수 있는 정보들은 바꾸었지만, 이 책에서 사례 연구로 이용한 상담과 치료의 주인공들은 자신의 이야기임을 알아볼 수 있을 것이다. 이 책을 읽을 독자들에게 정서적 응급 처치를 실시하는 것이 치유 받고 성장하고 삶의 모든 면에서 향상되는 것임을 보여 주는 산증인의 역할을 해 준 것에 대해 그들에게 깊은 감사의 마음을 전하고자 한다.

참고문헌

1장.

1. K. D. Williams, "Ostracism," Annual Review of Psychology 28 (2007): 425-52.
2. Ibid.; Z. Chen, K. D. Williams, J. Fitness, and N. C. Newton, "When hurt will not heal: Exploring the capacity to relive social and physical pain," Psychological Science 19 (2008): 789-95.
3. G. MacDonald and M. R. Leary, "Why does social exclusion hurt? The relationship between social and physical pain," Psychology Bulletin 131 (2005): 202-23.
4. K. D. Williams and L. Zadro, "Ostracism: The indiscriminate early detection system," in The Social Outcast: Ostracism, Social Exclusion, Rejection, and Bullying, edited by K. D. Williams and W. Von Hippel (New York: Psychology Press, 2005), 19-34.
5. N. I. Eisenberger, M. D. Lieberman, and K. D. Williams, "Does rejection hurt? An fMRI study of social exclusion," Science 302 (2003): 290-2.
6. N. C. DeWall, G. McDonald, G. D. Webster, C. L. Masten, R. F. Baumeister, C. Powell, D. Combs, D. R. Schurtz, T. F. Stillman, D. M. Tice, and N. L. Eisenberger, "Acetaminophen reduces social pain," Psychological Science 21 (2010): 931-7.
7. L. Zadro, K. D. Williams, and R. Richardson, "How low can you go? Ostracism by a computer lowers belonging, control, self-esteem, and meaningful existence," Journal of Experimental Social Psychology 40 (2004): 560-7.
8. K. Gonsalkorale and K. D. Williams, "The KKK won't let me play: Ostracism even by a despised outgroup hurts," European Journal of Social Psychology 37 (2007): 1176-86.
9. I. Van Beest, K. D. Williams, and E. Van Dijk, "Cyberbomb: Effects of being ostracized from a death game," Group Processes and Intergroup Relations (2011): 1-16.
10. R. F. Baumeister, J. M. Twenge, and C. K. Nuss, "Effects of social exclusion on cognitive processes : Anticipated aloneness reduces intelligent thought," Journal of Personality and Social Psychology 83 (2002): 817-27 ; R. F. Baumeister and C. N. DeWall, "Inner disruption following social j exclusion: Reduced intelligent thought and self-regulation failure," in The Social Outcast: Ostracism, Social Exclusion, Rejection, and Bullying, edited by K. D. Williams and W. Von Hippel (New York : Psychology Press, 2005), 53-73.

11. M. R. Leary, J. M. Twenge, and E. Quinlivan, "Interpersonal rejection as a determinant of anger and aggression," Personality and Social Psychology Review 10 (2006): 111-32.
12. Office of the Surgeon General 2001 Youth Violence: A report of the Surgeon General, U.S. Department of Health and Human Services. http://www.mentalhealth.org/youthviolence/default.asp.
13. G. W. Barnard, H. Vera, M. I. Vera, and G. Newman, "Till death do us part: A study of spouse murder," Bulletin of the American Academy of Psychiatry and the Law 10 (1982): 271-80.
14. M. R. Leary, R. M. Kowalski, L. Smith, and S. Phillips, "Teasing, rejection, and violence: Case studies of the school shootings," Aggressive Behavior 29 (2003): 202-14.
15. L. Vanvelde and M. Miyahara, "Impact of group rejections from a physical activity on physical self-esteem among university students," Social Psychology of Education 8 (2005): 65-81.
16. R. F. Baumeister and M. R. Leary, "The need to belong: Desire for interpersonal attachments as a fundamental human motivation," Psychological Bulletin 117 (1995): 497-529.
17. N. L. Penhaligon, W. R. Louis, and S. L. D. Restubog, "Emotional anguish at work: The mediating role of perceived rejection on workgroup mistreatment and affective outcomes," Journal of Occupational Health Psychology 14 (2009): 34-45.
18. D. K. Sherman and G. L. Cohen, "The psychology of self-defense: Self- affirmation theory," in Advances in Experimental Social Psychology, Vol. 38, edited by M. P. Zanna (San Diego, CA: Academic Press, 2006): 183-242.
19. J. M. Twenge, L. Zhang, K. R. Catanese, B. Dolan-Pascoe, L. F. Lyche, and R. F. Baumeister, "Replenishing connectedness: Reminders of social activity reduce aggression after social exclusion," British Journal of Social Psychology 46 (2007): 205-24.
20. E. F. Gross, "Logging on, bouncing back: An experimental investigation of online communication following social exclusion," Developmental Psychology 45 (2009): 1787-93.
21. N. L. Nordgren, K. Banas, and G. MacDonald, "Empathy gaps for social pain: Why people underestimate the pain of social suffering," Journal of Personality and Social Psychology 100 (2011): 120-8.

22. Ibid.
23. S. Noh and V. Kasper, "Perceived discrimination and depression: Moderating effects of coping, acculturation, and ethnic support," American Journal of Public Health 93 (2003): 232-8.
24. S. E. Taylor, R. L. Falke, S. J. Shoptaw, and R. R. Lichtman, "Social support, support groups, and the cancer patient," Journal of Consulting and Clinical Psychology 54 (1986): 608-15.
25. W. L. Gardner, C. L. Pickett, and M. Knowles, "Social snacking and shielding: Using social symbols, selves, and surrogates in the service of belonging needs," in The Social Outcast: Ostracism, Social Exclusion, Rejection, and Bullying, edited by K. D. Williams and W. Von Hippel (New York: Psychology Press, 2005), 227-42.

2장.

1. 1http://www.census.gov/newsroom/realeases/archives/families_households/cblO-174.html.
2. J. T. Cacioppo and L. C. Hawkley, "People thinking about people: The vicious cycle of being a social outcast in ones own mind," in The Social Outcast: Ostracism, Social Exclusion, Rejection, and Bullying, edited by K. D. Williams and W. Von Hippel (New York: Psychology Press, 2005), 91-108.
3. C. M. Masi, H. Chen, L. C. Hawkley, and J. T. Cacioppo, "A meta-analysis of interventions to reduce loneliness," Personality and Social Psychology Review 15(3) (2011): 219-66.
4. Ibid.
5. S. D. Pressman, S. Cohen, G. E. Miller, A. Barkin, and B. Rabin, "Loneliness, social network size, and immune response to influenza vaccination in college freshmen," Health Psychology, 24(3) (2005): 297-306.
6. J. Holt-Lunstad, T. B. Smith, and J. B. Layton, "Social relationships and mortality risk : A meta-analytic review," Public Library of Science Medicine 7 (2010): 1-20.
7. J. T. Cacioppo, J. H. Fowler, and N. A. Christakis, "Alone in the crowd: The structure and spread of loneliness in a large social network," Journal of Personality and Social Psychology 97 (2009): 977-91.
8. L. C. Hawkley and J. T. Cacioppo, "Loneliness matters: A theoretical and empirical

review of consequences and mechanisms," Annals of Behavioral Medicine 40 (2010): 218-27.
9. R. F. Baumeister, J. M. Twenge, and C. K. Nuss, "Effects of social exclusion on cognitive processes: Anticipated aloneness reduces intelligent thought," Journal of Personality and Social Psychology 83 (2002): 817-27.
10. S. Duck, K. Pond, and G. Leatham, "Loneliness and the evaluation of relational events," Journal of Social and Personal Relationships 11 (1994): 253-76.
11. K. J. Rotenberg and J. Kmill, "Perception of lonely and non-lonely persons as a function of individual differences in loneliness," Journal of Social and Personal Relationships 9 (1992): 325-30.
12. S. Lau and G. E. Gruen, "The social stigma of loneliness: Effect of target persons and perceivers sex," Personality and Social Psychology Bulletin 18 (1992): 182-9.
13. J. T. Cacioppo and L. C. Hawkley, "People thinking about people: The vicious cycle of being a social outcast in ones own mind," in The Social Outcast: Ostracism, Social Exclusion, Rejection, and Bullying, edited by K. D, Williams and W. Von Hippel (New York: Psychology Press, 2005), 91-108.
14. Ibid.
15. N. Epley and E. M. Caruso, "Perspective taking: Misstepping into others' shoes," in Handbook of Imagination and Mental Simulation, edited by K. D. Markman, W. M. P. Klein, and J. A. Suhr (New York: Psychology Press, 2009) 295-309.
16. Ibid.
17. N. Eply, C. Morewedge, and B. Keysar, "Perspective taking as egocentric anchoring and adjustment," Journal of Personality and Social Psychology 87 (2004): 327-39.
18. D. Lerouge and L. Warlop, "Why is it so hard to predict our partners product preferences: The effects of target familiarity on prediction accuracy," Journal of Consumer Research 33 (2006): 393-402.
19. W. B. Swann and M. J. Gill, "Confidence and accuracy in person perception: Do we know what we think we know about our relationship partners?" Journal of Personality and Social Psychology 73 (1997): 747-57.
20. J. Flora and C. Segrin, "Affect and behavioral involvement in spousal complaints and compliments," Journal of Family Psychology 14 (000): 641-57.
21. S. H. Konrath, E. H. O'Brien, and C. Hsing, "Changes in dispositional empathy in American college students over time: A meta-analysis," Personality and Social

Psychology Review 15 (2011): 180-98.
22. T. Fokkema and K. Knipscheer, "Escape loneliness by going digital: A quantitative and qualitative evaluation of a Dutch experiment in using ECT to overcome loneliness among older adults," Aging and Mental Health 11 (2007): 496-504.
23. E. J. Finkel, P. W. Eastwick, B. R. Karney, H. T. Reis, and S. Sprecher, "Online dating: A critical analysis from the perspective of psychological science," Psychological Science in the Public Interest 13 (2012): 3-66.
24. M. Cattan, N. Kime, and M. Bagnall, "The use of telephone befriending in low level support for socially isolated older people-an evaluation" Health and Social Care in the Community 19 (2011): 198-206.
25. M. R. Banks and W. A. Banks, "The effects of group and individual animal-assisted therapy on loneliness in residents of long-term care facilities," Anthrozoos 18 (2005): 396-408; interview with the study's author: http://www.slu.edu/readstory/more/6391.

3장.

1. R. G. Tedeschi and L, G. Calhoun, "Posttraumatic growth : Conceptual foundations and empirical evidence," Psychological Inquiry 15 (2004): 1-18.
2. J. M. Holland, J. M. Currier, and R. A. Neimeyer, "Meaning reconstruction in the first two years of bereavement : The role of sense-making and benefit-finding," Omega 53 (2006): 175-91.
3. R. A. Neimeyer, "Restorying loss: Fostering growth in the posttraumatic narrative," in Handbook of Posttraumatic Growth : Research and Practice, edited by L. Calhoun and R. Tedeschi (Mahwah, NJ: Lawrence Erlbaum, 2006), 68-80.
4. R. Janoff-Bulman and C. M. Frantz, "The impact of trauma on meaning: From meaningless world to meaningful life," in The Transformation of Meaning in Psychological Therapies: Integrating Theory and Practice, edited by M. Power and C. R. Brewin (Sussex, England: Wiley, 1997), 91-106.
5. Ibid.
6. J. M. Holland and R. A. Neimeyer, "An examination of stage theory of grief among individuals bereaved by natural and violent causes: A meaning-oriented contribution," Omega 61 (2010): 103-20.

7. see Jonah Lehrer's article from February 2012 in Wired: http://www.wired.com/magazine/2012/02/fF_forgettingpill/all/1.
8. M. D. Seery, R. C. Silver, E. A. Holman, W. A. Ence, and T. Q. Chu, "Expressing thoughts and feelings following a collective trauma: Immediate responses to 9/11 predict negative outcomes in a national sample," Journal of Consulting and Clinical Psychology 76 (2008): 657-67.
9. Ibid.
10. L. C. Park, "Making sense of the meaning literature: An integrative review of meaning making and its effects on adjustment to stressful life events," Psychological Bulletin 136 (2010): 257-301.
11. J. M. Holland, J. M. Currier, R. A. Neimeyer, "Meaning reconstruction in the first two years of bereavement: The role of sense-making and benefit-finding," Omega 53 (2006): 175-91.
12. O. Ayduk and E. Kross, "From a distance: Implications of spontaneous self-distancing for adaptive self-reflection," Journal of Personality and Social Psychology 98 (2010): 809-29.
13. L. J. Kray, L. G. George, K. A. Liljenquist, A. D. Galinsky, P. E. Tetlock, and N. J. Roese, "From what might have been to what must have been: Counterfactual thinking creates meaning," Journal of Personality and Social Psychology 98 (2011): 106-18.
14. S. E. Hobfoll, B. J. Hall, D. Canetti-Nisim, S. Galea, R. J. Johnson, and P. A. Palmieri, "Refining our understanding of traumatic growth in the face of terrorism: Moving from meaning cognitions to doing what is meaningful," Applied Psychology: An International Review 56 (2006): 345-66.

4장.

1. R. F. Baumeister, H. T. Reis, and P. A. E. G. Delespaul, "Subjective and experimental correlates of guilt in daily life," Personality and Social Psychology Bulletin 21 (1995): 1256-68.
2. Ibid.
3. R. F. Baumeister, A. M. Stillwell, and T. F. Heatherton, "Guilt: An interpersonal approach," Psychological Bulletin 115 (1994): 243-67.

4. R. Fehr and M. J. Gelfand, "When apologies work: How matching apology components to victims' self-construals facilitates forgiveness," Organizational Behavior and Human Decision Processes 113 (2010): 37-50.
5. M. J. A. Wohl, T. A. Pychyl, and S. H. Bennett, "I forgive myself, now I can study: How self-forgiveness for procrastinating can reduce future procrastination," Personality and Individual Differences 48 (2010): 803-8.
6. Y. Zemack-Rugar, J. R. Bettman, and G. J, Fitzsimons, "The effects of nonconsciously priming emotion concepts on behavior," Journal of Personality and Social Psychology 93 (2007): 927-39.
7. R. M. A. Nelissen, "Guilt-induced self-punishment as a sign of remorse," Social Psychological and Personality Science 3 (2012): 139-44.
8. Ibid.
9. B. Bastian, J. Jetten, and F. Fasoli, "Cleansing the soul by hurting the flesh: The guilt-reducing effect of pain," Psychological Science 22 (2011): 334-5.
10. R. M. A. Nelissen and M. Zeelenberg, "When guilt evokes self-punishment: Evidence for the existence of a Dobby effect," Emotion 9 (2009): 118-22.
11. R. R Baumeister, A. M. Stillwell, and T. F. Heatherton, "Personal narratives about guilt: Role in action control and interpersonal relationships," Basic and Applied Social Psychology 17 (1995): 173-98.
12. Ibid.
13. C. E. Cryder, S. Springer, and C. K. Morewedge, "Guilty feelings, targeted actions," Personality and Social Psychology Bulletin 38 (2012): 607-18.
14. R. Fehr and M. J. Gelfand, "When apologies work : How matching apology components to victims' self-construals facilitates forgiveness," Organizational Behavior and Human Decision Processes 113 (2010): 37-50.
15. Ibid.
16. J. H. Hall and F. D. Fincham, "Self-forgiveness: The stepchild of forgiveness research," Journal of Social and Clinical Psychology 24 (2005): 621-37.
17. M. J. A. Wohl, T. A. Pychyl, and S, H. Bennett, "I forgive myself, now I can study: How self-forgiveness for procrastinating can reduce future procrastination," Personality and Individual Differences 48 (2010): 803-8.
18. H. Xu, L. Beue, and R. Shankland, "Guilt and guiltless: An integrative review," Social and Personality Psychology Compass 5 (2011): 440-57;J.J: Exline, B. L.

Root, S. Yadavalli, A. M. Martin, and M. L. Fisher, "Reparative behaviors and self-forgiveness: Effects of a laboratory-based exercise," Self and Identity 10 (2011) : 101-26.

5장.

1. for a review see S. Nolen-Hoeksema, B. E. Wisco, and S. Lyubomirsky, "Rethinking rumination," Perspectives on Psychological Science 3 (2008): 400-24.
2. Ibid.
3. G. J. Haeffel, "When self-help is no help: Traditional cognitive skills training does not prevent depressive symptoms in people who ruminate," Behaviour Research and Therapy 28 (2010): 152-7.
4. B. J. Bushman, A. M. Bonacci, W. C. Pederson, E. A. Vasquez, and M. Norman, "Chewing on it can chew you up: Effects of rumination on triggered displaced aggression," Journal of Personality and Social Psychology 88 (2005): 969-83.
5. Ibid.
6. S. Nolen-Hoeksema, B. E. Wisco, and S. Lyubomirsky, "Rethinking rumination," Perspectives on Psychological Science 3 (2008): 400-24.
7. S. Lyubomirsky, F. Kasri, O. Chang, and I. Chung, "Ruminative response styles and delay of seeking diagnosis for breast cancer symptoms," Journal of Social and Clinical Psychology 25 (2006): 276-304.
8. P. Aymanns, S. H. Filipp, and T. Klauer, "Family support and coping with cancer: Some determinants and adaptive correlates," British Journal of Social Psychology 34 (1995): 107-24.
9. O. Ayduk and E. Kross, "From a distance: Implications of spontaneous self-distancing for adaptive self-reflection," Journal of Personality and Social Psychology 98 (2010): 809-29.
10. E. Kross and O. Ayduk, "Facilitating adaptive emotional analysis: Distinguishing distanced-analysis of depressive experiences from immersed- analysis and distraction," Personality and Social Psychology Bulletin 34 (2008): 924-38.
11. D. M. Wegner, D. J. Schneider, S. R. Carter III, and T. L. White, "Paradoxical effects of thought suppression," Journal of Personality and Social Psychology 53 (1987): 5-13.

12. S. Nolen Hoeksema, B. E. Wisco, and S. Lyubomirsky, "Rethinking rumination," Perspectives on Psychological Science 3 (2008): 400-24.
13. Ibid.
14. B. J. Bushman, "Does venting anger feed or extinguish the flame? Catharsis, rumination, distraction, anger, and aggressive responding," Personality and Social Psychology Bulletin 28 (2002): 724-31.
15. O. P. John and J. J. Gross, "Healthy and unhealthy emotion regulation : Personality processes, individual differences, and lifespan development," Journal of Personality 72 (2004): 1301-33.
16. R. H. Bremner, S. L. Koole, and B. J. Bushman, "Pray for those who mistreat you: Effects of prayer on anger and aggression," Personality and Social Psychology Bulletin 37 (2011): 830-7.

6장.

1. J. K. Witt and T. Dorsch, "Kicking to bigger uprights: Field goal kicking performance influences perceived size," Perception 38 (2009): 1328-40.
2. E. J. Masicampo and R. F. Baumeister, "Consider it done! Plan making can eliminate the cognitive effects of unfulfilled goals," Journal of Personality and Social Psychology 10 (2011): 667-83.
3. L. D. Young and J. M. Allin, "Persistence of learned helplessness in humans," Journal of General Psychology 113 (1986): 81-8.
4. Ibid.
5. R. Hembree, "Correlates, causes, effects, and treatment of test anxiety," Review of Educational Research 58 (1988): 47-77.
6. S. Spencer, C. M. Steele, and D. M. Quinn, "Stereotype threat and women's math performance," Journal of Experimental Social Psychology 35 (1999): 4-28.
7. A. J. Martin, H. W. Marsh, and R. L. Debus, "Self-handicapping and defensive pessimism: A model of selfprotection from a longitudinal perspective," Contemporary Educational Psychology 28 (2003): 1-36.
8. A. J. Elliot and T. M. Thrash, "The inter-generational transmission of fear of failure," Personality and Social Psychology Bulletin 30 (2004): 957-71.
9. M. S. DeCaro, R. D. Thomas, N. B. Albert, and S. L. Beilock, "Choking under

pressure: Multiple routes to skill failure," Journal of Experimental Psychology: General 140 (2011): 390-406.

10. N. Bolger and D. Amarel, "Effects of social support visibility on adjustment to stress: Experimental evidence," Journal of Personality and Social Psychology 92 (2007): 458-75.

11. K. M. Sheldon, N. Abad, Y. Ferguson, A. Gunz, L. Houser-Marko, C. P. Nichols, and S. Lyubomirsky, "Persistent pursuit of need-satisfying goals leads to increased happiness: A 6-month experimental longitudinal study," Motivation and Emotion 34 (2010): 39-48.

12. C. A. Sarkisian, B. Weiner, C. Davis, and T. R. Prohaska, "Pilot test of attributional retraining intervention to raise walking levels in sedentary older adults," Journal of the American Geriatric Society 55 (2007): 1842-6.

13. R. Koestner, N. Lekes, T. A. Powers, and E. Chicoine, "Attaining personal goals: Self-concordance plus implementation intentions equals success," Journal of Personality and Social Psychology 83 (2002): 231-44.

14. R. M. Ryan, G. C. Williams, H. Patrick, and E. Deci, "Self-determination theory and physical activity: The dynamics of motivation in development and wellness," Hellenic Journal of Psychology 6 (2009): 107-24.

15. S. Orbell, S. Hodgkins, and P. Sheeran, "Implementation intentions and the theory of planned behavior," Personality and Social Psychology Bulletin 23 (1997): 945-54.

16. J. Stoeber and D. P. Janssen, "Perfectionism and coping with daily failures: Positive reframing helps achieve satisfaction at the end of the day," Anxiety, Stress, and Coping 24 (2011): 477-97.

17. http://www.jokes.com/funny/jim+short/jim-short—not-a-loser.

18. S. Beilock, Choke: What the Secrets of the j Brain Reveal about Success and Failure at Work and at Play (New York: Free Press, 2010).

19. G. L. Cohen, J. Garcia, V. Purdie-Vaughns, N. Apfel, and P. Brzustoski, "Recursive processes in self-affirmation: Intervening to close the minority achievement gap," Science 324 (2009): 400-3.

20. A. Miyake, L. E. Kost-Smith, N. D. Finkelstein, S. J. Pollock, G. L. Cohen, and T. A. Ito, "Reducing the gender achievement gap in college science: A classroom study of values affirmation," Science 330 (2010): 1234-7.

7장.

1. W. B. Swann, C. Chang-Schneider, and K. L. McClarty, "Do people's self-views matter? Self-concept and self-esteem in everyday life," American Psychologist 62 (2007): 84-94.
2. for a brief review see K. D. Neff, "Self-compassion, self-esteem, and wellbeing," Social and Personality Psychology Compass 5 (2011): 1-12.
3. Ibid,
4. N. Maxwell and J. Lopus, "The Lake Wobegon effect in student self-reported data," American Economic Review Papers and Proceedings 84 (1994): 201-5.
5. E. Diener, B. Wolsic, and F. Fujita, "Physical attractiveness and subjective well-being," Journal of Personality and Social Psychology 69 (1995): 120-9.
6. J. Crocker, and I. Schwartz, "Prejudice and ingroup favoritism in a minimal intergroup situation: Effects of self-esteem and threat," Journal of Personality and Social Psychology 52 (1987): 907-16.
7. M. Rosenberg, C. Schooler, C. Schoenbach, and F. Rosenberg, "Global self-esteem and specific self-esteem," American Sociological Review 60 (1995): 141-56.
8. J. Greenberg, S. Solomon, T. Pyszczynski, A. Rosenblatt, J. Burling, D. Lyon, L. Simon, and E. Pinel, "Why do people need selfesteem? Converging evidence that self-esteem serves an anxiety-buffering function," Journal of Personality and Social Psychology 63 (1992): 913-22.
9. K. Onoda, Y. Okamoto, K. Nakashima, H. Nittono, S. Yoshimura, S. Yamawaki, and M. Ura, "Does low self-esteem enhance social pain? The relationship between trait self-esteem and anterior cingulate cortex activation induced by ostracism," Social Cognitive and Affective Neuroscience 5 (2010): 385-91.
10. J. D. Brown, "High self-esteem buffers negative feedback: Once more with feeling," Cognition and Emotion 24 (2010): 1389-404.
11. S. C. Lee-Flynn, G. Pomaki, A. DeLongis, J. C. Biesanz, and E. Puterman, "Daily cognitive appraisals, daily affect, and long-term depressive symptoms: The role of self-esteem and self-concept clarity in the stress process," Personality and Social Psychology Bulletin 37 (2011): 255-68.
12. L. Schwabe, O. Hoffken, M. Tegenthoff, and O. T. Wolf, "Preventing the stress-induced shift from goal-directed to habit action with β-adrenergic antagonist," Journal of Neuroscience 31 (2011): 17317-25.

13. for a review see S. E. Taylor and A. L. Stanton, "Coping resources, coping processes, and mental health," Annual Review of Clinical Psychology 2 (2007): 377-401.
14. R. A. Josephs, J. Bosson, and C. G. Jacobs, "Self-esteem maintenance processes: Why low self-esteem maybe resistant to change," Personality and Social Psychology Bulletin 29 (2003): 920-33.
15. A. R. Pratkanis, J. Eskenazie, and A. G. Greenwald, "What you expect is what you believe (but not necessarily what you get): A test of the effectiveness of subliminal self-help audiotapes," Basic and Applied Social Psychology 15 (2010): 251-76.
16. J. V. Wood, W. Q. E. Perunovie, and J. W. Lee, "Positive self-statements: Power for some, peril for others," Psychological Science 20 (2009): 860-6.
17. D. R. Forsyth, N. K. Lawrence, J. L. Burnette, and R. F. Baumeister, "Attempting to improve academic performance of struggling college students by bolstering their self-esteem: The intervention that backfired," Journal of Social and Clinical Psychology 26 (2007): 447-59.
18. W. B. Swann and B. W. Pelham, "Who wants out when the going gets good?" Journal of Self and Identity 1 (2002): 219-33.
19. S. L. Murray, J. G, Holmes, G. MacDonald, and P. C. Ellsworth, "Through the looking glass darkly? When selfdoubts turn into relationship insecurities," Journal of Personality and Social Psychology 75 (1998): 1459-80.
20. R. F. Baumeister, J. D. Campbell, J. I. Krueger, and K. D. Vohs, "Does high self-esteem cause better performance, interpersonal success, happiness, or healthier lifestyles?" Psychological Science in the Public Interest 4 (2003): 1-44.
21. M. L. Terry, M. R. Leary, and S. Mehta, "Self-compassion as a buffer against homesickness, depression, and dissatisfaction in the transition to college," Self and Identity, in press (2012).
22. D. A. Sbarra, H. L. Smith, and M. R. Mehl, "When leaving your ex, love yourself: Observational ratings of self-compassion predict the course of emotional recovery following marital separation," Psychological Sciences 23 (2012): 261-9.
23. K. D. Neff, "Self-compassion, self-esteem, and well-being," Social and Personality Psychology Compass 5 (2011): 1-12.
24. C. R. Critcher, D. Dunning, and D. A. Armor, "When self-affirmations reduce defensiveness: Timing is key," Personality and Social Psychology Bulletin 36 (2010): 947-59.

25. D. A. Stinson, C. Logel, S. Shepherd, and M. P. Zanna, "Rewriting the self-fulfilling prophecy of social rejection : Self-affirmation improves relational security and social behavior up to 2 months later," Psychological Science 22 (2011): 1145-9.
26. L. B. Cattanco and A. R. Chapman, "The process of empowerment: A model for use in research and practice," American Psychologist 65 (2010): 646-59.
27. R. F. Baumeister, K. D. Vohs, and D. M. Tice, "The strength model of self-control," Current Directions in Psychological Science 16 (2007): 351-5.
28. M. Muraven, "Building self-control strength: Practicing self-control leads to improved self-control performance," Journal of Experimental Social Psychology 46 (2010): 465-8.
29. M. T. Gailliot, R. F. Baumeister, C. N. DeWall, J. K. Maner, E. A. Plant, D. M. Tice, L. E. Brewer, and B. J. Schmeichel, "Self-control relies on glucose as a limited energy source: Willpower is more than a metaphor," Journal of Personality and Social Psychology 92 (2007): 325-36.
30. R. F. Baumeister, "Ego-depletion and self-control failure: An energy model of the self's executive function," Self and Identity 1 (2002): 129-36.
31. W. Hofmann, R. F. Baumeister, G. Forster, and K. D. Vohs, "Everyday temptations: An experience sampling study on desire, conflict, and self-control," Journal of Personality and Social Psychology 102 (2012): 1318-35.
32. G. Lowenstein, "Out of control: Visceral influences on behavior," Organizational Behavior and Human Decision Processes 65 (1996): 272-92; L. F. Nordgren, F. van Harreveld, and J. van der Pligt, "Hie restraint bias: How the illusion of self-restraint promotes impulsive behavior," Psychological Science 20 (2009): 1523-8.
33. D. T. Neal, W. Wood, M. Wu, and D. Kurlander, "The pull of the past: When do habits persist despite conflict with motives?" Personality and Social Psychology Bulletin 37 (2011): 1428-37.

감정이 상처가 되기 전에
내 마음의 구급약

인쇄일 2025년 8월 28일
발행일 2025년 9월 4일

지은이 가이 윈치
옮긴이 임지원
펴낸이 유경민 노종한
책임편집 김세민
기획편집 유노책주 김세민 구혜진
기획마케팅 1팀 우현권 이상운 **2팀** 이선영 최예은 전예원 김민선
디자인 남다희 홍진기 허정수
기획관리 차은영
펴낸곳 유노콘텐츠그룹 주식회사
법인등록번호 110111-8138128
주소 서울시 마포구 동교로17안길 51, 유노빌딩 3~5층
전화 02-323-7763 **팩스** 02-323-7764 **이메일** info@uknowbooks.com

ISBN 979-11-7183-135-7 (03180)

- — 책값은 책 뒤표지에 있습니다.
- — 잘못된 책은 구입한 곳에서 환불 또는 교환하실 수 있습니다.
- — 유노북스, 유노라이프, 유노책주, 향기책방은 유노콘텐츠그룹의 출판 브랜드입니다.